北京物资学院教材建设基金项目

高校
踏板操教程

主　编◎孙　琴
副主编◎张秋艳　马媛媛　王彦英　冯　昊　李淑芳

首都经济贸易大学出版社
Capital University of Economics and Business Press
·北京·

图书在版编目（CIP）数据

高校踏板操教程 / 孙琴主编. -- 北京：首都经济贸易大学出版社, 2024.5
ISBN 978-7-5638-3678-9

Ⅰ.①高… Ⅱ.①孙… Ⅲ.①健美操—高等学校—教材 Ⅳ.①G831.3

中国国家版本馆CIP数据核字（2024）第081972号

高校踏板操教程
主　编　孙琴
副主编　张秋艳　马媛媛　王彦英　冯昊　李淑芳
GAOXIAO TABANCAO JIAOCHENG

责任编辑	浩　南
封面设计	砚祥志远·激光照排　TEL：010-65976003
出版发行	首都经济贸易大学出版社
地　　址	北京市朝阳区红庙（邮编100026）
电　　话	（010）65976483　65065761　65071505（传真）
网　　址	http://www.sjmcb.com
E-mail	publish@cueb.edu.cn
经　　销	全国新华书店
照　　排	北京砚祥志远激光照排技术有限公司
印　　刷	唐山玺诚印务有限公司
成品尺寸	170毫米×240毫米　1/16
字　　数	300千字
印　　张	17.75
版　　次	2024年5月第1版　2024年5月第1次印刷
书　　号	ISBN 978-7-5638-3678-9
定　　价	68.00元

图书印装若有质量问题，本社负责调换
版权所有　侵权必究

《高校踏板操教程》编委会成员

主　编　孙　琴

副主编　张秋艳　马媛媛　王彦英　冯　昊　李淑芳

编　委　杨金鹏　张洪城　高　亮　王克平　王　品
　　　　吴亚芳　王　璇　练　丽　尹洪攀　张晓静
　　　　徐旖旎　徐　冉　穆尼热·阿布都吾甫

前　言

党的二十大报告强调，"推进文化自信自强，铸就社会主义文化新辉煌"。围绕这一主旨，报告进一步提出："广泛开展全民健身活动，加强青少年体育工作，促进群众体育和竞技体育全面发展，加快建设体育强国。"其中有三个要点：一是"全民健身"，二是"青少年体育"，三是"体育强国"。2020年5月，教育部颁布《高等学校课程思政建设指导纲要》，全面推进全国高校课程思政建设工作。立德树人是中国特色社会主义教育事业的根本任务，是检验高校一切工作的根本标准。落实立德树人根本任务，必须将价值塑造、知识传授和能力培养三者融为一体，课程思政教育是高校落实立德树人根本任务的重要举措，是构建德智体美劳全面发展体系的有效切入点，是完善全员、全程、全方位育人的重要抓手。在这样的育人大环境下，本教材孕育而生。

本教材不仅体现了党的二十大报告中关于增强青少年体质健康和身心健康的重要指导意见，也体现了关于全民健身要遵循安全健身、科学健身、快乐健身、有效健身、自觉健身的实际要求，同时融入课程思政教育，寓价值观引导于知识传授、能力培养之中，强体魄、修心智，对落实全民健身国家战略，建设体育强国，培养中国特色社会主义事业合格建设者和接班人，具有重要意义。

踏板操作为一门高校体育必修课，目前全国范围内尚未有专门针对高校师生的踏板操教程和专业书籍，因此可以说这是国内第一部高校踏板操教材。本教材共十二章，主要内容包括踏板操概述、踏板操基础知识、踏板操套路实践、踏板操动作创编、踏板操音乐知识、踏板操教学、踏板操运动竞赛、健身操舞类课程简介、运动与健康、踏板操美学赏析、踏板操运动损伤预防以及高校学生运动健身常见问题解答等。教材在内容编写上努力做到以下几

方面的突破。

一、突出育人特征。 教材遵循"党的二十大精神进教材"的指导思想，紧密结合党的二十大报告中关于体育的要求和课程思政育人要求以及全国教育大会的指导思想，在每一个章节都凸显育人要素，落实"五育并举"和"三全育人"，切实将培养"德、智、体、美、劳"全面发展的社会主义建设者和接班人的工作落到实处。

二、体现智慧性。 教材完整系统地对踏板操理论知识和基本动作进行了归纳和总结，在理论和实践内容的设计上，遵循由浅入深的编写原则，每一个踏板操实践套路和拉伸放松套路都分为"初级"和"中级"，身体素质练习又分为初、中、高三个级别，以满足不同身体素质学生的需求；同时，在踏板操初中级套路和拉伸练习初中级套路的教材内容中都有配套的超星平台慕课视频，从而实现了"线上—线下"一体化教学。

三、体现实用性。 体现"以学生为中心"的指导思想，注重学生应用能力的培养和学习的实用性，如OBE教学大纲的制定、进度的编写、教案的设计，校园踏板操竞赛的组织与裁判，学生体质健康测试内容的课外自我锻炼方式方法，以及学生课外健身锻炼常见的知识问答等。这些内容为高校师生提供了有针对性的指导和可借鉴的范本。

四、体现创新性。 在"体美融合育人"的指导思想下，教材增加了有关"踏板操美学赏析"的章节，重在培养学生的审美能力以及对踏板操之美的赏析，提高学生的审美情趣与审美意识；在"大学生体质健康测试"部分，针对学生每年一测的体测项目，编写了学生最为关心的7项测试项目的课外训练提高方法、测试要求及成绩标准；同时用一章的内容拓展学生的视野，介绍和踏板操同为操舞类课程的瑜伽、普拉提、团体操、啦啦操等项目，这也是本教材的亮点之一。

本书不仅适用于普通高校的踏板操教学，也可作为高职、高专院校的踏板操公共基础课教材。本书由北京物资学院体育部操舞类课程组教师编写，孙琴担任主编，张秋艳、马媛媛、王彦英、冯昊、李淑芳担任副主编，所有的示范动作均由体育部教师亲自示范。其中，踏板操初、中级套路，拉伸初、中级套路，花球舞蹈啦啦操动作由孙琴编写、示范；瑜伽动作由张秋艳编写、示范；团体操动作由马媛媛编写、示范；身体素质练习初、中、高级套路和普拉提动作由冯昊编写、示范。

本书获得北京物资学院教材建设基金项目的资助。在编写过程中得到北京物资学院教务处、北京物资学院体育部和北京体育大学的专家的大力支持，在此表示衷心的感谢！另外，在编写的过程中，参考和引用的相关资料均列入教材后的参考文献中，在此，对前辈和同行们表示诚挚的谢意！

限于编者水平，本教材不妥之处恳请广大读者批评指正。

编者

目 录

第一章 踏板操概述
——揭开踏板操神秘的面纱 ········· 1
第一节 踏板操的起源、发展及概念 ········· 1
第二节 踏板操的功能及美育价值 ········· 3
第三节 踏板操的分类与技术特点 ········· 5

第二章 踏板操基础知识
——引领你自练、自娱 ········· 7
第一节 踏板操术语概述 ········· 7
第二节 踏板操基本术语 ········· 9
第三节 踏板构造与落脚区域 ········· 16
第四节 踏板操基本动作 ········· 17
第五节 踏板操技术要领及注意事项 ········· 23

第三章 踏板操套路实践
——大家一起动起来 ········· 25
第一节 踏板操热身步法 ········· 25
第二节 踏板操初级套路 ········· 30
第三节 踏板操中级套路 ········· 46
第四节 身体素质练习 ········· 71
第五节 拉伸与放松 ········· 78

第四章 踏板操创编
——让你成为创作者与艺术家 ········· 97
第一节 踏板操创编原则 ········· 97
第二节 踏板操创编前的准备 ········· 100
第三节 踏板操创编步骤 ········· 100

第五章　踏板操音乐知识
——体美育人实践，插上艺术的翅膀 103
第一节　踏板操音乐的重要性 104
第二节　踏板操音乐基础知识 106
第三节　踏板操音乐的实践运用 111

第六章　踏板操教学
——你也能成为好老师 119
第一节　踏板操教学的概念与要素 119
第二节　踏板操教学的目的与任务 121
第三节　踏板操教学的规律与原则 124
第四节　踏板操教学课堂设计 131
第五节　踏板操教学方法 135
第六节　踏板操教学技巧 139

第七章　踏板操运动竞赛
——丰富校园体育文化生活 146
第一节　踏板操竞赛的意义及内容 146
第二节　踏板操竞赛的组织职能 148

第八章　健身操舞类课程简介
——瑜伽、普拉提、团体操、啦啦操 152
第一节　瑜伽 152
第二节　普拉提 167
第三节　团体操 176
第四节　啦啦操 178

第九章　运动与健康
——拥有健康的体魄、健全的心智 192
第一节　健康体适能 192
第二节　大学生体质健康测试 197

第十章 踏板操美学赏析
——以体育身，以美育心 ……………………………………… 215
第一节 踏板操美育概述 …………………………………………… 215
第二节 踏板操美学与审美 ………………………………………… 218

第十一章 踏板操运动损伤预防
——强化安全意识，防范于未然 ……………………………… 225
第一节 踏板操运动损伤的概念与分类 …………………………… 225
第二节 踏板操运动损伤的原因及特点 …………………………… 227
第三节 踏板操运动损伤的一般处理及预防措施 ………………… 229

第十二章 高校学生运动健身常见问题解答 …………………… 235

附录 踏板操教学文件 ……………………………………………… 245

参考文献 ……………………………………………………………… 270

第一章 踏板操概述
——揭开踏板操神秘的面纱

教学目标
1. 了解踏板操的起源、发展及概念，了解踏板操的历史。
2. 明确学习踏板操对学生的美育价值。

本章导读

踏板操作为健美操的分支，自诞生至今，已有30余年的发展历程。本章详细梳理踏板操的起源、发展及概念，踏板操运动的功能和美育价值，以及踏板操的分类和技术特点，带领读者开启踏板操运动的学习之旅。

第一节 踏板操的起源、发展及概念

一、踏板操的起源与发展

有氧踏板操（Step Aerobics）起源于美国。1968年美国的健身品牌——锐步公司（Reebok）发明了世界上第一款踏板器械，它很快风靡世界。当时的踏板是为康复患者加强膝关节和腿部的力量而研发的，主要用于需要复健的人群进行心肺功能和肌肉功能训练。到了1989年左右，金·米勒（Gin Miller，著名的职业健身运动员）由于膝关节受伤而去咨询骨科医生，骨科医生建议米勒在牛奶箱上做反复上下的运动练习，以加强膝关节的肌肉和韧带力量，并制定了相关计划。随着米勒开始康复练习并且逐步完善相关动作，最早的踏板操运动就此诞生。踏板操作为健美操的形式之一，在国际上日益

踏板操概述

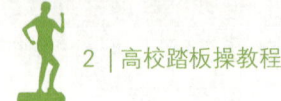

成为时尚的健身、减肥运动。其原因主要在于，踏板操最根本的运动原理是把体能测试中的台阶练习与踏板操的步伐融合为操化组合动作，并在特定的踏板上进行练习。由于踏板操动作花样繁多、训练方式新颖、训练效果明显且安全有效，因此得到不同年龄段人群的喜欢，并且在全世界风靡。

二、踏板操的概念

踏板操是把健美操的动作和步伐结合，放在特制踏板上完成的。但踏板操绝不仅仅是"踏板 + 传统健美操"的简单叠加，而是踏板和健美操操化动作的有机融合。一块踏板的加入，就像是用健美操动作来和踏板进行情感表达与交流，衍生出独属于踏板操的特殊魅力，赋予了该项运动"踏板 + 传统健美操"的新内涵。

踏板操具备了健美操的所有特点，也有其自身特点。一是踏板高度可以调节。练习者可以很容易地根据自身情况保持运动减肥的有效强度，更有效地提高自身的协调性。二是踏板操安全性好。由于踏板操主要是在踏板上不停地上下移动，自然能使下肢关节完成明显的屈伸和缓冲动作，这样能够大大减轻对各关节的冲击，很大程度上避免了长时间跳跃造成的运动损伤。练习者通过上板、下板、跨板、绕板、转板、过板、双人合板、多人交换板等动作元素，进行踏板操的练习。由于踏板的使用，动作内容大大增加，我们可以充分利用踏板的板面以及四个角来完成板上、板下的连接动作或单纯的板上运动；还可以按需要将板面摆成不同位置，如横板、竖板；甚至还可以在条件允许的情况下同时利用两块或三块板进行练习。这为踏板提供了一个立体的全方位活动空间，使运动变化多样而更有趣。

☑ 本节小结

踏板操把健美操的动作和步伐结合，并放在特制踏板上完成。踏板操具备了健美操的所有特点，也有其自身特点。

踏板操最早是医生为患者加强膝关节的肌肉和韧带力量而设计的练习，后来将健美操和台阶实验结合起来创造了踏板操。

第二节　踏板操的功能及美育价值

一、踏板操的功能

踏板练习通过提高重心高度、腿和臀部发力、肌肉控制，达到保护关节和韧带的作用，减少运动中的损伤。采用踏板练习后，对于关节冲击较大的跑跳练习也可大大减少，从而为练习者提供了安全的保障。

踏板操可以通过调整踏板下的垫板高度来调节运动强度。完成同样的动作，踏板高度高则运动强度大，能量消耗也大；反之，则小。这样，练习者就可以根据自身条件和锻炼目的选择不同高度的踏板。踏板操增加运动强度的方法有三种：增加踏板的高度、加大手臂的幅度、增强步伐的冲击力和移动的距离。

踏板操是在供氧充足的状态下进行的长时间、中低强度的练习。这种强度下的运动会使练习者腿部更结实，肌肉的线条更修长，有效地解决臀部下垂和"假胯宽"的问题，培养优美体形；加之踏板操中的舒展与伸拉动作，会使练习者动作更灵活、更轻盈。

综合以上，踏板操具有四大功能：

一是帮助练习者大量消耗能量和脂肪，增强心肺功能。

因为要克服重力作用，所以在完成同样动作时，踏板操比在平地上进行有氧操练习消耗的能量要多，同时运动负荷的合理增加也将有利于练习者心肺功能的提高。因此，促进人体健康，全面加强人体的力量、柔韧、平衡、耐力、灵敏等身体素质，能提高人体的呼吸系统、循环系统、运动系统和神经系统机能水平。

二是对练习者腿部和臀部的塑形作用。

在完成所有上、下踏板的动作中，人体主要用力的肌肉是大腿及臀部肌肉，它们要克服的阻力为重力，而这个阻力相对于最大力量而言要小很多。因此，踏板属于长时间的小重量抗阻肌肉练习，能够起到消耗腿部、臀部多余脂肪，达到突出肌肉线条而又不增加肌肉围度的作用，对塑造健美的腿部和臀部有很好的帮助。

三是培养练习者良好的方位感。

由于踏板是一个立体物，有高度、长度、宽度，所以利用它进行练习时，

我们不能像在平地上一样随心所欲，比如，离板太近或抬腿不够容易将踏板踢翻；离板太远又踏不上板；迈步过大或踩在踏板边缘容易摔倒等。这些都需要我们有良好的位置感觉，包括对自身位置及踏板位置的感觉。

四是提高练习者的协调性和灵敏性。

踏板操花样繁多的手臂动作和脚上步伐，再配合动感音乐，练习者不停地在踏板上进行上下板、绕板、过板等运动练习，能有效提高身体的协调性和灵敏性，同时还能锻炼反应能力和音乐节奏感，从而促进身体健康。

二、踏板操对学生的美育价值

踏板操美育教育

踏板操通过上板、下板、跨板、绕板、转板、过板、双人合板、多人交换板等动作练习，能使学生获得成就感和控制感；同时在踏板上的各种优美的有力度、有张力的踏板操动作，又能使学生获得美感和幸福感。

踏板操运动激扬的情感表达和动作丰富多样的艺术表现力，带给人美的感受及欢快之情，能愉悦身心、陶冶情操，促进学生身心健康。

踏板操同时具有团队性和广泛性的特点，其丰富的锻炼形式，无论是男生还是女生，无论年龄多大，都可以通过选择不同高度的踏板，参与不同强度的练习，加入踏板操的练习中来，因此可以帮助学生维持友谊，在练习中互帮互助，提高体育凝聚力和团队精神。

2011年中国国家健美操队有氧踏板项目获得第26届世界大学生夏季运动会金牌，开启了中国国家健美操队有氧踏板项目的辉煌之路，这具有里程碑式的意义，确立了中国国家健美操队有氧踏板项目的强国地位。随后，中国国家健美操队在保加利亚举办的2012年世界健美操锦标赛和在墨西哥举办的2014年世界健美操锦标赛有氧踏板项目中两次夺冠，在世界有氧踏板项目的最高领奖台上展示了中国踏板操强国的风采。

☑ 本节小结

踏板操具有增强心肺功能、塑形腿部和臀部肌肉、培养方位感以及提高协调性和灵敏性的功能。

踏板操的美育价值体现在提高学生的团队精神，使学生获得美感、幸福感，陶冶情操，愉悦身心，增强民族自信心。

第三节　踏板操的分类与技术特点

踏板操根据表现形式又可以分为健身性踏板操、表演性踏板操、竞技性踏板操和功能性踏板操。

一、健身性踏板操

健身性踏板操是一种以团体形式出现，以强健体魄、美化体态及陶冶情志为目的的有氧健身运动。这种运动易于推广普及，健身功能综合全面。

技术特点：健身性踏板操是健身房或课堂教学中常用的踏板操练习形式，动作简单易学，脚上步伐和手臂动作花样变化不多，强调健身功能与团体教学，动作编排和教学模式较固定，动作重复较多，音乐节奏为110—120BPM。

二、表演性踏板操

表演性踏板操是在健身性踏板操和竞技性踏板操的基础上衍化而来的，兼具健身性踏板操和竞技性踏板操的功能和特点，集健身的实用性和竞技比赛套路的观赏性于一体。既可用于大型运动会的团体展示，也可用于小空间范围的表演展示。

技术特点：表演性踏板操在展演的过程中会表达出清晰的主题内容，所有动作内容的设计均围绕主题思想展开，包括音乐制作、动作设计、托举配合和道具使用等各个环节。踏板操动作简单大方，注重团体表演的效果，可以手持道具完成，音乐时长在3—5分钟，音乐节奏在108—120BMP。

三、竞技性踏板操

竞技性踏板操又称"有氧踏板"，是国际体操联合会的正式项目。竞技性踏板操关注步伐变化、空间层次调度的创意，追求形式观感和美感的融合，注重动作的高、新、难。如前所述，中国健美操队在2012年保加利亚世界健美操锦标赛和2014年墨西哥世界健美操锦标赛的有氧踏板项目中两次获得冠军，在2018年世界健美操锦标赛的有氧踏板项目中获得亚军。

技术特点：竞技性踏板操突出强调"竞"和"技"。竞，表示竞争和竞赛；技，则突出运动员的竞技水平和高难度。竞技的目的是最大限度地挖掘和发挥个人或团体的运动水平、竞技状态与拼搏精神，因此竞技性踏板操的动作突出高、新、难，步伐和手臂变化花哨，队形转换丰富多彩，音乐节奏

在 130—140BPM。

四、功能性踏板操

功能性踏板操是指以踏板为依托，通过支撑、跳跃、转体等动作锻炼练习者的心肺功能和展示练习者的力量、柔韧、平衡、灵敏、协调等各项身体素质。

技术特点：功能性踏板操没有过多的健美操操化动作，取而代之的是在踏板上的各种体现上肢和下肢力量及脊柱柔韧的身体练习，以踏板为辅具来完成动作。配合节奏明快的有鼓点的音乐，音乐高低起伏差别不大，节奏在120—130BPM 之间。

☑ 本节小结

踏板操根据表现形式可以分为健身性踏板操、竞技性踏板操、表演性踏板操和功能性踏板操。

每种类型的踏板操都有其各自的风格特征、表现形式和不同的功能。

课后作业

1.什么是踏板操？一共有几种类型的踏板操？你最喜欢哪一种？为什么？

2.通过练习踏板操，学生在思想美育层面能得到哪些提高和升华？

第二章 踏板操基础知识
——引领你自练、自娱

教学目标
1. 学会并掌握踏板操的基本术语。
2. 熟练掌握踏板操的方位与落脚区域。

本章导读

基础知识是教师和学生认识一门学科或一项运动的先决条件。基础知识的储备程度，直接影响学习者对项目的掌握程度和所能达到的高度。踏板操基础知识学习与积累的关键，在于对踏板操术语的掌握，包含踏板操的动作术语、方位术语、教学术语以及踏板区域术语等。

第一节　踏板操术语概述

一、踏板操术语概念

踏板操术语是教师教授踏板操课程过程中所使用的专业语言，是所有踏板操领域用来表示概念和方位以及技术动作的统一规范语言。术语搭起教师"教"与学生"学"之间的桥梁，是教授和学习踏板操课程时的必备基础，也是连接踏板操理论与技术技能的媒介，对踏板操运动的推广、传播、教学、训练起着至关重要的作用。可以说，只有具备了踏板操术语这个前提，才有可能把踏板操学好，继而做好推广和传播。

二、踏板操术语特征

踏板操术语是专业理论与实践活动相统一的技术用语，与健美操术语在很大程度上具有统一性，由于踏板操具有健美操的所有特征，所以踏板操术语也具有健美操术语的所有特征，便于书写、学习、交流、运用和推广。总体来说，踏板操术语具有统一性、科学性和规范性三个特征。

（一）统一性

统一性是指踏板操术语必须专业、规范、一致。踏板操术语作为教师和学生之间知识交流和信息传递的重要载体，无论是教师讲解动作技术要领，编写教学训练文件，撰写教材，进行科学研究，还是制定比赛规则，进行赛事评判，组织活动，参与表演等，都需要使用术语。这就需要一种大家普遍公认的语言和名词，因此，踏板操术语必须具有统一性。

（二）科学性

科学性是指踏板操术语必须准确、严谨。术语能够反映动作的外在基本形态和内在技术特征，在运用时只有一种含义，具有独一性特征，即不会引起歧义，因此术语必须具有很强的规范性和科学性。正确的术语有利于加深学生对动作技术的理解，促进动作技能的形成，能让教师更轻松和流畅地教授动作，也能让学生更快更好地掌握动作、记忆动作。因此，踏板操术语必须具有科学性。

（三）实践性

实践性是指踏板操术语必须通俗达意、简洁清晰，能和技术动作实践有效地结合起来。每一个术语都来源于实践又指导实践，是形象化了的实践动作，能使人一听到该专业术语时就马上联想到该动作应当怎么去做，因此踏板操术语是开展教学、训练、竞赛、交流等活动的有力保障。由于练习踏板操的人群不仅包括广大教师和学生、教练员和运动员，还包括众多的踏板操爱好者，练习者年龄跨度和文化差异比较大，因此，踏板操术语的表达必须形象、易懂。

（四）准确性

准确性是指踏板操术语要表达的动作要领、做法、方向、空间方位等元素准确、清晰，让人一目了然或是听见指令就知道怎么去完成该动作。例如，板前、板后、单脚过板、点板等术语，既简洁明了又准确清楚。因此，踏板操术语必须具有很强的准确性，这样才不会让练习者产生歧义，教师上课时也不需要费很大的精力去解释，学生在学习踏板操时才能很快地接受和领会。

☑ 本节小结

1. 踏板操术语是教师教授踏板操课程过程中所使用的专业语言，是所有踏板操领域中用来表示概念和方位以及技术动作的统一的、规范的语言。

2. 踏板操术语具有统一性、科学性、实践性和准确性等特征。

第二节 踏板操基本术语

一、场地方位术语

为了准确表达运动时身体的朝向、转向以及移动的方位等要素，踏板操和健美操的场地方位术语一致，即运用了舞蹈中的基本方位术语，把开始确定的某一点（主席台、裁判席、示范台等）定为基本方位的第1点，然后从第1点开始按照顺时针方向，每45°为一个基本方位，一共将场地分为8个基本方位，也就是8个点，分别为1、2、3、4、5、6、7、8点，如图2.1所示。

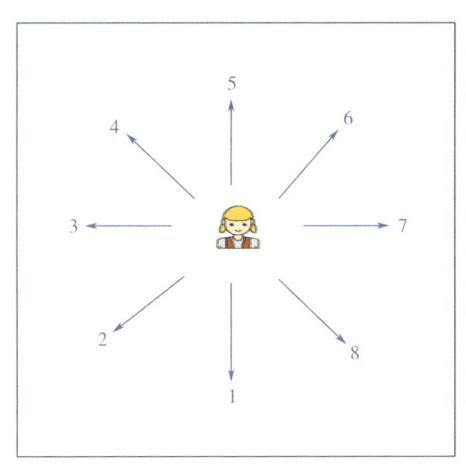

图2.1 场地基本方位

二、动作方向术语

动作方向是指人体运动时位移的朝向或是人体的某一部分肢体（头、手

臂、腿等）运动时的指向，它是以空间位置及相对于人体中心部位的朝向来确定的。

（一）基本方向

基本方向是指与人体基本平面平行或是垂直的方向。为了提供人体在场地上或运动时的方向参考，以人体面向场地正前方站立时为基础参考点。一般以人体面向的正前方为"前"，后背朝向的方向定为"后"；左手边的方向为"左"，右手边的方向为"右"；头顶的方向为"上"，站立时脚下的方向为"下"，如图2.2所示。

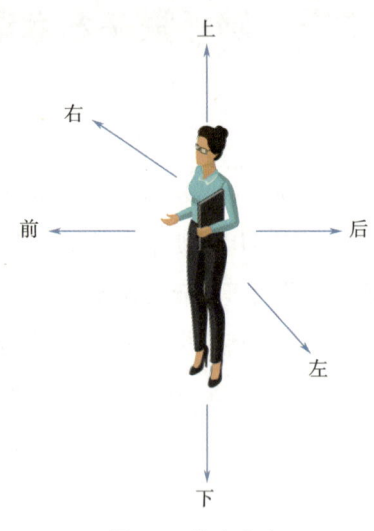

图2.2　基本方向

（二）中间方向和斜方向

1. 中间方向

中间方向是指两个互成90°角的基本方向之间的方向，它与基本方向成45°角，其名称是由两个基本方向名称组合而成。例如：前上、前下、侧上、侧下、后上、后下。前方和上方的中间方向为"前上"，前方和下方的中间方向为"前下"；侧面和上面的中间方向为"侧上"，侧面和下面的中间方向为"侧下"，见图2.3。

2. 斜方向

斜方向是指三个互成90°的基本方位之间的方向，由三个基本方向组合而成。例如：前侧上、前侧下等。

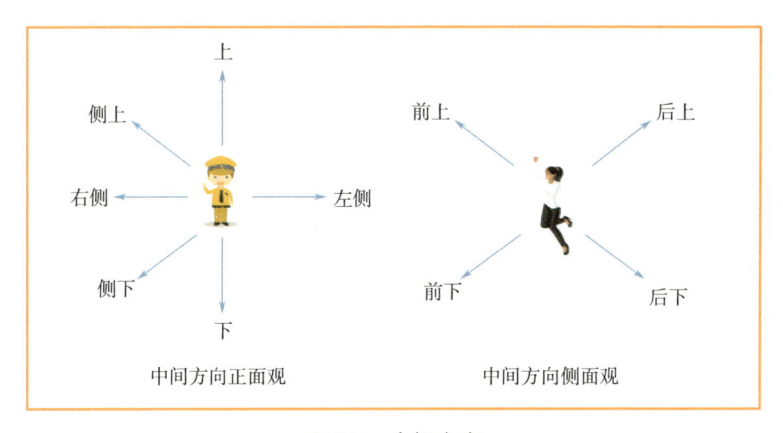

图2.3　中间方向

（三）运动方向

运动方向是指身体及身体各部位运动的方向，一般根据人体直立时的基本方位来确定。

向前：做动作时，向胸部所对的方向来运动。

向后：做动作时，向背部所对的方向来运动。

向上：做动作时，向头顶所对的方向来运动。

向下：做动作时，向脚底所对的方向来运动。

向侧：做动作时，向身体两侧的方向来运动。可分为向左侧运动和向右侧运动。

前侧：做动作时，向身体前和侧的45°方向运动。分为左前侧和右前侧，左前侧即向身体前和左侧之间的45°斜方向运动，右前侧则相反。

后侧：做动作时，向身体后和侧的45°方向运动。分为左后侧和右后侧，左后侧即向身体后和左侧之间的45°斜方向运动，右后侧则相反。

顺时针：做动作时，转动过程与钟表的时针转动方向一致。

逆时针：做动作时，转动过程与钟表的时针转动方向相反。

（四）相对运动方向

肢体的相对运动方向用于表示四肢和身体位置的相对关系。

向内：肢体由两侧向身体正中线运动。

向外：肢体由身体正中线向两侧运动。

同向：上肢和下肢向同一方向运动。

反向：上肢和下肢向相反方向运动。

三、相互关系术语

相互关系表示动作之间在时间或空间上的相互联系。

（一）肢体相互关系术语

同侧：同一侧的上肢和下肢动作的配合。例如：出左臂的同时出左腿。

异侧：不同侧的上肢和下肢动作的配合。例如：出左臂的同时出右腿。

同面：上肢动作和下肢动作的运动面一致。例如：身体向前移动，手臂前举。

异面：上肢动作和下肢动作的运动面不一致。例如：身体向后退，手臂向上运动。

对称：上肢或下肢同时或依次做相同的动作或不同方向的相同动作。例如：右臂侧上举，同时左臂侧上举。

不对称：两臂同时做不同的动作或下肢依次做不同的动作。例如：右臂侧上举，同时左臂侧举。

（二）动作相互关系术语

同时：单个动作中身体不同部位在同一时间做动作。例如：上板迈步吸腿（Knee Up），同时两臂前举握拳。

依次：单个动作中身体不同部位先后完成同一动作。例如：迈步吸腿，依次完成吸腿、屈腿和侧摆腿。

交替：不同肢体或不同动作反复进行。例如：两腿交替进行踏步。

由：动作开始时的方位。例如：由上向下。

经：完成指定动作过程中经过的位置。例如：手臂经前至侧平举。

接：两个要求连续完成的单独动作之间的连接。例如：交叉步过板接迈步侧点地。

至：动作过程中必须达到的某一指定位置。例如：手臂经胸前交叉至侧下举。

成：表示完成动作之后的结束动作。例如：转体360°成双脚开立。

（三）运动轴与面相互关系术语

人体在运动时各关节和环节都包含了轴与面的关系。

矢状轴：俗称前后轴，是前后贯穿身体、垂直通过额状面的轴。

额状轴：俗称横轴，是横贯身体、垂直通过矢状面的轴。

垂直轴：俗称纵轴，是纵贯身体、垂直通过水平面的轴。

矢状面：又称正中面，是沿身体前、后径所作的与地面垂直的切面。矢状面将人体分为左、右两半。

额状面：又称冠状面，是沿身体左、右径所作的与地面垂直的切面。额状面将人体分为前、后两半。

水平面：又称横切面，是横切直立人体与地面平行的切面。水平面将人体分为上、下两半。

四、动作做法术语

动作做法是指描述动作运动形式或完成技术动作途径的方法。踏板操动作通过基本手型、身体姿势、身体基本动作来完成，可以作为动作的组成部分，也可作为修饰性动作。

（一）基本手型术语

掌：手掌展开。

并掌：五指伸直，相互并拢，大拇指微屈，指关节贴于食指旁（图2.4）。

开掌：五指用力伸直，充分张开（图2.5）。

立掌：从手腕关节手掌用力向上立，后弯90°，掌根向前推，手指向上指向上方，自然伸直（图2.6）。

花掌：手指自然伸直，从小指、无名指依次向手心的方向屈（图2.7）。

拳：五指弯曲，拇指在外，紧贴在食指和中指第二关节处（图2.8）。

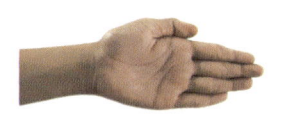

图2.4 并掌

图2.5 开掌

图2.6 立掌

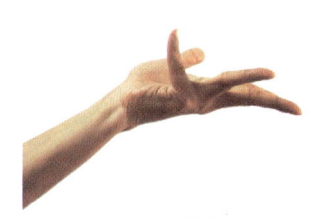

图2.7 花掌

图2.8 拳

（二）身体基本姿势术语

立：两腿站立的姿势。例如：并腿立、分腿立、单腿立等。

跪：以膝和小腿前侧着地的姿势。例如：跪立、单腿跪立、跪坐、跪撑。

蹲：两腿屈膝站立的姿势。例如：半蹲（屈膝大于90°）、全蹲（屈膝小于90°）、蹲撑。

撑：仅用手着地或手和身体其他部位同时着地的姿势。例如：俯撑、跪撑。

坐：以臀部和腿部着地的姿势。例如：并腿坐、分腿坐、屈腿坐。

卧：身体躺在地上的姿势。例如：仰卧、俯卧、侧卧。

弓步：两腿分开约一大步，一腿屈膝，另一腿伸直的站立姿势。例如：前弓步、后弓步、侧弓步。

（三）身体基本动作术语

举：臂或腿抬起并固定在某一方位上的姿势，或是臂或腿伸直由低向高举起至某一部位时停止不动的动作。例如：手臂前举、上举。

屈：身体某一关节弯曲成一定角度，在某一方位上停止不动的姿势；或者身体某关节角度缩小的动作。例如：屈臂、屈膝、屈体。

伸：使关节角度扩大与伸直的动作，若屈与伸依次进行则称"屈伸"。例如：俯撑臂屈伸。

挺：一般指胸部或腹部向前展开。例如：挺胸。

含：两肩胛骨外开，胸部内收。例如：含胸。

提：由下向上做运动，例如：提肩。

沉：身体某部分放松向下的动作。例如：沉肩、沉气。

抬：头部以环枕关节为轴做后伸运动。例如：抬头。

振：臂或上体等部位急速地做富有弹性的屈伸或加速摆。例如：振胸、振臂。

踢：一腿站立，另一腿由低向高做加速有力的摆动动作。例如：前踢腿、侧踢腿、后踢腿。

收：向身体正中线靠拢或还原到起始位置。例如：收腹、收腿。

转：身体做纵轴转动的动作。例如：转体、向右转头。

绕：身体或身体某一部位以某一中心做180°以上、360°以内的动作。例如：臂后绕至前举。

绕环：身体或身体某一部位以某一中心做 360° 或 360° 以上的动作。例如：臂前绕环。

交叉：两臂或两腿同时向内成重叠交错的姿势。例如：手臂交叉、交叉步。

波浪：指身体某部分邻近的关节按顺序做柔和屈伸的动作。例如：手臂波浪、身体波浪。

摆动：臂或腿在某一平面内，自然地由某一部位匀速运动到另一部位的动作。手臂摆动以肩关节为轴，腿的摆动以髋关节为轴。例如：前后摆动、左右摆动、上下摆动。

弹动：身体某一部位的关节有节奏地连续完成屈和伸的动作。例如：屈膝弹动。

五、踏板区域术语

区别于健美操术语，踏板操常用的踏板区域术语如下：

- 板前（面向踏板，在踏板前侧）
- 板后（面向踏板，在踏板的后侧）
- 板左侧（在踏板的左侧）
- 板右侧（在踏板的右侧）
- 板前 45°（板前左右两侧 45°）
- 板后 45°（板后左右两侧 45°）
- 板上（踏板上方）
- 板下（踏板下方）
- 横板（水平摆放踏板）
- 纵板（垂直摆放踏板）
- 背向（教师背对学生，即背面示范）
- 面向（教师面向学生，即镜面示范）
- 点板（前脚掌或脚后跟触板）
- 踩板（一只脚板上踏步，另一只脚板下踏步）

☑ 本节小结

在学习踏板操之前，掌握并懂得踏板操的各种专门术语，可以有效帮助我们更快地学好、学会踏板操。

第三节　踏板构造与落脚区域

一、踏板的构造

（一）踏板的组成部分

踏板的基本构造主要包括三部分：踏板主体、踏板底座和踏板加强结构。踏板的主体是指踏板器材的框架主体，包含踏板的面和两个支撑腿，是踏板的主要构成部分。踏板底座是专门用来支撑踏板主体的部件，可以自由拆卸，用来调整踏板的高度，从而改变练习时的运动强度和难度。踏板加强结构是保护踏板在受到外力的冲击下，保持踏板的安全性和稳定性的结构。踏板加强结构包括踏板的主体和踏板底层结构设计两部分。

（二）踏板的规格和尺寸

根据不同的功能训练特点和要求，踏板有很多不同的种类和形状，但是最为普遍的踏板规格是长90cm，宽40cm，高15cm。踏板的高度可以根据练习者的踏板技术水平、运动能力和膝关节的控制能力来调节。

图2.9和图2.10中的两块踏板是常见的健身踏板的样式，都是上下分体的形式，高度可以调节，不同的是图2.9的踏板不方便搬动，底坐和主体分离，常用在健身房，适用于全民健身。而图2.10踏板可以搬动做转板和换板的动作，而且重量更轻，适用于比赛和教学。这两种类型的踏板有不同的长度和宽度可以选择，承重都在100公斤以上。

图2.9　分体式踏板　　　　图2.10　一体式踏板

二、踏板的落脚区域

落脚区域是指人在完成踏板操动作的过程中，双脚在踏板上及踏板周围经常使用的区域。用统一的专业术语将踏板操落脚区域清晰地规定出来，能够帮助练习者更好地了解踏板及踏板周围的各活动区域，同时方便教师和学生用专业术语进行交流和沟通，这也是踏板操的创编、教学与评估的基础。

踏板落脚区域划分为五大区域，用专业术语具体可表述为：踏板左侧、踏板右侧、踏板前侧、踏板后侧、踏板上方。

✓ 本节小结

踏板有不同的类型和不同的尺寸，练习者可根据实际情况调整和选择。熟知落脚区域能帮助练习者更快地掌握教师的教学内容，从而更好地完成踏板操练习。

第四节　踏板操基本动作

一、踏板操基本动作概念

踏板操基本动作是构成踏板操最小单位的元素动作，是踏板操重要的组成部分，是学生学习和掌握踏板操技术的基础，也是学习和创编成套踏板操的基本元素。掌握踏板操的基本动作，能很好地提高练习者的协调性、柔韧性、力量、对身体形态的控制以及对动作美的感受和表现力等身体素质。同时，准确的身体动作和身体姿态，对练习者的骨骼、肌肉的生长发育以及内脏器官的正常活动和健康状态十分重要。

了解和掌握踏板操的基本动作，是踏板操学习过程中非常关键的一环，也是踏板操初学者的必修课。

二、踏板操基本动作的锻炼价值与育人功效

（一）学习踏板操基本动作，是学习成套踏板操的基础，有助于提高学生上课的积极性和参与度

锻炼价值：一般学生初次接触踏板操时，往往动作不够协调，很难准确表达身体的控制力和美感，这时如果直接学习成套动作往往会让学生觉得沮丧、有压力。因此，学习踏板操基本动作，动作简单，又有激扬的音乐伴奏，学生容易掌握且不易疲劳，从而产生愉快的感觉，因而可达到学习的最佳状

态，从而提高上课的积极性和参与度，以及自我的成就感和获得感，进而更好地学习和掌握踏板操成套动作。

育人功效：学习踏板操基本动作，能让学生领悟学动作就像盖房子打地基一样，基本动作学得越好，地基就打得越稳，楼房才可以盖得越高。让学生懂得"千里之行，始于足下"和"不积跬步，无以至千里"的道理，从而提高学生的学习自信心和对踏板操的学习兴趣。

（二）正确掌握踏板操基本动作，是提高成套动作质量的关键

锻炼价值：成套动作是由不同类型的基本动作组成的，基本动作规范工整、扎实，成套操的质量就有保证，它们之间是相互依存、相互促进的。因此，牢固掌握踏板操基本动作，对提高整套操的质量至关重要。成套动作的姿态优美与否，主要表现为肢体的控制能力如何。在踏板操基本动作练习中，通过下肢、手臂、躯干以及身体其他部位正确的感知训练，逐步找到规范动作的本体感觉，使学生体会到正确的动作姿态所必要的肌肉感觉，从而提高学生的自我判断和控制能力，逐步建立正确的记忆，并达到动力定型。因此，正确掌握踏板操基本动作，是提高成套动作质量的关键。

育人功效：学习踏板操基本动作，帮助学生通过自身动作从控制力、身体姿态、动作幅度力度以及美感的角度进步和提高，从而达到更好的练习和表演效果，提高成套质量。使学生明白学习是一个循序渐进的过程，也并不像想的那样困难，以便克服自己的不足，提高自身的控制力，能有意识地训练自我、成就自我、提高自我。

（三）学习踏板操基本动作，是培养学生审美能力的有效手段

锻炼价值：踏板操基本动作特别强调学生在执行动作过程中保持正确的身体姿态和关节角度，确保姿势正确且有美感；同时对学生头、颈、胸、腰、腿、臂、手等的位置和状态均有细致的要求，能帮助学生纠正肩、胸、腿等不良体态，使学生身体端正、挺拔，以健美的体形、优雅的姿态展现动作的最佳效果，为塑造良好的身体形态创造条件。学生在音乐的伴奏下进行练习时，需要准确把握踏板操音乐的鼓点和节奏，懂得音乐旋律，欣赏音乐之美。因此学习踏板操基础动作，从形体美、姿态美、音乐美等方面提高了学生知美、懂美、审美和表达美的能力。

育人功效：新时代，习近平总书记提出教育的目标是培养德、智、体、

美、劳全面发展的社会主义建设者和接班人。而在踏板操基本动作学习中，从体育教育中衍生出美育教育，很好地落实了"体－美"育人的根本任务，能让学生切实感悟什么是体态美、健康美、力量美和动作美，让学生从体育实践中懂得欣赏美、表达美、传递美和鉴赏美。

（四）加强踏板操基本动作的训练，可提高学生的各项身体素质

锻炼价值：踏板操属于有氧运动，能有效提高学生的心肺耐力，提高最大摄氧量，同时踏板操自身的运动特征也能有效提高学生的柔韧性、协调性、爆发力以及下肢肌肉的力量。因此，在课外可以通过身体素质练习来提高学生对于踏板操动作的学习能力。例如：加强柔韧性练习可提高动作的幅度，使学生动作姿态更规范优美；加强步伐练习可提高下肢肌肉的工作能力及髋关节、膝关节、踝关节的灵活性和动作的协调性，使成套动作更加流畅。所以，踏板操基本动作的训练，既可加速提高学生所需的身体素质，又可为学生未来的身心健康打下良好基础。

育人功效：好的体魄才有好的身体状态，好的身体状态才有好的未来。通过踏板操基本动作学习，提高学生的身体素质，同时通过课外身体素质练习，搭建课内外一体化平台，让学生养成终身体育锻炼的好的生活习惯。体育教育的终极目标是培养学生养成体育锻炼的生活习惯，打下终身健身的基础。让学生真正领悟"每天锻炼一小时，健康工作50年，幸福生活一辈子"的生活理念。

三、踏板操基本动作练习应注意的问题

（一）克服对踏板的恐惧心理

初次接触踏板的同学，首先要克服对踏板的恐惧心理。很多同学在平地上跳踏板操的时候灵活自如，如鱼得水，可是当在踏板操的基础步法上加上一块踏板时，其内心马上就出现了恐惧，好像是有障碍物搁置在心里，不敢动步，也不敢迈腿。有的同学会存在恐高心理，踩在踏板上，会有一点恐高，这也与自身的身体素质较弱和本体感受能力较弱有关。

为了克服对踏板的恐惧心理，一是可以降低踏板下方垫板的高度，可以不用垫板，直接把板面放置在地面上练习；二是可在踏板下方垫上防滑垫，以此来减少学生因恐高或是怕滑倒而产生的恐惧。而对于因心里有障碍物而产生的恐惧，可以让学生从最简单的点板等动作一点一点地循序渐进练习，

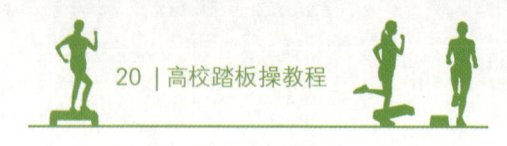

即从单脚上板的动作逐步过渡到双脚上板的动作，让学生体会到踏板并不那么可怕之后，就会敢于尝试进行其他基本动作练习。

（二）能自如地运用踏板

在练习踏板操的时候，学生几乎所有的动作都是和踏板共同完成的，例如上下板、踩板、绕板、跨板等。时而从板上绕过，时而在板上做动作；时而从左侧上板，又时而从右前侧下板；时而从横板踩板，时而又从搬板变成纵板，在纵板上落地做地上动作。因此在练习的过程中，不论是空间上，还是位移上，或是时空交错上，人和板已经融为一体，而不单单是人在做动作，板只是一个设备、一个装置。此时踏板已经变成了一个有生命力的物体，是你在和板共舞。因此，学生需要能与踏板有很好的互动，把踏板当作自己的朋友、伴侣和灵魂舞者，这样才能自如地运用踏板。

（三）保持动作的规范性

踏板操动作的规范性，是做踏板操动作练习的最基本的要求。只有动作规范，才能最大限度地保护骨骼、关节的健康，不至于受到踏板的冲击而伤害膝盖和脚踝。踏板毕竟有一定的高度，在上下板的过程中，就像人在上下楼梯一样，对关节特别是踝膝关节的保护非常重要。如果动作不规范，用的力度大小和用力方向不对的话，就容易伤到脚踝和膝盖，因此保持动作的规范性是科学练习踏板操的前提和基础。同时从表演和观赏的角度来看，动作是踏板操无声的语言，正确规范的动作有助于表达学生内在的情绪，能为学生提供丰富的感性材料，能启发学生更深刻地理解表演形式，大大提高表演的观赏性和美感。

（四）保持动作的节奏感和弹性

动作的弹性是踏板操动作特点的体现。在踏板操练习过程中，始终保持重心上下有节奏感的起伏是踏板操成套动作连贯、顺畅完成的基本前提。同时，保持好的节奏感，能与音乐节点完美配合也是踏板操练习的基本要素之一。踏板操是一种节奏感很强的运动，是音乐节奏和动作节奏结合的产物。动作节奏包括动作力度的强弱、速度的快慢、能量的增减以及幅度的大小等。

学生要有针对性地进行下肢关节肌群的能力训练，特别是臀部和大腿肌肉力量的训练，以此来提高基本步法的稳固性和身体重心的控制能力，同时强化节奏训练，找到动作、音乐和呼吸的节奏融合点，促使动作更加准确、协调、连贯，充分展示优美的动作姿态和韵律感，使动作更具表现力和感染力，从而获得理想的艺术效果。

四、踏板操基本动作的主要内容

踏板操动作花样繁多，变化多端，但是不论动作怎样复杂多变，都是由以下几大类基本动作变化而来的。根据踏板操动作类别的不同，可将踏板操基本动作分为踏步类、抬腿类、点板类和花步类四大类。

（一）踏步类

常见的踏步类的动作有基本步（Basic）、踩板（Stomp）、曼波（Mambo）、V字步（V-step）。见表2.1。

表2.1 踏板基础步法——踏步类

动作名称	动作要领	节拍数	重拍是否换脚（Y/N）
基本步（Basic）	面对踏板，左脚上板，然后右脚上板，双脚并拢，然后左右脚依次下板，双脚并拢	4	N
踩板（Stomp）	面对踏板，左脚在板上连续踩板两次，第3拍下板，在右脚启动板前踏步一次，换右脚上板	4	Y
曼波（Mambo）	面对踏板，左脚上板，右脚原地板下踏步，然后左脚下板回到起始位置踏步，右脚原地踏步	4	N
V字步（V-step）	面对踏板，左脚向板左侧上板，右脚向板右侧上板，然后左脚下板回到起始位置，右脚下板并左脚，整个动作成"V"字	4	Y

（二）抬腿类

常见的抬腿类的动作有迈步吸腿（Knee Up）、后屈腿（Leg Curl）、侧摆腿（Side Kick）、后摆腿（Back Lift）。见表2.2。

表2.2 踏板基础步法——抬腿类

动作名称	动作要领	节拍数	重拍是否换脚（Y/N）
迈步吸腿（Knee Up）	面对踏板，左脚上板，吸右腿，右脚下板，左脚下板并右脚	4	Y
后屈腿（Leg Curl）	面对踏板，左脚上板后屈右腿，右脚下板，左脚下板并右脚	4	Y
侧摆腿（Kick）	面对踏板，左脚上板，右脚直腿侧踢，右脚下板，左脚下板并右脚	4	Y
后摆腿（Back Lift）	面对踏板，左脚上板，右脚直腿后摆，右脚下板，左脚下板并右脚	4	Y

（三）点板类

常见的点板类动作有脚尖点板（Toe）、脚跟点板（Heel）。见表2.3。

表2.3 踏板基础步法——点板类

动作名称	动作要领	节拍数	重拍是否换脚（Y/N）
脚尖点板（Toe）	面对踏板，左脚脚尖点板，左脚下板并右脚	2	Y
脚跟点板（Heel）	面对踏板，左脚脚跟点板，左脚下板并右脚	2	Y

（四）花步类

常见的花步类动作有侧滑步（Slide）、恰恰步（ChaChaCha）、开合跳（Jumping Jack）、拧转步（Twist）。见表2.4。

表2.4 踏板基础步法——花步类

动作名称	动作要领	节拍数	重拍是否换脚（Y/N）
侧滑步（Slide）	左脚向左侧迈步，同时右腿蹬直，保持2拍，第3拍右脚踏步收回靠向左脚，第4拍左脚跟随踏步至双脚并拢	4	Y

续表

动作名称	动作要领	节拍数	重拍是否换脚（Y/N）
恰恰步 （ChaChaCha）	左脚向左移动1拍，右脚以1/2（嗒拍）拍快速移动跟随至左脚，然后左脚再次向左踏步1拍，即完成一次完整的恰恰	2	Y
开合跳 （Jumping Jack）	双腿同时跳开，稍屈膝，膝盖与脚尖方向一致，然后双腿同时跳回并立	2	Y/N
拧转步 （Twist）	面对踏板，左脚上板，右脚原地板前踏步，左脚踏步下板至双腿分开（双脚脚跟立住，面向2点），双脚同时拧转90°（面向8点）	4	Y

（来源：布建军.踏板操运动教程［M］.银川：银川人民教育出版社，2018.）

☑ **本节小结**

踏板操基本动作是构成踏板操最小单位的元素动作，是踏板操重要的组成部分，是学生学习和掌握踏板操技术的基础，也是学习和创编成套踏板操动作的基本元素。

根据踏板操动作类别的不同，可将踏板操基本动作分为踏步类、抬腿类、点板类和花步类四大类。

第五节　踏板操技术要领及注意事项

一、技术要领

（一）重心移动

在练习踏板操的过程中，重心一定要随着步伐的移动及时跟进，重心始终落在支撑腿上，支撑腿在板上时，一定是身体所有的重量都落在板上，落板后，重心及时落在地上。身体重心随动作移动及时准确地跟进。

（二）缓冲技术

缓冲技术是踏板操的基础，在做踏板操时一定要注意保持膝盖和脚踝的屈伸弹动，这样能减少踏板和地面对关节的冲击力，并且能保证板上动作安全稳定。

（三）身体控制技术

在做踏板操练习时一定要保持身体核心部位的收紧，保持身体重心在一条直线上，特别是在做板上动作时，这样能保持身体安全稳定。核心部位的收紧能起到固定身体的作用，为下肢和手臂动作的完成打好基础。因此，在练习踏板操时要保持重心的直立，微微收腹，保持立腰挺胸，眼睛平视前方。

二、练习注意事项

- 练习前先选择一个适合自己的高度，然后检查踏板摆放是否平稳。
- 充分做好身体各关节的热身，特别是激活下肢的柔韧性和肌肉力量。
- 跳操时保持身体核心部位稍稍收紧，收腹、立腰、抬头、挺胸，重心稍向前。
- 上板时，让整个脚掌全部落在板上，不要让脚尖或是脚跟悬于踏板的边缘。
- 下板时，脚尖先着地，然后过渡到整个脚掌着地，帮助关节缓冲。
- 上下板或是移动的过程中，踝膝关节要有弹动和缓冲，身体重心要及时跟进。

☑ 本节小结

跳踏板操时一定要注意掌握重心移动技术、缓冲技术和身体控制技术。练习前选择适合自己高度的踏板，充分做好热身，跳操时保持身体核心部位稍稍收紧，收腹、立腰、抬头、挺胸，重心稍向前。

课后作业

1. 踏板操基本动作主要有几大类？分别有哪些基本动作？
2. 在练习踏板操基本动作时，要注意哪些问题？
3. 练习踏板操对于学生的德育培养体现在哪些方面？

第三章　踏板操套路实践
——大家一起动起来

教学目标

1. 掌握踏板操初、中级套路。
2. 学会拉伸初、中级套路。

本章导读

在本章中，笔者结合多年踏板操教学实践，借助团队的力量，创编出踏板操初级、中级套路，以及拉伸放松的初、中级套路，希望能对教师和学生有所助益。

第一节　踏板操热身步法

一、点板组合

点板又分为脚尖点板和脚跟点板。

（一）脚尖点板

1. 动作一（图 3.1）

动作要领：

- 板前站立，1 拍右脚脚尖点在板的中间位置，重心依旧落在支撑腿左脚上，双手握拳向前冲拳。
- 2 拍右脚还原，双手握拳收回腰间。
- 3—4 拍左脚点板。
- 5—8 拍交替重复 1—4 拍动作。

点板组合

1拍　2拍　3拍　4拍

图 3.1　脚尖点板动作一

2. 动作二（图 3.2）

动作要领：

- 板前站立，1 拍右脚脚尖点在板的中间位置，重心依旧落在支撑腿左脚上，双手立掌向上冲掌。
- 2 拍右脚还原，双手握拳收回腰间。
- 3—4 拍左脚点板。
- 5—8 拍交替重复 1—4 拍动作。

1拍　2拍　3拍　4拍

图 3.2　脚尖点板动作二

3. 动作三（图 3.3）

动作要领：

- 板前站立，1拍右脚脚尖点在板的中间位置，重心依旧落在支撑腿左脚上，双手握拳胸前平屈。
- 2拍右脚还原，双手握拳向下提拉。
- 3—4拍左脚点板。
- 5—8拍交替重复1—4拍动作。

1拍　　　　2拍　　　　3拍　　　　4拍

图3.3　脚尖点板动作三

（二）脚跟点板

1. 动作一（图3.4）

动作要领：

- 板前站立，1拍右脚脚跟点在板的中间位置，重心依旧落在支撑腿左脚上，双手握拳向前冲拳。

1拍　　　　2拍　　　　3拍　　　　4拍

图3.4　脚跟点板动作一

- 2拍右脚还原，双手握拳收回腰间。
- 3—4拍左脚点板。
- 5—8拍交替重复1—4拍动作。

2. 动作二（图3.5）

动作要领：

- 板前站立，1拍右脚脚跟点在板的中间位置，重心依旧落在支撑腿左脚上，双手握拳胸前平屈。
- 2拍右脚还原，双手握拳向下提拉。
- 3—4拍左脚点板。
- 5—8拍交替重复1—4拍动作。

1拍　2拍　3拍　4拍

图3.5　脚跟点板动作二

二、V字步组合

V字步组合

1. 动作一（图3.6）

动作要领：

- 板前站立，1拍左脚由脚跟过渡到全脚掌，落在踏板的左侧位置，脚尖稍外开，重心依旧落在支撑腿右脚上，同时左臂侧上举，并掌，右臂扶在左髋位置。
- 2拍右脚由脚跟过渡到全脚掌，落在踏板的右侧位置，脚尖稍外开，重心依旧落在支撑腿左脚上，同时右臂侧上举，并掌，呈双臂侧上举姿势。

| 1拍 | 2拍 | 3拍 | 4拍 |

图3.6　V字步组合动作一

- 3拍左脚还原，左手扶在髋关节。
- 4拍右脚并左脚，回到立正姿势，双手扶髋。
- 5—8拍交替重复1—4拍动作。

2. 动作二（图3.7）

动作要领：

- 板前站立，1拍左脚由脚跟过渡到全脚掌，落在踏板的左侧位置，脚尖稍外开，重心依旧落在支撑腿右脚上，同时左臂腰侧屈，开掌，掌心向前，右臂扶在左髋位置。
- 2拍右脚由脚跟过渡到全脚掌，落在踏板的右侧位置，脚尖稍外开，重心依旧落在支撑腿左脚上，同时右臂腰侧屈，开掌，掌心向前，呈双臂腰侧

| 1拍 | 2拍 | 3拍 | 4拍 |

图3.7　V字步组合动作二

屈姿势。

- 3拍左脚还原，左手扶在髋关节。
- 4拍右脚并左脚，回到立正姿势。
- 5—8拍交替重复1—4拍动作。

第二节　踏板操初级套路

初级套路
第一个组合A

一、初级套路第一个组合

A+A′（A：1—4八拍，A′：5—8八拍，共八个八拍）

1. 第一个八拍（图3.8和表3.1）

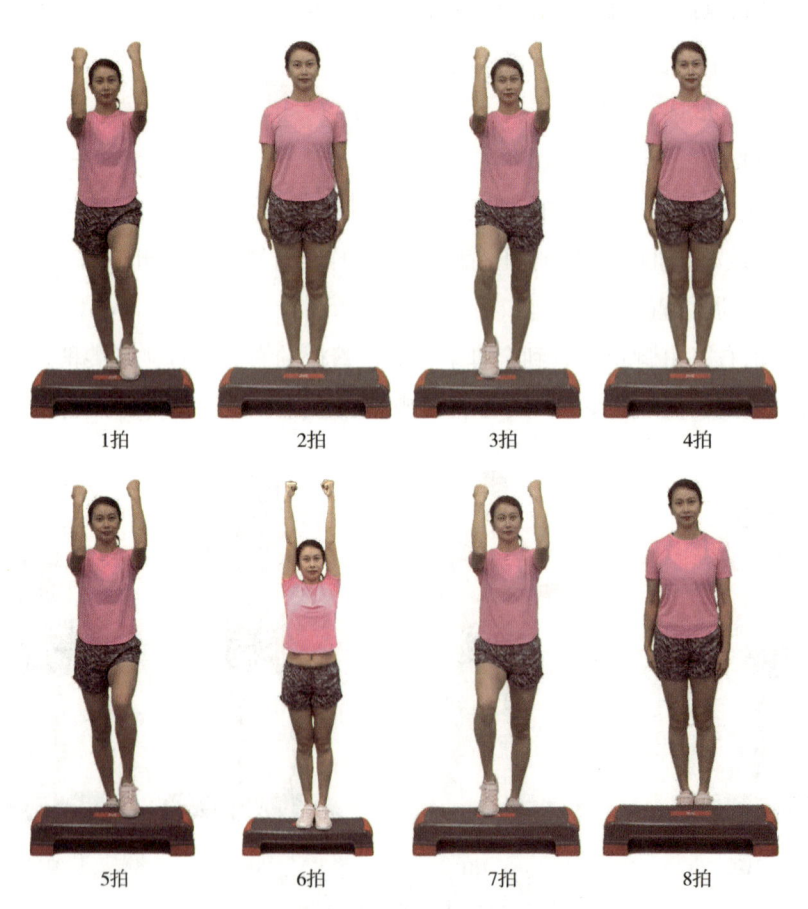

1拍　　　2拍　　　3拍　　　4拍

5拍　　　6拍　　　7拍　　　8拍

图3.8　初级套路第一个组合第一个八拍动作

表3.1 初级套路第一个组合第一个八拍动作说明

A 1×8			
动作说明（左脚开始）	步法	1—4拍	2次脚尖点地
		5—8拍	1次基本步
	手臂	1—4拍	双臂胸前竖屈摆动至腰间
		5—8拍	5拍胸前竖屈，6拍双臂上举，7拍还原胸前竖屈，8拍还原体侧
	手型	1—8拍	双手握拳
	方向	1—8拍	5点

2. 第二个八拍（图3.9和表3.2）

图3.9 初级套路第一个组合第二个八拍动作
（5—8拍与1—4拍动作相同，方向相反）

表3.2 初级套路第一个组合第二个八拍动作说明

A 2×8			
动作说明（左脚开始）	步法	1—8拍	2次转身步
	手臂	1—2拍	双臂由体右侧经胸前平划至身体左侧
		3—4拍	胸前击掌两次
		5—6拍	双臂由体左侧经胸前平划至身体右侧
		7—8拍	胸前击掌两次
	手型	1—8拍	开掌，掌心向下
	方向	1—8拍	1—2拍5点，3—4拍3点，5—6拍5点，7—8拍7点

3. 第三个八拍（图 3.10 和表 3.3）

1拍　　2拍　　3拍　　4拍

5拍　　6拍　　7拍　　8拍

图 3.10　初级套路第一个组合第三个八拍动作

表 3.3　初级套路第一个组合第三个八拍动作说明

A　3×8			
动作说明（左脚开始）	步法	1—8 拍	2 次迈步后屈腿
	手臂	1—2 拍	1 拍双臂肩侧竖屈，2 拍前臂前旋
		3—4 拍	3 拍回到肩侧竖屈，4 拍还原体侧
		5—6 拍	重复 1—2 拍动作
		7—8 拍	重复 3—4 拍动作
	手型	1—8 拍	开掌，掌心向前
	方向	1—8 拍	1—2 拍 6 点，3—4 拍 5 点，5—6 拍 4 点，7—8 拍 5 点

4. 第四个八拍（图3.11和表3.4）

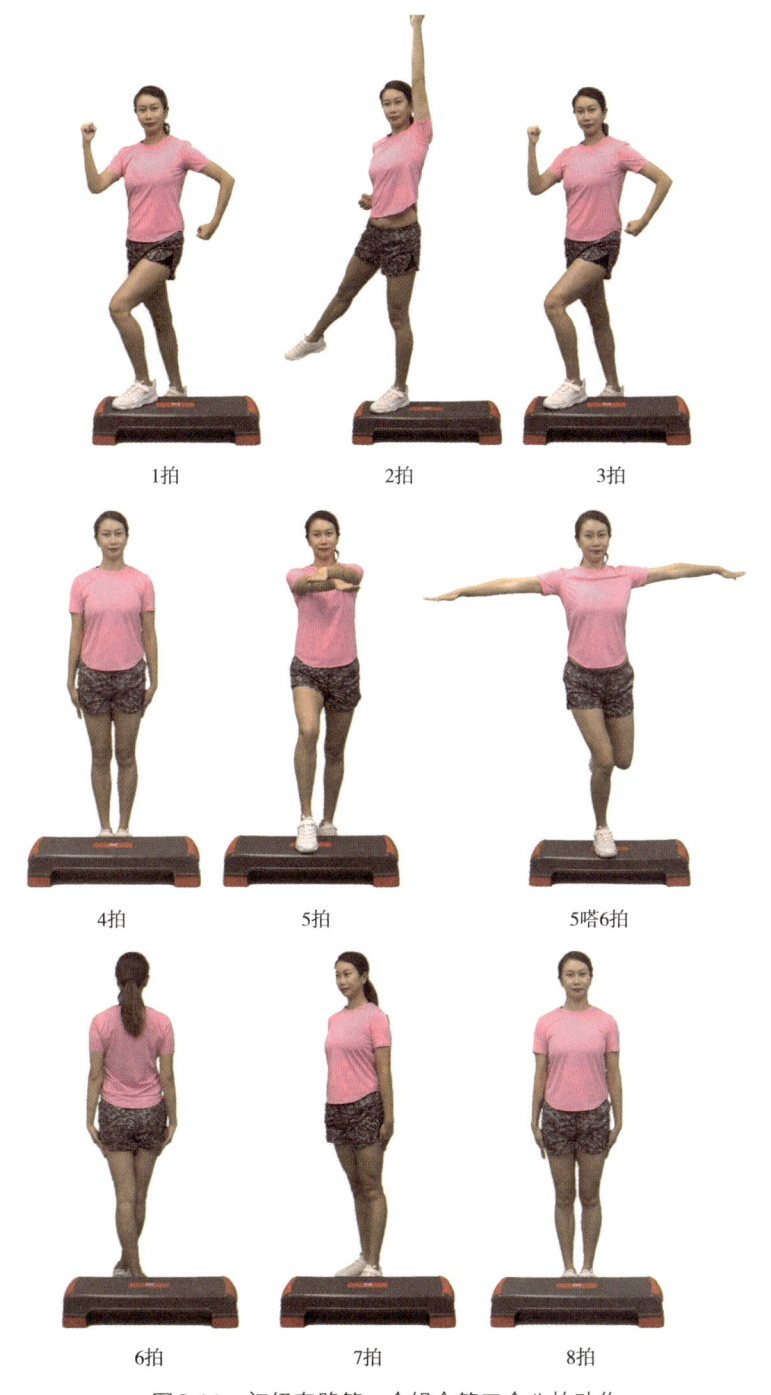

1拍　　　　　2拍　　　　　3拍

4拍　　　　　5拍　　　　5嗒6拍

6拍　　　　　7拍　　　　　8拍

图3.11　初级套路第一个组合第四个八拍动作

表3.4　初级套路第一个组合第四个八拍动作说明

A 4×8			
动作说明（左脚开始）	步法	1—4拍	迈步侧摆腿
		5—8拍	曼波转体
	手臂	1—4拍	1拍自由摆臂，2拍左臂上举冲拳，3—4拍自由摆臂
		5—8拍	自由摆臂
	手型	1—8拍	拳
	方向	1—8拍	1—4拍6点，5—8拍转体360°

5. 第五个八拍至第八个八拍

第五个八拍至第八个八拍分别与第一个八拍至第四个八拍动作相同，方向相反。

二、初级套路第二个组合

B+B′（B：1—4八拍，B′：5—8八拍，共八个八拍）

1. 第一个八拍（图3.12和表3.5）

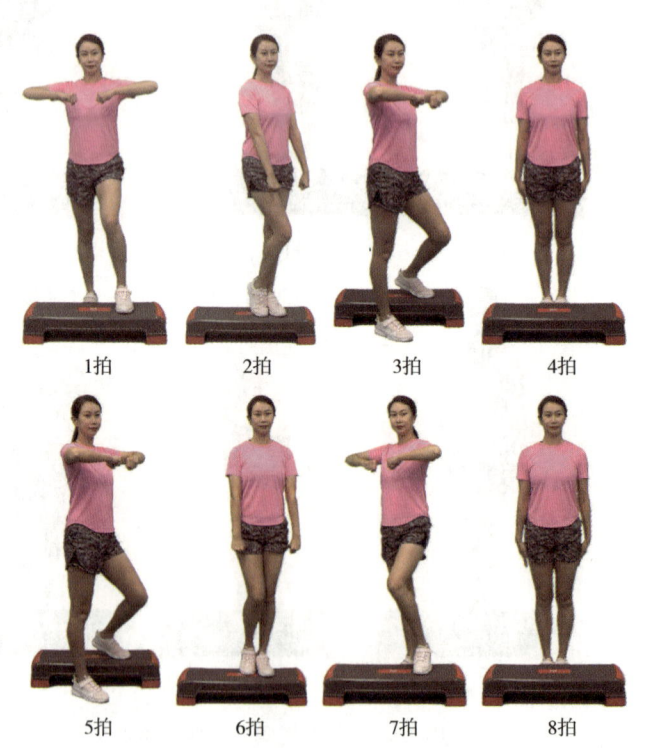

1拍　2拍　3拍　4拍

5拍　6拍　7拍　8拍

图3.12　初级套路第二个组合第一个八拍动作

表3.5　初级套路第二个组合第一个八拍动作说明

B 1×8			
动作说明（左脚开始）	步法	1—8拍	4次侧并步
	手臂	1—4拍	1拍双臂胸前平屈，2拍体前下举，3拍双臂胸前平屈，4拍体前下举
		5—8拍	5—8拍分别重复1—4拍动作
	手型	1—8拍	双手握拳
	方向	1—4拍	1—2拍面向6点，3—4拍面向4点
		5—8拍	5—6拍面向4点，7—8拍面向5点

2. 第二个八拍（图3.13和表3.6）

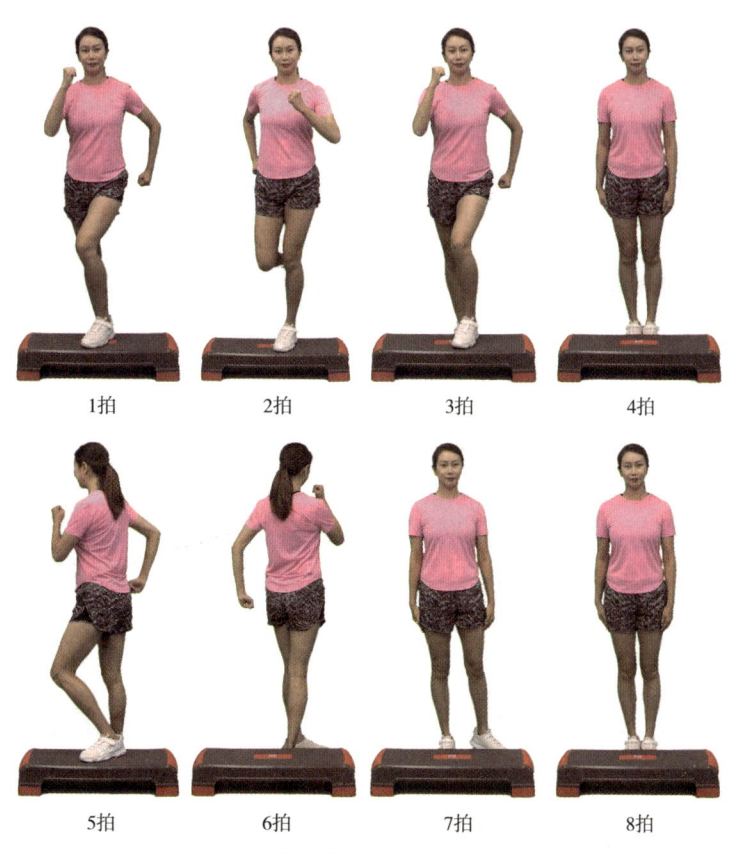

图3.13　初级套路第二个组合第二个八拍动作

表3.6　初级套路第二个组合第二个八拍动作说明

B 2×8			
动作说明 （左脚开始）	步法	1—4拍	曼波步
		5—8拍	曼波转体360°
	手臂	1—8拍	自由摆臂
	手型	1—8拍	双手握拳
	方向	1—8拍	5点

3. 第三个八拍（图3.14和表3.7）

1拍　　2拍　　3拍　　4拍

5拍　　6拍　　7拍　　8拍

图3.14　初级套路第二个组合第三个八拍动作

表3.7 初级套路第二个组合第三个八拍动作说明

B 3×8			
动作说明（左脚开始）	步法	1—4拍	基本步
		5—8拍	曼波跳步
	手臂	1—4拍	自由摆臂
		5—8拍	匀手
	手型	1—4拍	拳
		5—8拍	5—6拍开掌，掌心向下；7—8拍并掌
	方向	1—8拍	5点

4. 第四个八拍（图3.15和表3.8）

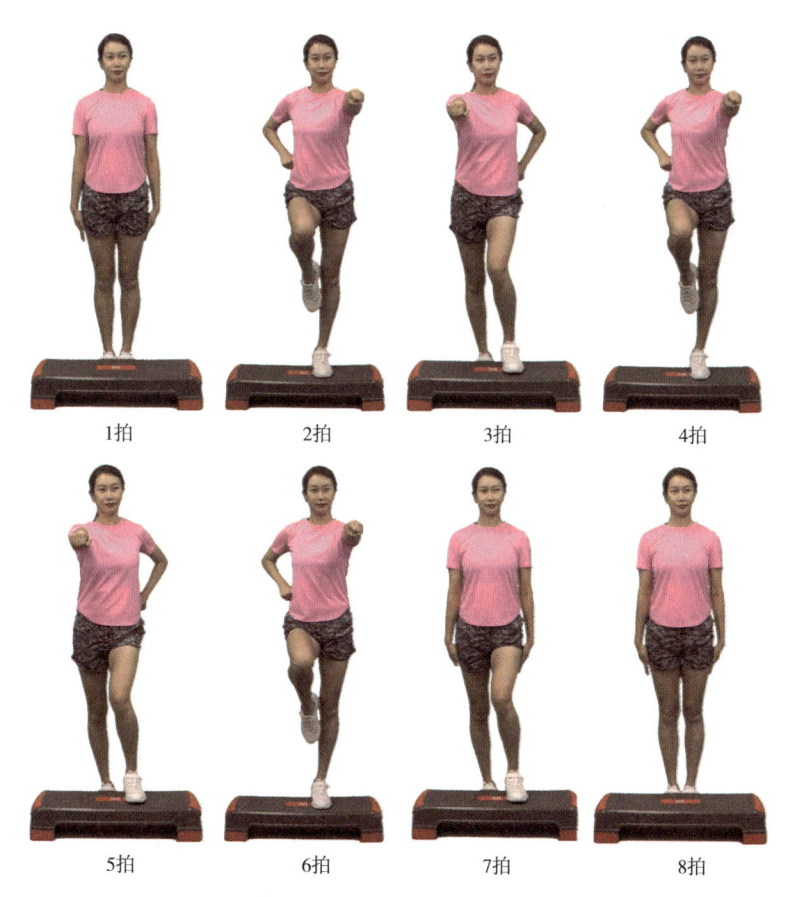

1拍　　2拍　　3拍　　4拍

5拍　　6拍　　7拍　　8拍

图3.15　初级套路第二个组合第四个八拍动作

表3.8　初级套路第二个组合第四个八拍动作说明

B 4×8			
动作说明 （左脚开始）	步法	1—8拍	3次迈步吸腿
	手臂	1—6拍	1拍左手腰间屈臂，右手向前冲拳，2拍右手腰间屈臂，左手向前冲拳；3—4拍、5—6拍同1—2拍
		7—8拍	双臂还原体侧
	手型	1—6拍	握拳，拳心向下
		7—8拍	并掌
	方向	1—8拍	5点

初级套路第二个组合B′

初级套路第三个组合C

5. 第五个八拍至第八个八拍

第五个八拍至第八个八拍分别与第一个八拍至第四个八拍动作相同，方向相反。

三、第三个组合

C+C′（C：1—4八拍，C′：5—8八拍，共八个八拍）

1. 第一个八拍（图3.16和表3.9）

1拍　2拍　3拍　4拍

5拍　6拍　7拍　8拍

图3.16　初级套路第三个组合第一个八拍动作

表3.9 初级套路第三个组合第一个八拍动作说明

C 1×8			
动作说明 （左脚开始）	步法	1—4拍	交叉步过板
		5—8拍	跑回板前
	手臂	1—4拍	1拍前举，2拍收回腰间，3—4拍体侧下举
		5—8拍	自由摆臂
	手型	1—8拍	拳，3拍拳心向内，4拍开掌，掌心向后
	方向	1—3拍	7点
		4拍	5点
		5—8拍	右后转360°，8拍面向2点

2. 第二个八拍（图3.17和表3.10）

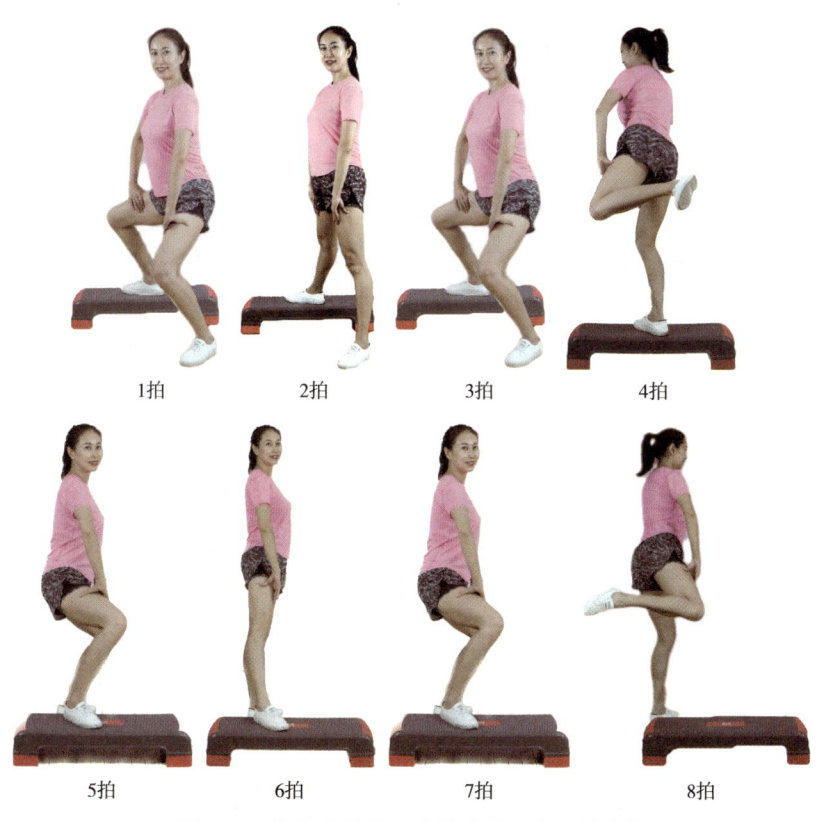

1拍　　2拍　　3拍　　4拍

5拍　　6拍　　7拍　　8拍

图3.17　初级套路第三个组合第二个八拍动作

表3.10　初级套路第三个组合第二个八拍动作说明

C 2×8			
动作说明 （左脚开始）	步法	1—8拍	半蹲步 + 后屈腿
	手臂	1—8拍	双手扶大腿根
	手型	1—8拍	虎口向内，扶大腿根
	方向	1—3拍	2点
		4拍	5点
		5—8拍	7点

3. 第三个八拍（图3.18和表3.11）

1拍　　2拍　　3拍　　4拍

5拍　　6拍　　7拍　　8拍

图3.18　初级套路第三个组合第三个八拍动作

表3.11　初级套路第三个组合第三个八拍动作说明

C 3×8			
动作说明（左脚开始）	步法	1—8拍	半蹲步+后屈腿
	手臂	1—8拍	双手扶大腿根
	手型	1—8拍	虎口向内，扶大腿根
	方向	1—3拍	7点
		4拍	8点
		5—8拍	5—7拍右转225°，8拍回到面向5点

4. 第四个八拍（图3.19和表3.12）

1拍　　2拍　　3拍　　4拍

5拍　　6拍　　7拍　　8拍

图3.19　初级套路第三个组合第四个八拍动作

表3.12 初级套路第三个组合第四个八拍动作说明

C 4×8			
动作说明（左脚开始）	步法	1—4拍	侧并步过板
		5—8拍	迈步吸腿转体270°
	手臂	1—8拍	1—4拍双臂经体前，由内向外绕环；5—8拍，右臂立掌，经体前由内向外平推至体侧
	手型	1—8拍	并掌，5—8拍左手立掌
	方向	1—4拍	3点
		5—8拍	向右转体270°

初级套路第三个组合C′

初级套路第四个组合D

5. 第五个八拍至第八个八拍

第五个八拍至第八个八拍分别与第一个八拍至第四个八拍动作相同，方向相反。

四、第四个组合

D+D′（D：1—4八拍，D′：5—8八拍，共八个八拍）

1. 第一个八拍（图3.20和表3.13）

1拍　　2拍　　3拍　　4拍

图3.20 初级套路第四个组合第一个八拍动作

表3.13 初级套路第四个组合第一个八拍动作说明

D 1×8			
动作说明（左脚开始）	步法	1—4拍	L形迈步吸腿：1—2拍迈步吸腿，3拍向板右侧落右脚，4拍左脚板上脚跟点板
		5—6拍	5—6拍左脚上板吸右腿，7拍右脚板前落脚，8拍左脚并右脚
	手臂	1—4拍	1—2拍自由摆臂，3拍胸前交叉，4拍两臂侧举
		5—8拍	5—6拍右手上举，左手腰间屈臂；7—8还原体侧
	手型	1—4拍	1—2拍握拳；3拍握拳，拳心向内；4拍立掌，掌心向外
		5—8拍	5—6拍握拳，7—8并掌
	方向	1—8拍	5点

2. 第二个八拍（图3.21和表3.14）

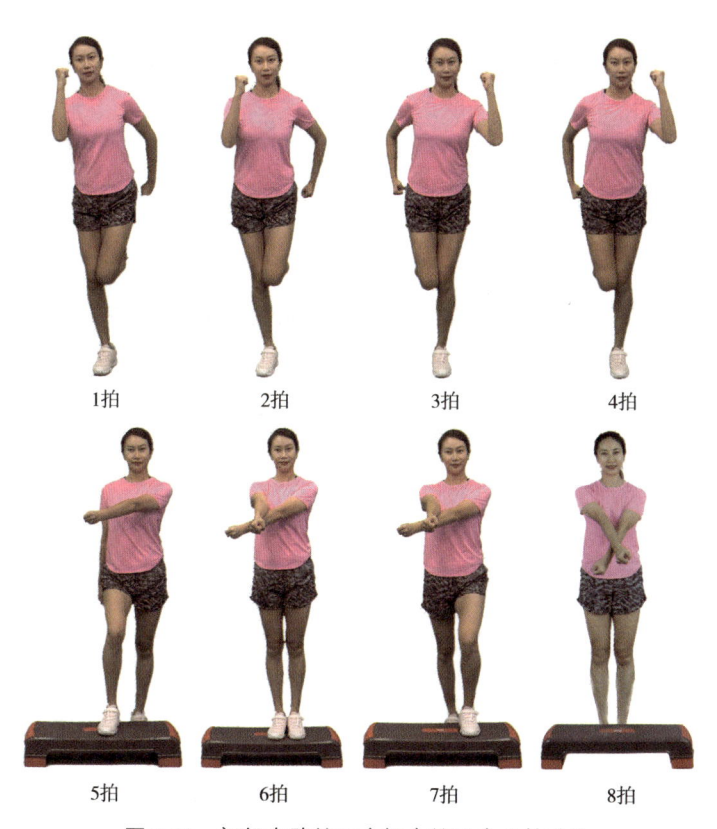

1拍　2拍　3拍　4拍

5拍　6拍　7拍　8拍

图3.21 初级套路第四个组合第二个八拍动作

表3.14 初级套路第四个组合第二个八拍动作说明

D 2×8		图3.21（双人配合：本人a，同伴b）	
动作说明	步法	1—4拍	踏步
		5—6拍	基本步
	手臂	1—4拍	自由摆臂
		5—8拍	5—6拍与同伴互握左手，7-8拍与同伴互握右手
	手型	1—4拍	握拳
	方向	1—4拍	a走向同伴b的踏板左前侧，b走向自己踏板右前侧，两人同时站在b的踏板的前面
		5—8拍	5点

3. 第三个八拍（图3.22和表3.15）

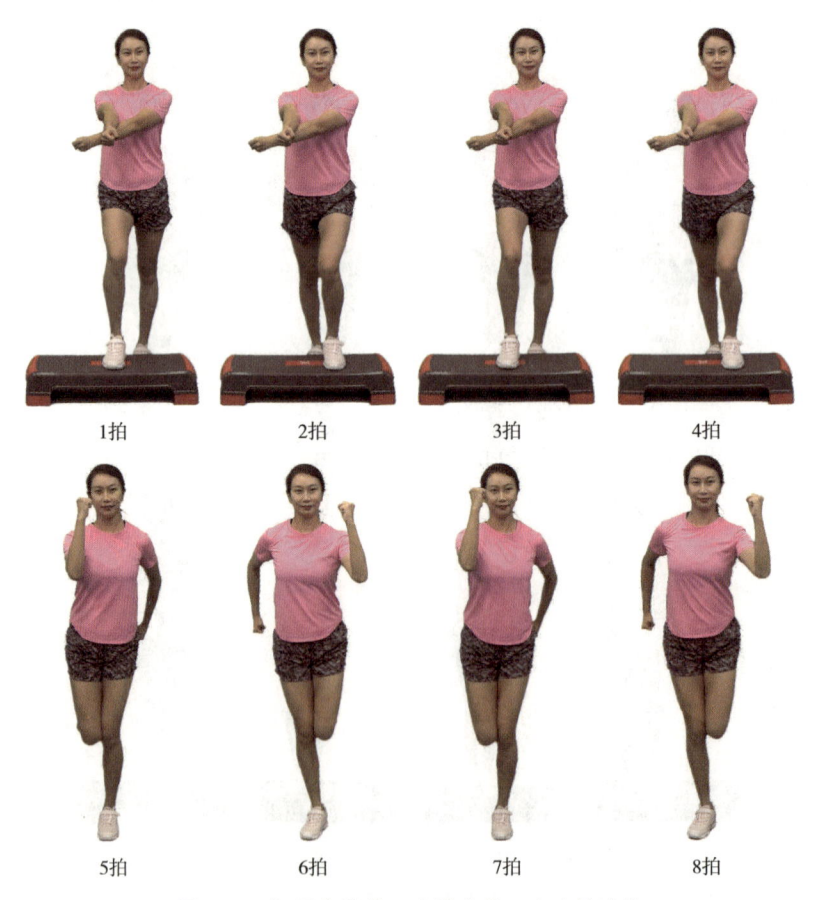

1拍　　2拍　　3拍　　4拍

5拍　　6拍　　7拍　　8拍

图3.22 初级套路第四个组合第三个八拍动作

表3.15 初级套路第四个组合第三个八拍动作说明

D 3×8			
动作说明	步法	1—4拍	交换腿跳
		5—8拍	踏步
	手臂	1—4拍	与同伴双手互握
		5—8拍	自由摆臂
	手型	5—8拍	握拳
	方向	1—4拍	a 走回自己的踏板，b 走向自己踏板的正前方
		5—8拍	5点

4. 第四个八拍（图3.23和表3.16）

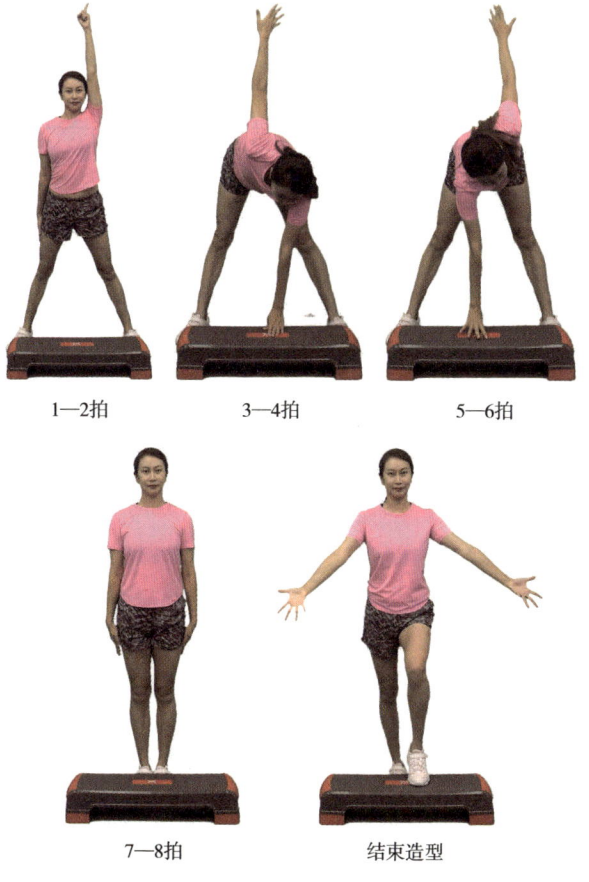

1—2拍　　3—4拍　　5—6拍

7—8拍　　结束造型

图3.23 初级套路第四个组合第四个八拍动作

表3.16　初级套路第四个组合第四个八拍动作说明

D 4×8			
动作说明	步法	1—2拍	双脚同时跳开
		5—8拍	保持双脚开立
	手臂	1—4拍	1—2拍左手上举，右手体侧并掌；3—4拍上体前屈，左手落在踏板上，右手体后上举
		5—8拍	5—6拍保持上体前屈，右手落在踏板上，左手体后上举，7—8拍还原直立
	手型	1—4拍	1—2拍左手一指拳，右手并掌；3—4拍花掌，左手掌心向下，五指撑在板上，右手掌心向内
		5—8拍	5—6拍花掌，左手掌心向下，五指撑在板上，右手掌心向内；7—8拍并掌
	方向	1—8拍	5点

初级套路第四个组合D′

5. 第五个八拍至第八个八拍

第五个八拍至第八个八拍与第一个八拍至第四个八拍动作相同，方向相反。

踏板操初级完整套路到此结束。

第三节　踏板操中级套路

中级套路第一个组合A

一、第一个组合

A+A′（A：1—4个八拍，A′：5—8个八拍，共八个八拍）

1. 第一个八拍（图 3.24 和表 3.17）

1拍　　　2拍　　　3拍　　　4拍

5拍　　　6拍　　　7拍　　　8拍

图3.24　中级套路第一个组合第一个八拍动作

表3.17　中级套路第一个组合第一个八拍动作说明

A　1×8			
动作说明 （左脚开始）	步法	1—8拍	二次迈步吸腿变体
	手臂	1—4拍	1拍两臂侧举，2拍触摸右脚踝，3拍两臂侧举，4拍还原
		5—8拍	右手动作同1—4拍
	手型	1—8拍	并掌
	方向	1—8拍	5点

2. 第二个八拍（图3.25和表3.18）

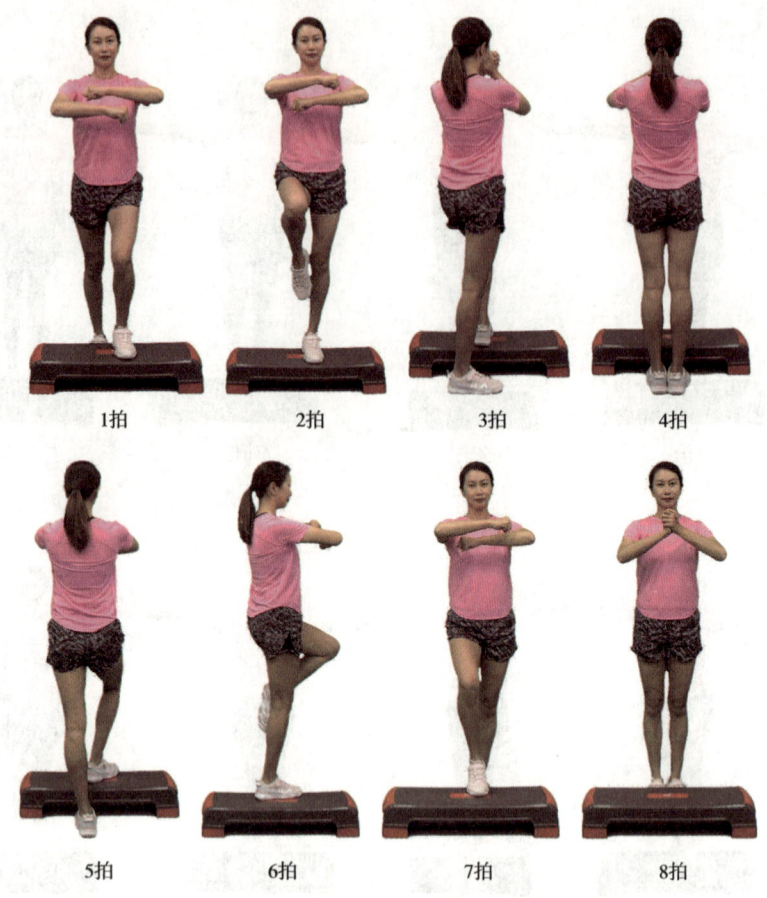

1拍　2拍　3拍　4拍

5拍　6拍　7拍　8拍

图3.25　中级套路第一个组合第二个八拍动作

表3.18　中级套路第一个组合第二个八拍动作说明

A 2×8			
动作说明 （左脚开始）	步法	1—8拍	迈步吸腿转体
	手臂	1—2拍	双臂体前旋转2圈
		3—4拍	击掌，5—8拍同1—4拍
	手型	1—2拍	握拳
		3—4拍	击掌
	方向	1—8拍	转体360°

3. 第三个八拍（图 3.26 和表 3.19）

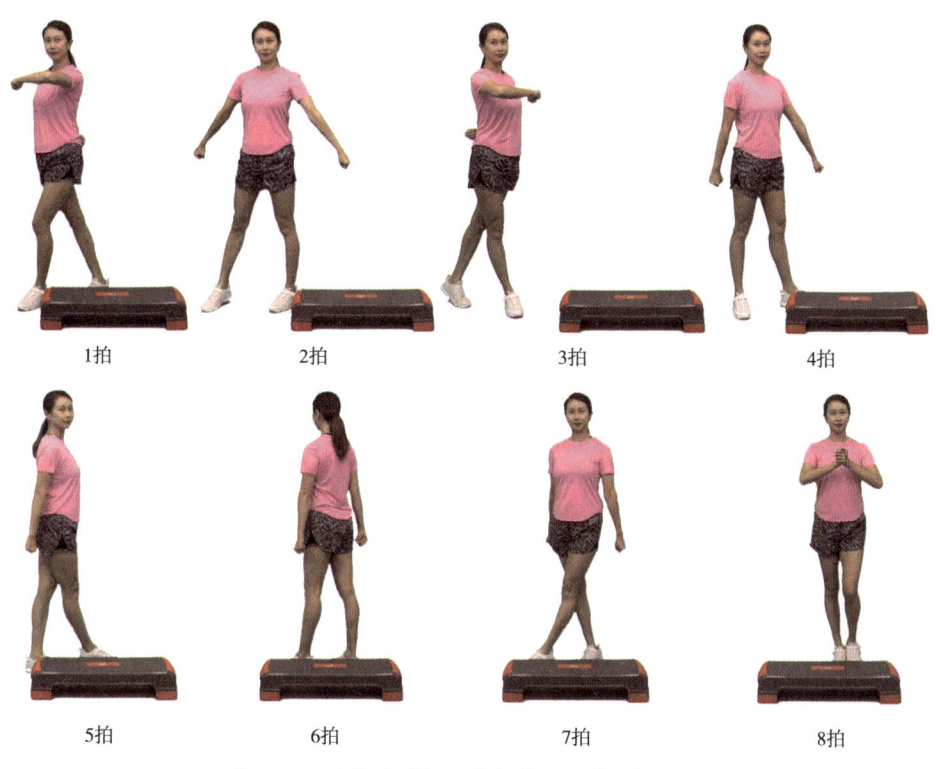

1拍　　2拍　　3拍　　4拍

5拍　　6拍　　7拍　　8拍

图 3.26　中级套路第一个组合第三个八拍动作

表 3.19　中级套路第一个组合第三个八拍动作说明

A 3×8			
动作说明 （左脚开始）	步法	1—4 拍	L- 曼波步
		5—8 拍	踏步
	手臂	1—4 拍	自由摆臂
		5—8 拍	体侧下举
	手型	1—4 拍	握拳
		5—8 拍	并掌
	方向	1—4 拍	1—2 拍 6 点，3—4 拍 4 点
		5—8 拍	左转 360° 走到踏板前方偏左，面向 4 点

4. 第四个八拍（图 3.27 和表 3.20）

图3.27　中级套路第一个组合第四个八拍动作

表3.20　中级套路第一个组合第四个八拍动作说明

A 4×8			
动作说明（左脚开始）	步法	1—4拍	迈步吸腿由外向内绕环
		5—8拍	两次恰恰步
	手臂	1—4拍	自由摆臂
		5—8拍	5—6拍左手肩侧屈，右手侧下举；7—8拍右手肩侧屈，左手侧下举
	手型	1—8拍	握拳
	方向	1—4拍	1—2拍4点，3—4拍5点
		5—8拍	5—6拍8点，7—8拍5点

5. 第五个八拍至第八个八拍

第五个八拍至第八个八拍与第一个八拍至第四个八拍动作相同，方向相反。

中级套路第一个组合A′

二、第二个组合

B+B′（B：1—4个八拍，B′：5—8个八拍，共八个八拍）

1. 第一个八拍（图3.28和表3.21）

中级套路第二个组合B

1拍　2拍　3拍　4拍

5拍　6拍　7拍　8拍

图3.28　中级套路第二个组合第一个八拍动作

表3.21　中级套路第二个组合第一个八拍动作说明

B　1×8			
动作说明（左脚开始）	步法	1—8拍	1—2拍踏步上板，3—6拍后弓步两次，7—8拍踏步下板
	手臂	1—8拍	1—2拍手臂胸前平屈，3—6拍手臂竖屈前后摆动，7—8拍自由摆臂
	手型	1—8拍	拳
	方向	1—8拍	1点

2. 第二个八拍（图3.29和表3.22）

1拍　　2拍　　3拍　　4拍

5拍　　6拍　　7拍　　8拍

图3.29　中级套路第二个组合第二个八拍动作

表3.22 中级套路第二个组合第二个八拍动作说明

B 2×8			
动作说明（左脚开始）	步法	1—6拍	迈步吸腿，后屈腿，后摆腿
		7—8拍	踏步下板
	手臂	1—5拍	1拍双臂前举，2拍收回腰间，3—5拍胸前握拳交叉
		6—8拍	双臂下举
	手型	1—5拍	1—2拍握拳，拳心向下；3—5拍握拳，拳心相对
		6—8拍	并掌
	方向	1—8拍	6点

3. 第三个八拍（图3.30和表3.23）

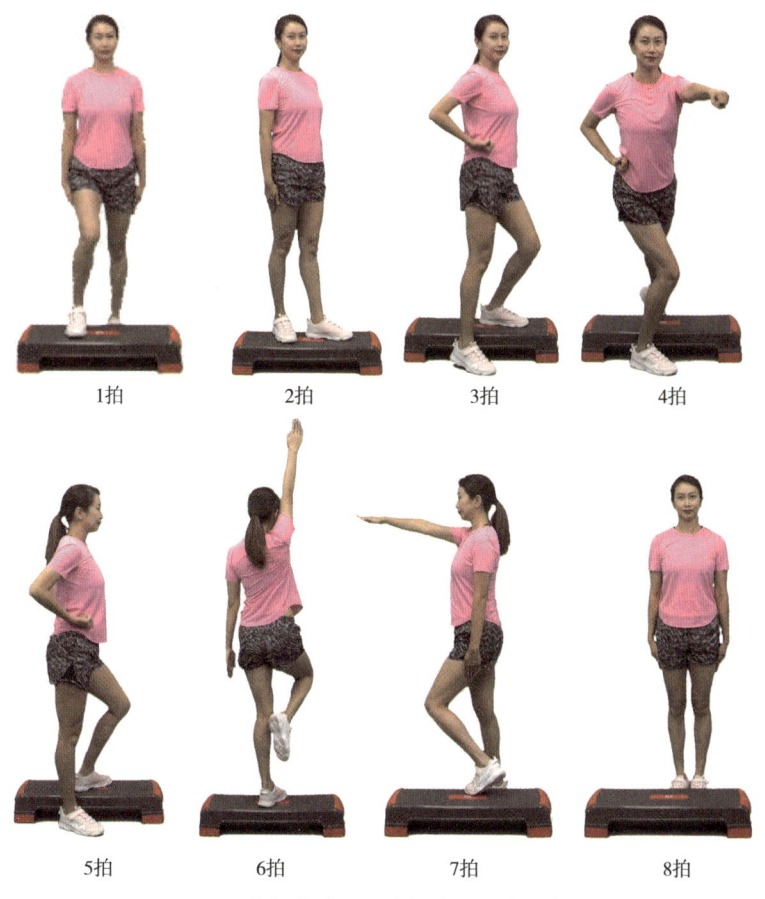

1拍　　　2拍　　　3拍　　　4拍

5拍　　　6拍　　　7拍　　　8拍

图3.30 中级套路第二个组合第三个八拍动作

表3.23　中级套路第二个组合第三个八拍动作说明

B 3×8			
动作说明（右脚开始）	步法	1—4拍	1—2拍迈步吸腿，3拍同时转体90°，3—4拍迈步侧点
		5—8拍	迈步吸腿转体90°，还原
	手臂	1—4拍	4拍向前冲拳，6拍右手由下向上划至体侧
		5—8拍	并掌
	手型	1—4拍	握拳
		5—8拍	并掌
	方向	1—4拍	1—4拍3点
		5—8拍	左转90°面向1点

4. 第四个八拍（图3.31和表3.24）

1拍　　　2拍　　　3拍　　　4拍

5拍　　　6拍　　　7拍　　　8拍

图3.31　中级套路第二个组合第四个八拍动作

表3.24 中级套路第二个组合第四个八拍动作说明

B 4×8			
动作说明	步法	1—4拍	开合跳
		5—8拍	交换腿跳
	手臂	1—4拍	由胸前打开至侧举
		7—8拍	侧下举
	手型	1—8拍	1—4拍握拳，5—8拍开掌，掌心向后
	方向	1—4拍	1点
		5—8拍	1点

5. 第五个八拍至第八个八拍

第五个八拍至第八个八拍与第一个八拍至第四个八拍动作相同，方向相反。

三、第三个组合

八个八拍（四人组合动作，a、b、c、d）

1. 第一个八拍（图3.32和表3.25）

中级套路第二个组合B′

中级套路第三个组合C

1—2拍　　　3—4拍　　　5—6拍　　　7—8拍

图3.32 中级套路第三个组合第一个八拍动作

表3.25　中级套路第三个组合第一个八拍动作说明

C 1×8			
动作说明（左脚开始）	步法	1—4拍	1—2拍原地下蹲，3—4拍搬板起立
		5—8拍	踏步
	手臂	1—8拍	双手持板
	方向	1—4拍	1—2拍7点
		5—8拍	a走向8点，b走向2点，c走向4点，d走向6点

2. 第二个八拍（图3.33和表3.26）

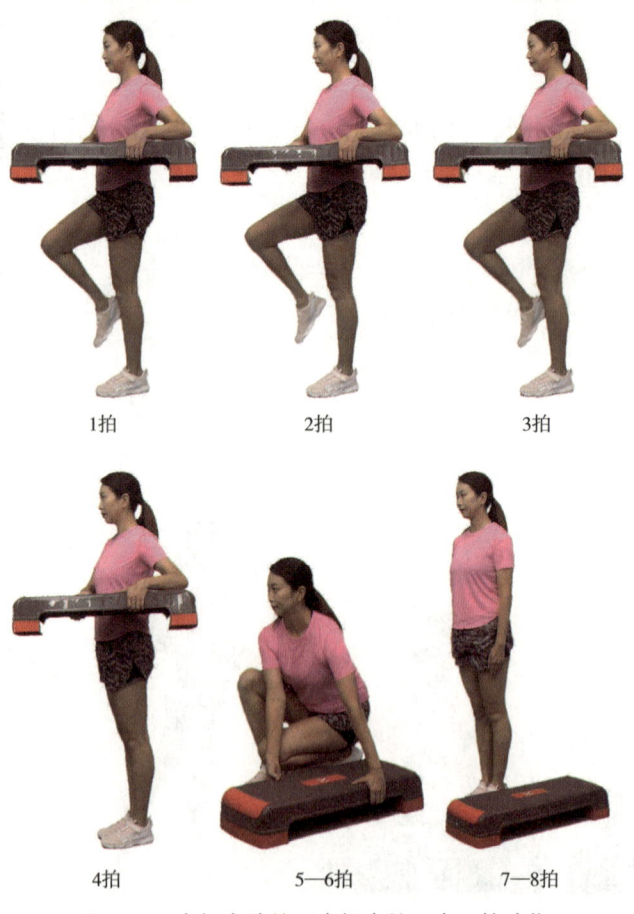

1拍　　　　2拍　　　　3拍

4拍　　　　5—6拍　　　　7—8拍

图3.33　中级套路第三个组合第二个八拍动作

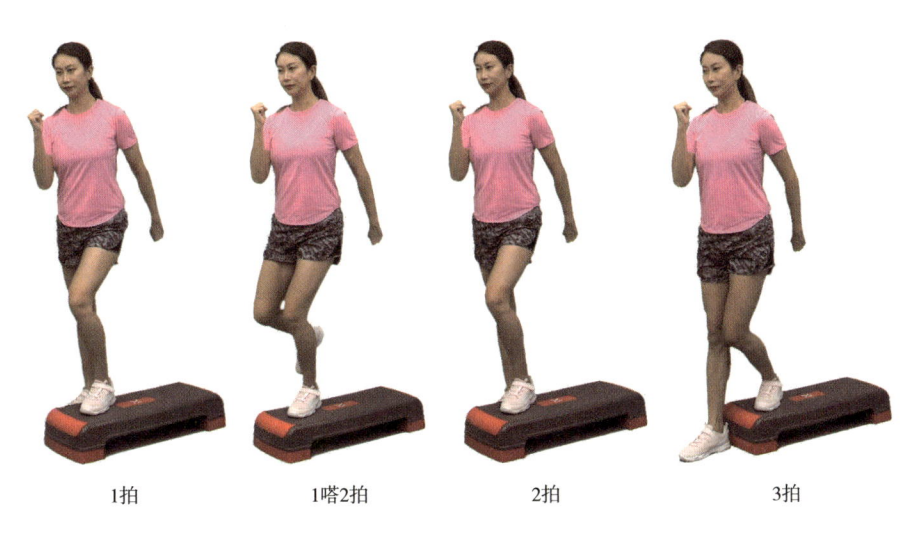

表3.26　中级套路第三个组合第二个八拍动作说明

C 2×8			
动作说明	步法	1—4拍	踏步
		5—8拍	5—6拍原地下蹲，7—8拍放板起立
	手臂	1—6拍	双手持板
		7—8拍	双臂侧举
	手型	7—8拍	并掌
	方向	1—4拍	a走向8点，b走向2点，c走向4点，d走向6点，a、b、c、d走成X形
		5—8拍	a面向4点，b面向6点，c面向8点，d面向2点，变成纵板，a、b、c、d均站在板右侧

提示：4个人4块踏板，摆放成X型。

3. 第三个八拍（图3.34和表3.27）

| 1拍 | 1嗒2拍 | 2拍 | 3拍 |

| 高校踏板操教程

4拍　　　　　　　5拍　　　　　　　5嗒6拍

6拍　　　　　　　7拍　　　　　　　8拍

图3.34　中级套路第三个组合第三个八拍动作

表3.27　中级套路第三个组合第三个八拍动作说明

C 3×8			
动作说明	步法	1—4拍	1—2拍踩板，3—4拍板前绕板踏步
		5—8拍	5—6拍踩板，7—8拍板后绕板踏步
	手臂	1—8拍	自由摆臂
	手型	1—8拍	握拳
	方向	1—8拍	a面向4点，b面向6点，c面向8点，d面向2点

4. 第四个八拍（图 3.35 和表 3.28）

1拍　　　　2拍　　　　3拍　　　　4拍

5—6拍　　　　7拍　　　　8拍

图 3.35　中级套路第三个组合第四个八拍动作

表 3.28　中级套路第三个组合第四个八拍动作说明

C 4×8			
动作说明	步法	1—4拍	1—2拍迈步吸腿，3—4拍走步，第4拍左脚落在地面上
		5—8拍	5—6拍右脚前点地，7—8拍左脚前点地
	手臂	1—4拍	1—2拍右手上举，左手腰侧屈；3—4拍自由摆臂
		5—8拍	5—6拍左手体侧下举，右手体前45°上举；7—8拍左手由前向后绕环至体侧下举，右手由体侧成体前45°上举
	手型	1—4拍	1—2拍右手握拳，拳心向上，左手花掌，掌心向后；3—4拍拳
		5—8拍	5-6右手花掌，左手并掌；7—8拍左手花掌，右手并掌
	方向	1—8拍	a面向4点，b面向6点，c面向8点，d面向2点

5. 第五个八拍（图3.36和表3.29）

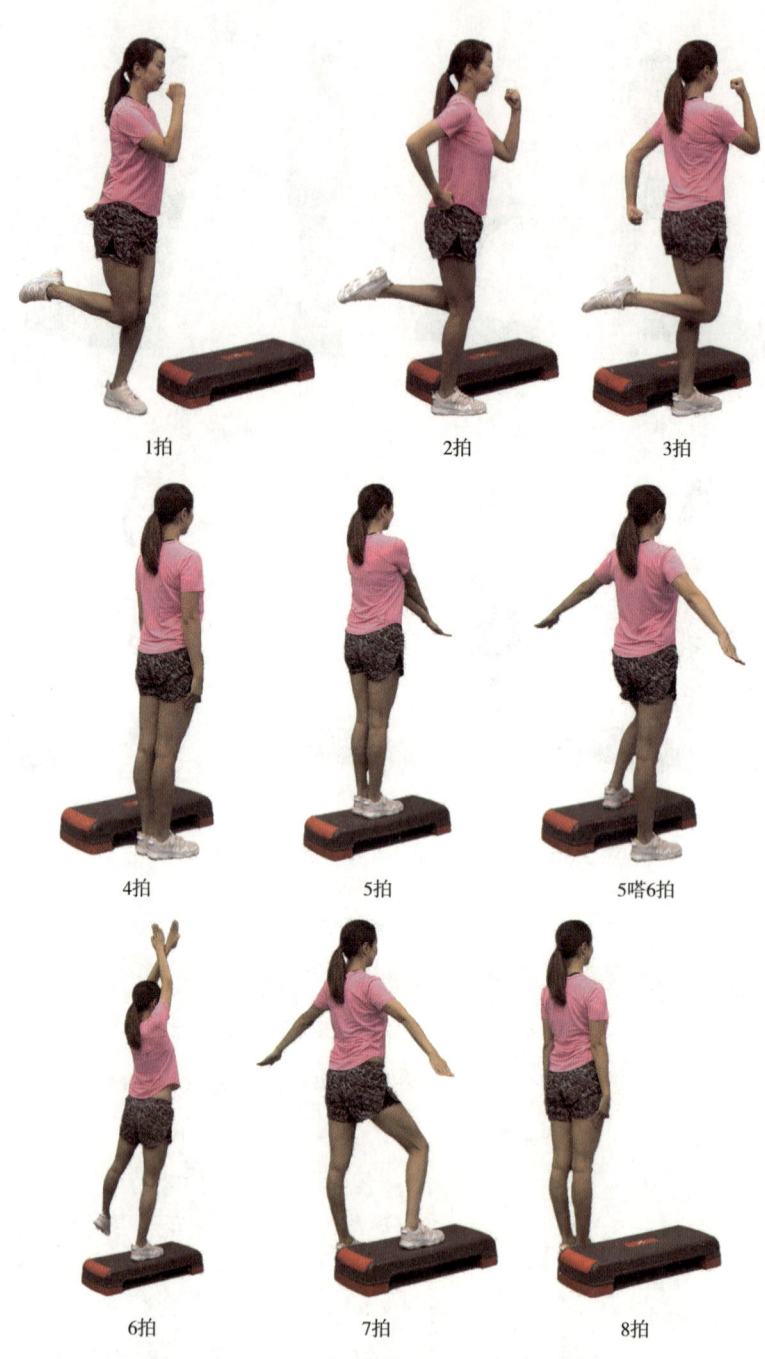

1拍　　　　　2拍　　　　　3拍

4拍　　　　　5拍　　　　　5嗒6拍

6拍　　　　　7拍　　　　　8拍

图3.36　中级套路第三个组合第五个八拍动作

表3.29 中级套路第三个组合第五个八拍动作说明

C 5×8			
动作说明	步法	1—4拍	踏步
		5—8拍	并步跳
	手臂	1—4拍	自由摆臂
		5—8拍	5拍双臂侧举；6拍由体前下交叉，经体前上交叉划圆打开；7拍双臂侧举；8拍还原体侧
	手型	1—4拍	握拳
		5—8拍	并掌
	方向	1—4拍	a、b、c、d分别向左踏步转身180°，a面向8点，b面向2点，c面向4点，d面向6点，分别背对X形中心
		5—8拍	a面向6点，b面向8点，c面向2点，d面向4点

6. 第六个八拍（图3.37和表3.30）

1拍　　2拍　　3拍　　4拍

5拍　　6拍　　7拍　　8拍

图3.37 中级套路第三个组合第六个八拍动作

表3.30　中级套路第三个组合第六个八拍动作说明

C 6×8			
动作说明	步法	1—4拍	迈步吸腿转身90°
		5—8拍	两次抬膝
	手臂	1—4拍	左臂由前举划至侧举
		5—8拍	5拍双臂前举，6拍收回腰间，7拍双臂前举，8拍还原体侧
	手型	1—4拍	立掌
		5—8拍	5拍拳，拳心向下；6拍拳，拳心向上；7拍拳，拳心向下；8拍并掌
	方向	1—4拍	a、b、c、d分别向左吸腿转身90°，a面向3点，b面向5点，c面向7点，d面向1点
		5—8拍	a面向3点，b面向5点，c面向7点，d面向1点

7. 第七个八拍（图3.38和表3.31）

1拍

2拍

3拍

4拍

5拍

6拍

7拍　　　　　　　　　　8拍

图3.38　中级套路第三个组合第七个八拍动作

表3.31　中级套路第三个组合第七个八拍动作说明

C 7×8			
动作说明（左脚开始）	步法	1—4拍	1—2拍迈步吸腿，3拍后退右脚，4拍后退左脚
		5—8拍	5拍屈右腿，同时身体左转；6拍屈左腿，同时身体右转；7—8拍并腿跳
	手臂	1—4拍	1拍前举，2拍收回腰间，3—4拍体前平举立掌
		5—8拍	5—6拍分别在身体左右两侧打响指；7拍右手侧上举，左手侧平举；8拍还原体侧
	手型	1—4拍	1拍拳，拳心向下；2拍拳，拳心向上；3—4拍并掌
		5—8拍	5—6拍响指；7—8拍并掌，掌心向下
	方向	1—4拍	a面向3点，b面向5点，c面向7点，d面向1点
		5—8拍	5拍面向自己身体右侧，6拍面向自己身体左侧，7—8拍同时面向X形中心

8. 第八个八拍（图3.39和表3.32）

图3.39 中级套路第三个组合第八个八拍动作

表3.32 中级套路第三个组合第八个八拍动作说明

C 8×8			
动作说明（左脚开始）	步法	1—4拍	并步跳
		5—8拍	迈步吸腿
	手臂	1—4拍	1拍双臂侧举；2拍由体前下交叉，经体前上交叉划圆打开；3拍双臂侧举；4拍还原体侧
		5—8拍	5—6拍左臂从体前划至体侧，7—8拍双臂还原体侧
	手型	1—4拍	并掌
		5—8拍	5—6拍立掌，7—8拍并掌
	方向	1—4拍	a面向4点，b面向6点，c面向8点，d面向2点
		5—8拍	a面向8点，b面向2点，c面向4点，d面向6点

四、第四个组合

1. 第一个八拍（图 3.40 和表 3.33）

中级套路第四个组合D

1—2 拍　　　　　3—4 拍

5—6 拍　　　　　7—8 拍

图 3.40　中级套路第四个组合第一个八拍动作

表 3.33　中级套路第四个组合第一个八拍动作说明

D 1×8			
动作说明（右脚开始）	步法	1—4 拍	1—2 拍右脚向前迈步，3—4 拍原地下蹲踏步
		5—8 拍	5—6 拍持板起身，7—8 左脚并右脚，回正
	手臂	1—2 拍	双臂下举
		3—6 拍	双手持板
		7—8 拍	双臂下举
	手型	7—8 拍	并掌
	方向	1—4 拍	面向 X 中心
		5—8 拍	面向 X 中心

2. 第二个八拍（图 3.41 和表 3.34）

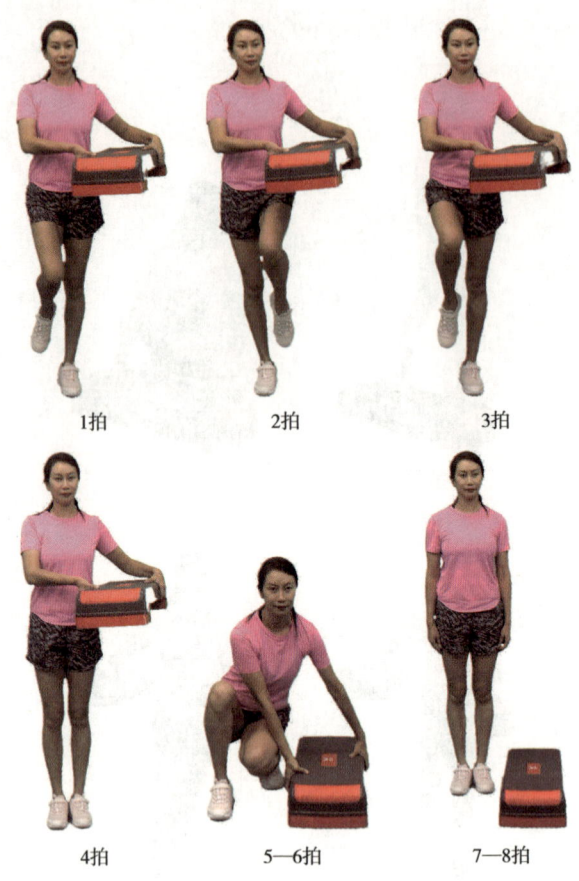

1拍　　2拍　　3拍

4拍　　5—6拍　　7—8拍

图 3.41　中级套路第四个组合第二个八拍动作

表 3.34　中级套路第四个组合第二个八拍动作说明

D 2×8			
动作说明	步法	1—4 拍	踏步
		5—8 拍	5—6 拍原地下蹲，7—8 拍放板起立
	手臂	1—6 拍	双手持板
		7—8 拍	双臂下举
	手型	7—8 拍	并掌
	方向	1—4 拍	转身面向 1 点
		5—8 拍	面向 1 点

3. 第三个八拍（图 3.42 和表 3.35）

1拍　　2拍　　3—4拍　　5—6拍　　7—8拍

图 3.42　中级套路第四个组合第三个八拍动作

表 3.35　中级套路第四个组合第三个八拍动作说明

D 3×8			
动作说明	步法	1—6 拍	左右侧弓步跳
		7—8 拍	并立
	手臂	1—6 拍	双手肩侧击掌
		7—8 拍	双臂下举
	手型	7—8 拍	并掌
	方向	1—8 拍	面向 5 点

4. 第四个八拍（图 3.43 和表 3.36）

1—2拍　　3—4拍　　5—6拍　　7—8拍

图 3.43　中级套路第四个组合第四个八拍动作

表3.36　中级套路第四个组合第四个八拍动作说明

D 4×8			
动作说明	步法	1—6拍	三次恰恰步
		7—8拍	并立
	手臂	1—6拍	响指
		7—8拍	双臂下举
	手型	7—8拍	并掌
	方向	1—8拍	转体360°

5. 第五个八拍（图3.44和表3.37）

中级套路第四个组合D′

1—2拍

3—4拍

5—6拍

7—8拍

图3.44　中级套路第四个组合第五个八拍动作

表3.37　中级套路第四个组合第五个八拍动作说明

D 5×8			
动作说明	手臂	1—8拍	1—2拍落地，3—4拍落左手上板，5—6拍右手上板，7—8拍伸直左腿，成板上平板支撑
	手型	1—8拍	并掌
	方向	1—8拍	5点

6. 第六个八拍（图3.45和表3.38）

1—2拍　　　　　　　　3—4拍

5—6拍　　　　　　　　7—8拍

图3.45　中级套路第四个组合第六个八拍动作

表3.38　中级套路第四个组合第六个八拍动作说明

D 6×8			
动作说明	步法	1—2拍	收双腿
		3—4拍	双腿小腿交叠在一起
		5—8拍	完成一次屈臂俯卧撑
	手型	1—8拍	并掌
	方向	1—8拍	5点

7. 第七个八拍（图3.46和表3.39）

1—2拍　　　　　　　　3—4拍

5—6拍　　　　　　　　7—8拍

图3.46　中级套路第四个组合第七个八拍动作

表 3.39　中级套路第四个组合第七个八拍动作说明

D 7×8			
动作说明	步法	1—2 拍	屈双臂
		3—4 拍	推起成俯卧撑
		5—8 拍	双腿弯曲并腿跳成半蹲，双臂侧下举
	手型	1—8 拍	并掌
	方向	1—8 拍	5 点

8. 第八个八拍（图 3.47 和表 3.40）

1拍

2拍

3—4拍

5拍

6拍

7—8拍

结束造型

图 3.47　中级套路第四个组合第八个八拍动作

表3.40　中级套路第四个组合第八个八拍动作说明

D 8×8			
动作说明	步法	1—4拍	1—2拍，右脚脚跟点板，伸直右腿；3—4拍还原并立
		5—8拍	5—6拍，左脚脚跟点板，伸直左腿；7—8拍还原并立
	手臂	1—4拍	1拍双臂握拳置于腰间，2拍由体侧向外打开至右脚踝两侧，3—4拍双手握拳收回腰间
		5—8拍	5拍双臂握拳置于腰间，6拍由体侧向外打开至左脚踝两侧，7—8拍双手握拳收回腰间
	手型	1—4拍	1—2拍开掌，3—4拍握拳
		5—8拍	5—6拍开掌，7—8拍握拳
	方向	1—8拍	5点

踏板操中级套路到此全部结束。

第四节　身体素质练习

本节中身体素质练习是结合踏板来完成的身体素质训练，是专门针对踏板操课程而设计的，分为初级、中级和高级三个级别，每个级别有三个身体练习动作，并提供可参考的组数和次数，在前一个级别练习完成之后可进入下一个级别的身体练习，并且每一个动作都给出了重点和难点，非常适合教师课上指导和学生课下自我操练。

一、身体素质练习初级套路

（一）踏板俯撑开合跳 30×4

1. 动作要求

俯撑姿势，双腿并拢（图3.48），腹肌发力拉动骨盆靠近肋骨，腹部和双腿同时发力，双腿跳起打开同时呼气（图3.49），跳起并腿同时吸气，双腿同步重复动作。开合30次，共4组，组间休息1分钟。

2. 重点

建立手弓：掌心悬空，掌根触板，五指张开紧扣地面；肩膀在手掌上端

图3.48 踏板俯撑开合跳动作一 　　　　图3.49 踏板俯撑开合跳动作二

位置，手臂垂直于地面；适当屈膝，骨盆保持微微后倾，收紧前表链。

3. 动作难点

动作完成过程中始终保持前表链收紧，切忌下背过分收缩撅起臀部。保持动作和呼吸节奏，充分收缩和舒张肌群。

（二）踏板交换跳 30×4

1. 动作要求

面向踏板，左脚上右脚下开立，重心立于右腿，左脚前掌踩踏板（图3.50）；双腿交互发力，双手上摆跳起至左腿膝髋关节伸展，呼气（图3.51）；空中交换双腿，下落吸气同时双手下摆回起始位（图3.52）。左脚快速点地再次跳起，重复动作，每侧15次，共4组，组间休息1分钟。

图3.50 踏板交换跳动作一 　　图3.51 踏板交换跳动作二 　　图3.52 踏板交换跳动作三

2. 动作重点

感受身体弹性和踝关节的刚性，尽可能地缩短触地时间，腾空适当展髋，

快速调整骨盆回到后倾状态。

3. 难点

控制落地时屈膝屈髋及踝关节角度，以充分缓冲落地后快速弹起；双脚有机交互发力，争取最大腾空高度的同时准确把握落地位置。

（三）弓步下蹲 30×4

1. 动作要求

双脚左右自然开立（图3.53），左腿向前迈步，屈膝屈髋呈弓步姿态，1.5—2步脚间距（图3.54），左脚全掌、右脚前脚掌着地，双手扶腰，核心收紧；左腿屈膝下落同时屈髋向后下落，吸气，右腿膝关节悬空，至左腿小腿垂直于地面、大腿平行于地面，上升还原至起始位，呼气（图3.55）。换右腿重复动作，每侧15次，共4组，组间休息1分钟。

图3.53 弓步下蹲动作一

图3.54 弓步下蹲动作二

图3.55 弓步下蹲动作三

2. 动作重点

双腿膝关节朝向脚尖方向，切忌左右晃动，下落髋关节向后朝地面靠拢，切忌送髋屈膝向前，后腿膝关节保持悬空，自然弯曲，保持肌肉受力。

3. 动作难点

躯干垂直下落和屈髋俯身下落均可，分别侧重于股四头肌和臀大肌。全程保持躯干稳定和动作幅度。

二、身体素质练习中级套路

（一）踏板俯撑提膝 30×4

1. 动作要求

俯卧姿势，双腿与髋同宽，腹肌发力拉动骨盆靠近肋骨，提右膝，膝触肘同时呼气（图3.56）。返回起始位过程中吸气，返回起始位后双腿交替重复动作（图3.57），每侧15次，共4组，组间休息1分钟。

图3.56   图3.57

2. 动作重点

建立手弓：掌心悬空，掌根触板，五指张开紧扣地面，肩膀在手掌上端位置，手臂垂直于地面，全程勾起脚尖。骨盆保持微微后倾，收紧前表链。

3. 动作难点

动作完成过程中始终保持前表链收紧，切忌下背过分收缩撅起臀部。保持动作和呼吸节奏，充分收缩和舒张肌群。

（二）踏板左右交替跳 30×4

1. 动作要求

侧向踏板，左脚上右脚下开立，重心立于右腿，左脚脚前掌踩踏板（图3.58），双腿交互发力，双手上摆向踏板一侧跳起至左腿膝髋关节伸展呼气（图3.59）。空中双腿内外侧交换，下落吸气同时双手下摆回起始位。左腿快速点地再次跳起，重复动作，每侧15次，共四组，组间休息1分钟。

2. 动作重点

感受身体弹性和踝关节的刚性，尽可能缩短触地时间，腾空适当展髋，后快速调整骨盆回后倾状态。核心控制身体姿态，感受落地和转换瞬间离心力。

3. 动作难点

控制落地时屈膝屈髋及踝关节的角度，以充分缓冲落地后快速弹起，双脚有机交互发力，争取最大腾空高度的同时准确把握落地位置。

图 3.58 　　　图 3.59

（三）踏板弓步下蹲 15×2×4

1. 动作要求

双腿微曲前后开立，1.5—2 步间距（图 3.60），左脚全掌踩踏板，右脚前掌着地，双手扶腰，核心收紧。右腿屈膝下落同时屈髋向后下落，吸气，右腿膝关节悬空（图 3.61）。换右腿小腿垂直于地面，大腿平行于地面（图 3.62），上升还原至起始位呼气。每侧 15 次，共 4 组，组间休息 1 分钟。

图 3.60

图 3.61 　　　图 3.62

2. 动作重点

双腿膝关节朝向脚尖方向，切忌左右晃动，下落髋关节向后朝地面靠拢，切忌送髋屈膝向前。后腿膝关节保持悬空，自然弯曲，保持肌肉受力，全程膝关节不锁死，保持肌肉受力。

3. 动作难点

躯干垂直下落和屈髋俯身下落均可，分别侧重于股四头肌和臀大肌。全程保持躯干稳定和动作幅度。

三、身体素质练习高级套路

（一）踏板俯撑交替提膝 30×4

1. 动作要求

俯卧姿势，双腿略宽于肩（图 3.63），腹肌发力拉动骨盆靠近肋骨，双腿跳起微微转体。左腿提膝触碰右侧肘关节同时呼气，右脚落于中轴线保持平衡（图 3.64）。返回起始位过程中吸气；返回起始位后双腿交替重复动作（图 3.65），每侧 15 次，共 4 组，组间休息 1 分钟。

图 3.63

图 3.64

图 3.65

2. 动作重点

建立手弓：掌心悬空、掌根触板，五指张开紧扣地面，肩膀在手掌上端位置，手臂垂直于地面。适当转体和屈髋，骨盆保持微微后倾，收紧前表链。

3. 动作难点

动作完成过程中始终保持前表链收紧，切忌下背过分收缩撅起臀部。保持动作和呼吸节奏，充分收缩和舒张肌群。

（二）踏板左右收腹跳 30×4

1. 动作要求

侧向踏板双腿开立，双腿与髋同宽，双腿同时发力起跳，双手上摆跳起越过踏板呼气（图 3.66）。空中收腹，双手上摆，下落微微展髋伸腿缓冲至踏板对侧，同时吸气双手下摆回起始位（图 3.67）。双腿快速点地再次跳起，重复动作，每侧 15 次，共四组，组间休息 1 分钟。

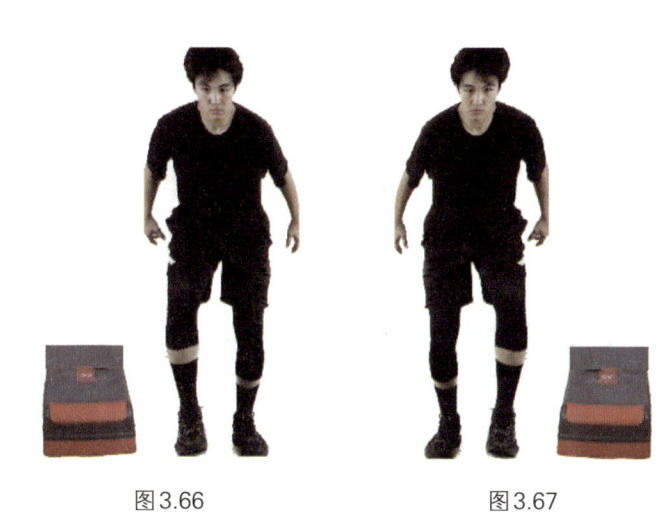

图 3.66　　　　　图 3.67

2. 动作重点

感受身体弹性和踝关节的刚性，尽可能缩短触地时间。起跳适当展髋，腾空后快速收腹屈膝屈髋。

3. 动作难点

控制落地时屈膝屈髋及踝关节的角度，以充分缓冲落地后快速弹起。双脚同时发力，争取最大腾空高度的同时准确把握落地的位置。

（三）踏板保加利亚弓步蹲 15×2×4

1. 动作要求

踏板高度调至约胫骨粗隆，双腿微曲前后开立，1.5 步间距，重心置于左脚，左脚全掌着地，右脚脚尖或脚背置于踏板（图 3.68）。双手扶腰，核心收紧，右腿屈膝下落，同时屈髋向后下落，吸气，左腿膝关节悬空（图 3.69），至小腿垂直于地面、大腿平行于地面（图3.70）。上升还原至起始位呼气，每侧15次，共四组，组间休息1分钟。

2. 动作重点

前腿膝关节朝向脚尖方向，切忌左右晃动，下落髋关节向后朝地面靠拢，切忌送髋屈膝向前。全程膝关节不锁死，保持肌肉受力。

3. 动作难点

躯干垂直下落和屈髋俯身下落均可，分别侧重于股四头肌和臀大肌。全程保持躯干稳定和动作幅度。

图3.68

图3.69 　　　　　　　　图3.70

该动作如果踏板数量不够的话可以用抬起的脚蹬墙或是两人一组，双人练习，同伴用手轻轻拖住练习者抬起那条腿的脚背来代替踏板。

第五节　拉伸与放松

本节设计了两套拉伸套路，分别为初级套路和中级套路，其中初级套路难度略低于中级套路。练习的时候要注意配合均匀的呼吸，以放松整个身体和心灵。

一、拉伸放松初级套路

预备姿势：双腿简易交盘，双臂伸直，置于臀部两侧的地面上（图3.71）。

拉伸放松
初级套路

图3.71　预备姿势

1. 第一个八拍（图3.72）

1—2拍，吸气，右臂上举。

3—6拍，呼气，身体向左侧延展。

7—8拍，身体回到预备姿势。

1—2拍　　　　　3—6拍　　　　　7—8拍

图3.72　拉伸放松初级套路第一个八拍动作

2. 第二个八拍（图3.73）

1—2拍，吸气，左臂上举。

3—6拍，身体向右侧延展。

7—8拍，身体回到预备姿势。

1—2拍　　　　　3—6拍　　　　　7—8拍

图3.73　拉伸放松初级套路第二个八拍动作

3. 第三个八拍（图3.74）

1—6拍，上体保持直立向右侧扭转。

7—8拍还原预备姿势。

1—6拍　　　　　7—8拍

图3.74　拉伸放松初级套路第三个八拍动作

4. 第四个八拍（图3.75）

1—6拍，上体保持直立向左侧扭转。

7—8拍还原预备姿势。

1—6拍　　　　　7—8拍

图3.75　拉伸放松初级套路第四个八拍动作

5. 第五个八拍（图3.76）

1—4拍，向左侧转身，双腿弯曲，双手扶小腿胫骨。

5—8拍，伸直双腿并腿，同时伸直双臂抓脚趾，抬头，提胸骨胸腔向上。

图3.76 拉伸放松初级套路第五个八拍动作

6. 第六个八拍（图3.77）

1—2拍，双腿打开比肩稍宽，双臂伸直撑在臀部两侧。

3拍，左臂带动上体伸向左脚尖方向。

4拍，左臂延展至双腿中间。

5拍，左臂带动上体延展至右脚尖方向。

6—8拍，右手撑住地板，左臂带动上体，靠核心的力量抬起躯干，同时双臂伸直成一条直线。

6—8拍

图3.77 拉伸放松初级套路第六个八拍动作

7. 第七个八拍（图3.78）

1—2拍，还原至起始姿势。

3拍，右手带动上体延展至右脚。

4拍，右臂延展至双脚之间。

5拍，右臂延展至左脚上方。

6—8拍，左手撑住地板，右臂带动上体，靠核心的力量抬起躯干，同时双臂伸直成一条直线。

1—2拍

3拍

4拍

5拍

6—8拍

图3.78 拉伸放松初级套路第七个八拍动作

8. 第八个八拍（图3.79）

1—2拍，还原到预备姿势。

3—4拍，屈双腿，双手扶小腿胫骨。

5—6拍，上体平躺在地面上。

7—8拍，伸直双腿，平躺在地面上。

1—2拍　　　　　　　　3—4拍

5—6拍

7—8拍

图3.79 拉伸放松初级套路第八个八拍动作

9. 第九个八拍（图3.80）

1—2拍，弯曲右腿，双手保住右膝，拉向腹部。

3—4拍，左手扶右膝，将右腿拉向身体左侧。

5—6拍，身体回正，屈右腿。

7—8拍，回到起始姿势。

1—2拍

3—4拍

5—6拍

7—8拍

图3.80　拉伸放松初级套路第九个八拍动作

10. 第十个八拍（图3.81）

1—2拍，屈左腿，双手扶左膝，拉向腹部。

3—4拍，右手扶左膝，拉向身体右侧。

5—6拍，双腿弯曲，上体平躺在地面上。

7—8拍，回到起始姿势。

1—2拍

3—4拍

5—6拍

7—8拍

图3.81 拉伸放松初级套路第十个八拍动作

11. 第十一个八拍（图3.82）

1—2拍，伸直双臂延展过头。

3—4拍，弯曲左腿。

5—6拍，左腿蹬地，带动身体向右侧转动。

7—8拍，伸直双臂，身体俯卧在地面上。

1—2拍

3—4拍

5—6拍

7—8拍

图3.82 拉伸放松初级套路第十一个八拍动作

12. 第十二个八拍（图3.83）

1—2拍，双手收回至肩胛骨下方。

3—8拍：双手撑地，推起上体，成双臂大小臂90°，推胸骨胸腔向前。

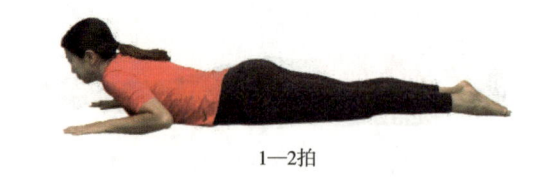

1—2拍

3—8拍

图3.83 拉伸放松初级套路第十二个八拍动作

13. 第十三个八拍（图3.84）

1—2拍，上体回落到地面上。

3—4拍，推起上体成大腿垂直于地面，伸直双臂向前延展，下巴或胸骨落在地面上。

5—6拍，双臂推直成四角板凳式。

7—8拍，弯曲双腿，双手扶在双膝上，成雷电坐。

1—2拍

3—4拍

5—6拍

7—8拍

图3.84　拉伸放松初级套路第十三个八拍动作

拉伸放松初级套路到此全部结束。

二、拉伸放松中级套路

预备姿势：雷电坐，手臂伸直置于臀部两侧（图3.85）。

拉伸放松
中级套路

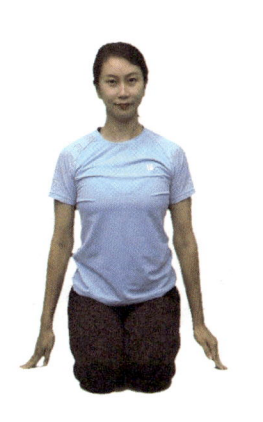

图3.85　预备姿势

1. 第一个八拍（图3.86）

1—4拍，雷电坐，双臂打开至侧举。

5—8拍，双臂胸前合抱。

1—4拍　　　　　　　5—8拍

图3.86　拉伸放松中级套路第一个八拍动作

2. 第二个八拍（图3.87）

1—4拍，五指交叉，转动手腕，手臂伸直向前推，低头含胸拱背。

5—8拍，抬头，手臂推直伸展向上。

1—4拍　　　　　　　5—8拍

图3.87　拉伸放松中级套路第二个八拍动作

3. 第三个八拍（图3.88）

1—4拍，上体向右侧扭转，左手扶右膝外侧。

5—8拍，上体回正，回到预备姿势。

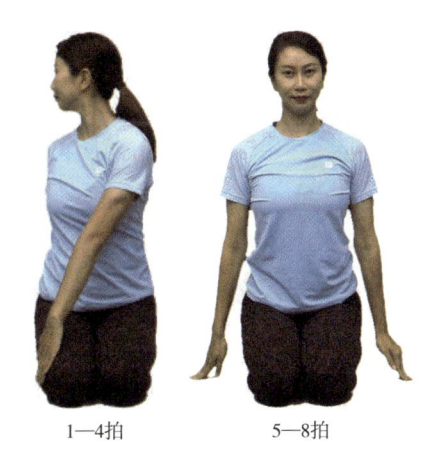

图3.88 拉伸放松中级套路第三个八拍动作

4. 第四个八拍（图3.89）

1—4拍，上体向左侧扭转，右手扶左膝外侧。

5—8拍，上体回正，回到预备姿势。

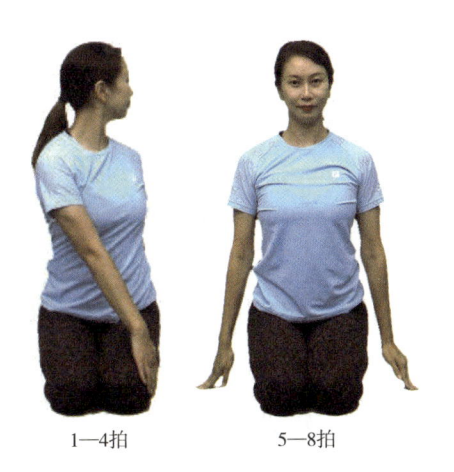

图3.89 拉伸放松中级套路第四个八拍动作

5. 第五个八拍（图3.90）

1—4拍，由雷电坐变成下犬式，即双腿蹬直，脚跟向下踩，双臂推直和肩膀、后背在一条直线上，两侧坐骨向上延展。

5—8拍，下犬式举腿，举右腿向上伸直，与后背成一条直线。

1—4拍　　　　　　　　　　　5—8拍

图3.90　拉伸放松中级套路第五个八拍动作

6. 第六个八拍（图3.91）

1—2拍，举右腿屈膝向前摆。

3—4拍，右腿摆向双手之间。

5—8拍，双手体后互握，伸直双臂，抬头，提胸骨胸腔向上。

1—2拍　　　　　　　　　　　3—4拍

5—8拍

图3.91　拉伸放松中级套路第六个八拍动作

7. 第七个八拍（图 3.92）

1—8 拍，右手置于右大腿上，伸直左臂贴向左耳方向，同时上体向左侧扭转。

第七个八拍正面　　　　第七个八拍侧面

图 3.92　拉伸放松中级套路第七个八拍动作

8. 第八个八拍（图 3.93）

1—8 拍，蹬直左腿，左手撑地，右臂伸直向上延展，同时上体向右扭转。

图 3.93　拉伸放松中级套路第八个八拍动作

9. 第九个八拍（图 3.94）

1—8 拍，弯曲左腿，右手抓握左脚背，左手撑地，向右后转头，同时上体向右扭转。

第九个八拍背面　　　　　　　第九个八拍的正面

图3.94　拉伸放松中级套路第九个八拍动作

10. 第十个八拍（图3.95）

1—8拍，高位平板支撑。

图3.95　拉伸放松中级套路第十个八拍动作

11. 第十一个八拍（图3.96）

1—8拍，由高位平板进入下犬式。

图3.96　拉伸放松中级套路第十一个八拍动作

12. 第十二个八拍（图3.97）

1—2拍，下犬式举右腿。

3—4拍，屈右腿向前摆动至双手之间。

5—8拍，双手体后互握，双臂伸直向后延展，抬头，提胸骨胸腔向上。

1—2拍

3—4拍

5—8拍

图3.97 拉伸放松中级套路第十二个八拍动作

13. 第十三个八拍（图3.98）

1—8拍，左手屈臂置于左大腿上，伸直右臂贴向右耳的方向，同时上体向右侧扭转。

第十三个八拍背面　　　　　　　　　第十三个八拍正面

图3.98　拉伸放松中级套路第十三个八拍动作

14. 第十四个八拍（图3.99）

1—8拍，蹬直右腿，右手撑地，左臂伸直上举，双臂在一条直线上。

图3.99　拉伸放松中级套路第十四个八拍动作

15. 第十五个八拍（图3.100）

1—8拍，弯曲右腿，左手抓握右脚脚背，拉向臀部，同时向左转头，上体向左侧扭转。

图3.100　拉伸放松中级套路第十五个八拍动作

16. 第十六个八拍（图3.101）

1—8八拍，双脚开立，蹬直双腿，上体前屈，双臂伸直，双手支撑地面。

图3.101　拉伸放松中级套路第十六个八拍动作

17. 第十七个八拍（图3.102）

1—8八拍，进入花环式，即屈膝，臀部沉低，双手合十于胸前，双手臂推直成一条直线，同时双手肘分别推双膝向外打开。

图3.102　拉伸放松中级套路第十七个八拍动作

18. 第十八个八拍（图 3.103）

1—4 拍，双手合十于胸前。

5—8 拍：双臂下举，还原为并立。

1—4拍　　5—8拍

图 3.103　拉伸放松中级套路第十八个八拍动作

到此，拉伸与放松中级套路全部结束。

课后作业

完成踏板操初、中级套路，完成视频拍摄和打卡任务。

第四章　踏板操创编

——让你成为创作者与艺术家

教学目标

1. 掌握踏板操创编的原则和方法。
2. 学会创编一套简单的健身性踏板操套路。

本章导读

踏板操的创编能力是高校学生演练踏板操能力的拓展和提升，是在掌握了踏板操的基础技术要领之后，对自身技能的一种输出，也是发展踏板操运动的一项必备技能和基本手段。踏板操用途广泛，可用作学校的体育课堂教学、健身房的踏板操团课、大型活动或公司年会的表演套路或是社区广场的健身锻炼。不管踏板操用在何种途径，掌握了踏板操创编的原则和程序，就能应对各种场合所需。

第一节　踏板操创编原则

根据风格特色，踏板操可分为自由风格踏板操、街舞踏板操、拉丁踏板操、功能踏板操、有氧踏板操和弗拉明戈踏板操等；根据练习的目标人群不同，踏板操可分为校园踏板操、健身房团体操、表演性踏板操和社区健身踏板操等；根据动作难度，踏板操可分为初级踏板操、中级踏板操和高级踏板操等。不管创编什么风格的踏板操，都需掌握以下创编原则。

一、安全性原则

安全是第一要务。创编踏板操首先要关照到练习者完成成套动作是否安全。安全性原则主要从以下四个方面来考量：一是步法动作的安全性；二是上下板变换的安全性；三是过渡和连接动作的安全性；四是路线走位的安全性。要做到以上四个方面安全，从宏观上要考量音乐的节奏快慢是否合适、踏板的高低是否适当、动作的幅度和强度是否适应练习者的身体能力和技术水平，以及路线变换是否流畅和顺畅。例如，在踏板操创编中，不要用急速的跳转和移动步法来实现变换落脚区域；不能在身体无法控制平衡的情况下，忽视动作的流畅和安全过渡而继续下一个动作。

二、健康性原则

练习踏板操是为了维持人体的健康，这里的健康既包括身体的健康也包括心理的健康。身体的健康即通过踏板操的练习有效地增强心肺功能，增强机体的平衡、灵敏、反应、柔韧、力量等，这就意味着好的踏板操创编套路要综合设计动作的节奏和适宜的强度，融合转体、方位感变换、力量练习、平衡动作和柔韧训练等各方面。心理层面的健康，则通过积极优美、动感正能量的音乐和体现团队精神的双人或多人配合动作来体现。例如，双人的交互板、多人的组成图案或是造型的组合动作等，可以实现增加练习者的融入感、团队感、合作成就感等情绪，从而达到增进练习者心理健康的效果。

三、艺术性原则

踏板操不仅是一项体育运动，也是一门艺术，是体育与艺术结合的产物。成套创编的艺术性体现在套路展示出来的美感和对观赏者的情绪渲染，这就要求创编者在套路创编时首先选择优美动感、富有激情的音乐。其次，也是最重要的一点，就是在踏板操动作的创编上要富于对比变化、有效重复和扣合音乐主旨。对比变化体现在运动强度的高低变化、场地空间的高低变化、动作幅度的大小变化以及运动轨迹的方圆变化等。有效重复体现在巧妙设计动作重复次数与节拍位置、动作节奏的重复和段落重复。扣合音乐主旨表现在根据音乐节奏的快慢和节拍的轻重设计相应动作，根据音乐的重复段落设计相应配套动作以及根据音乐旋律设计出可以陶冶情操和美化心境的动作。

练习者的情绪互动和表达始终贯彻在动作创编中，例如在音乐曲目的开始与结尾设计首尾相应的动作，将成套动作的主题思想通过音乐和动作的完美配合，有效传递给练习者和观众。

在踏板操编排过程中，应考虑整体套路设计的艺术性、步法与手臂动作设计以及路线及方位变换设计的艺术性，同时还要考虑服装与整套操风格一致，使音乐、服装与动作相得益彰、相互辉映，达到体育与艺术的完美结合。

四、创新性原则

创新是踏板操向前发展的源动力，没有创新，踏板操就失去了生命力，因此创新性是踏板操创编的一项重要原则。遵循创新性原则首先要丰富创编者的创作思维，从而激发创作灵感。多了解和观摩国内外各类踏板操的发展现状和编排特点，然后根据练习者的实际情况及编排对象，创编出既具观赏性又有表演和健身功效的踏板操。

踏板操创新可以从以下几个方面开展：一是步法组合的创新；二是音乐的创新；三是配合的创新。步法是踏板操的基础和核心，体现不同空间、方位、节奏变化的步法串联是踏板操创新性的显著特征。可以从对称或不对称的步法、变换脚和不换脚的步法、整拍或是跨八拍的步法等方面来考虑。音乐的创新可以从多元素音乐融合的角度来创新。好的音乐选择是成功的一半，优美动听、节奏感强的音乐使人精神愉悦、情绪高昂、积极向上。踏板操音乐一般取材于迪斯科、爵士、拉丁、SASA舞等风格，也可加入其他更多元素，如中国风元素等，让人耳目一新。踏板操的配合动作体现了团队精神和默契程度，可以通过转板、换板、多人交互板以及成员之间的肢体配合动作来体现踏板操的配合创新。

☑ **本节小结**

踏板操的创编能力是高校学生踏板操能力的拓展和提升，是在掌握了踏板操的基础技术要领之后，对自身技能的一种输出，也是发展踏板操运动的一项必备技能和基本手段。

创编踏板操需要注意安全性原则、健康性原则、艺术性原则和创新性原则。

第二节　踏板操创编前的准备

踏板操创编前的准备包括：

（1）明确创编的目的、任务、参与人数及要求，以此来确定编排踏板操的风格、时长、队形变换的多少以及服装、音乐的风格，这样就能首先大致确定创编的方向。

（2）多方位了解表演者或是参与者的情况，包含人数、年龄、性别、职业、有无锻炼基础、身体状况和文化水平等，这样就能基本确定创编这套踏板操的难度系数。

（3）了解表演或比赛的场地大小、套路需要的时间以及踏板的种类等客观条件，这样可以确定是否在创编中加入搬板、转板、移动板等特殊动作。

（4）最后，搜集各种和踏板操创编有关的文字、音乐、视频、图片等资料，以此来丰富我们的创编，激发出创编灵感。

☑ 本节小结

创编踏板操之前要做好充分的准备工作，包括明确创编的目的、任务、需要创编的操的类型、表演的人数、表演场地的大小和音乐的要求等。

尽可能多地搜集各方面的资料，包括但不局限于图片、音乐、文字和视频资料等，便于激发创编灵感。

第三节　踏板操创编步骤

创编踏板操套路主要有以下三个步骤。

一、明确创编套路的用途

根据踏板操运动的分类可以看出，不同类型的踏板操用途是不一样的。由于踏板操用途广泛，具有健身性、观赏性和竞技性等特征，因此在创编前我们就要明确踏板操创编的用途是适用于体育教学、活动表演还是单纯用于竞赛。健身性踏板操、表演性踏板操和竞技性踏板操的特点和用途以及编排要求和目标有很大的区别，踏板操的用途和目的决定着创编的设计、导向、思路和难度等因素。对于普通高校的大学生来说，踏板操用得最多的就是表演，因此本节就以创编一套表演性踏板操为例，具体展开如何创编。

二、确定成套音乐和时间

踏板操成套动作必须配合成套音乐完美的展现，任何带有节奏的适合练习踏板操项目特色的音乐风格都可以用来编排踏板操。一般表演性踏板操的音乐时长为4—5分钟，竞技性踏板操的音乐时长为1分30秒（±5秒），作为体育课堂上的健身性踏板操，创编时长为2分10秒左右。同时不同类型的踏板操的节奏也有明显不同。例如，表演性踏板操的音乐节奏为110—120BPM。音乐确定好后，再来确定成套音乐里有多少个节拍。一般是以四个八拍为一个基本编排单位，即为一节，通过数节拍来确定有多少个小节。每个小节可以是单纯的操化动作，也可以包含变队形或是换板等。数节拍的方法比较适合入门创编者或是刚开始接触踏板操的练习者，因为可以让创编者清楚且有效地在每一个小节内展现出不同的创编想法和思路。但是，对于有经验的创编者来说，不一定非拘泥于数小节的方式来创编，因为高级别、有难度的创编可以跨八拍来进行。成套动作既是一个流畅的整体，又能让练习者感受到每一个段落的高低起伏，分辨不出哪里是开始，哪里是结束。

三、确定步法、队形及手臂动作的选择

首先要确定创编的逻辑顺序，确定选用的步法，根据步法类型的分类，选择有效的步法动作，一般是由易到难，由简到繁，然后把花步类的步法放在音乐的高潮部分，同时要考虑步法的对称性创编或不对称性创编。对称性创编又可以设计成连续的两小节对称，或是不连续的两小节对称。在选择步法的时候，可以利用表演者不在同一个"面"来增加表演效果，即在人体的水平面、额状面、矢状面进行变化，再加入人体自身的转体和方向变化，还可以设计成几种面同时由不同部分的表演者完成。选择步法的同时可以设计出不同层次的变化。例如，高位动作和低位动作的叠加，利用表演者完成动作的时间制造节拍差，产生视觉冲击。选择步法同样要考虑设计表演者不在同一个动作中，即动作素材要丰富，不同表演者在相同的节拍上完成不同的动作会让单位节拍里视觉接收的信息更多，产生更大的冲击。

队形的变化由横板穿越、纵板穿越、对角线穿越、板上转体，以及搬板、转板和地上流动等元素构成。例如，横板穿越可以采用踏步类步法来进行，

也可以采用抬腿类步法来完成；纵板穿越、对角线穿越及板上转体也是如此。特别强调的是，板上过板技术一定要科学、安全、合理，避免造成运动损伤。板上转体动作一般不超过360°，转体和过板的发力阶段和落地阶段要自然流畅，保证安全。地上的流动则和踏板操的步法大相径庭，只需掌握好要去的方向和是否加入转体等元素，一般用跑步、恰恰、走步、交叉步、侧并步等步法来完成。以上的队形变化都属于人动板不动的，而搬板和转板技术则属于人和板都动的。完美的人板都动是人板合一，人在抱着板的过程中准确无误、潇洒熟练地持板、置板、转板，那是一种人板共舞的状态，就像是表演者和自己的舞伴共舞的感觉，而不是把踏板作为器械或是工具。

最后是手臂动作的选择。脚下步法运动起来的时候，手臂的操化编排一定要考虑身体的惯性，同时对于不同面的手臂选择适用于手臂编排。例如，在人体的水平面、额状面、矢状面进行手臂动作的变化、叠加或是交错，都能有效冲击观看者的视线和注意力。"腿不够手来凑"，手臂操化动作占据了50%的整体效果，因此要想提高成套动作的观赏性，就要加强手臂关节参与度和动作变化的复杂程度。

☑ 本节小结

创编踏板操套路主要有以下几个步骤：一是明确创编套路的用途；二是确定成套音乐和时间；三是确定步法、队形及手臂动作的选择；最后将动作和音乐配合完成，再做局部的修改和调整。

课后作业

1. 我们为什么要进行踏板操套路的创编？
2. 如何才能创编出一套高质量的踏板操套路？

第五章 踏板操音乐知识

——体美育人实践，插上艺术的翅膀

教学目标

1. 了解踏板操音乐的基础知识。
2. 通过音乐的学习与踏板操创编形成相辅相成的功效。

本章导读

体育与音乐的融合是情感的互通，亦是教育和艺术的融合。希望通过对本章内容的学习，大家能够了解踏板操音乐的基础知识，学会如何理解和欣赏音乐，以及如何选择合适的音乐让踏板操运动更符合审美标准，实现力与美的和谐统一。

在踏板操的学习中，对音乐的感知尤为重要。音乐这一表达思想情感和释放人内在情绪的听觉艺术与踏板操这一展示人体运动美和力量美以及表现美的视觉艺术相融合，赋予了踏板操运动蓬勃的生命力。只有踏板操与音乐完美融合才能体现出踏板操的魅力和灵魂。音乐具有所有艺术门类的共性，即认知性、教育性和审美性。教育教学实践显示，美育（音乐教育）是素质教育体系中最具影响和价值的教育内容之一。

音乐，是熏陶美丽心灵的最佳方式；体育，是塑造健全人格的有效手段。在某种程度上，体育与音乐都具有表达情感、传递价值取向的作用，将体育与音乐相交融，让合乎运动节奏的音乐契合体育项目的进行，观众在关注比赛的同时也会无意识地接受新的美质，并顺势将美的情感延续到日常生活中，潜移默化地改变生活理念与方式，充实精神生活，促进社会和谐，实现美育的价值功能。作为当代体育人,欣赏并感受音乐,学习并应用音乐,能够帮助我们在体育运动过程中创造新质与和谐。

体育与音乐的融合是情感的互通,亦是教育和艺术的融合。希望通过对本章内容的学习,大家能够了解踏板操音乐的基础知识,学会如何理解和欣赏音乐,以及如何选择合适的音乐让踏板操运动更符合审美标准,实现力与美的和谐统一。

第一节　踏板操音乐的重要性

一、音乐与踏板操动作的相互渗透

音乐通过节奏和旋律来渲染人的情绪,给人以巨大的视觉震撼。踏板操通过丰富的肢体动作和面目表情来传达内心的激情,给人强烈的视觉冲击。音乐与动作的高度结合为复杂多样的队形变化和各种操化动作赋予了生命力和艺术感染力。因为有了音乐的风格、节奏和主旋律的变化,才能使踏板操动作编排特色得以完美体现;而动作以其跃动感、流畅性及各种翻滚、爆发力等编排形式,使音乐的内涵得以升华,使踏板操动作更具动感、活力和震撼力。

音乐结构由内在形态和外化结构组成:内在形态主要表现为音乐内涵的无限性;外化结构分为前奏、主旋律以及副旋律三部分。有了音乐的结构,才有了动作结构的多样化。因此,音乐结构的变化影响着踏板操动作的表现形式,当音乐结构发生变化时,动作的表现形式也会随之发生相应的变化。音乐的节奏与速度,严格控制着动作的节奏与速度。节奏和速度的强弱也影响着踏板操动作的强度,一般情况下,音乐的节奏是不变的。因此,在单位时间内,节奏越快,动作越复杂,动作强度就越大,反之则越小。

音乐的风格决定着动作的风格,独特的音乐风格是展现踏板操动作与艺术的动力。音乐的风格受时代、民族地域、环境等因素影响,体现出不同的音乐特色和音乐风格,只有踏板操动作与音乐风格相呼应,才能完美地展现出踏板操的魅力。音乐节拍的强弱影响动作的力度感,旋律的变化赋予了动作更多更丰富的表现形式,从而加强了动作的韵律感和跳动感,很好地体现了踏板操的韵律美。

二、音乐是踏板操的灵魂

音乐作用于中枢神经系统，可以提高大脑皮层的兴奋性、灵活性和协调性。在音乐伴奏下锻炼，可以延缓运动疲劳的出现，维持耐力并承受较大的运动负荷。

音乐可以调动人的情绪，激发人的情感。音乐在空间所具有的扩散力和穿透力能够对人的生理、心理产生强烈的刺激感和震撼力。不同的节奏和音乐风格，会给人不同的感官享受。人们在欢快的音乐声中会产生丰富的情感联想，并将其融入动作中，得到情感与运动共鸣的快感，从而提高动作的力度、幅度和表现力，陶冶情操。

音乐可以激发踏板操创编的灵感。音乐节奏的强弱、节拍的轻重、旋律的高低以及独特的音乐风格都会激起中枢神经系统兴奋，激发创作灵感和创编欲望，使创作灵感产生更多的动作联想，更好地将音乐与踏板操动作完美结合，使创编的动作更具感染力。

音乐有助于强化练习者对踏板操动作的记忆。音乐节奏、节拍、旋律都会使练习者在大脑中产生联想和想象，与之相适应的动作也会在练习者的头脑中形成相关的情感链接，或有力或柔缓，使练习者在听到不同的音乐节奏和旋律的那一刻较快地建立动作的表象，从而加深对动作的记忆。

音乐有助于提高动作的准确性。音乐节奏的强弱和速度的变化直接影响到动作力度的强弱、幅度的大小和速度的快慢。从生物学角度，音乐节奏可以改善神经反应的节律性规律，提高机体的协调能力，准确运用和调节肌肉的紧张和放松程度，合理掌握力的运用，充分体会动作的协调性、流畅性和节奏感，使动作之间较快地形成动力定型，建立正确的动作表象，从而提高动作的准确性。

三、音乐是体育和美育教育融合的载体

音乐无处不在。音乐是社会现实的反映，是情感诉求的集中体现，是人们日常生活中重要的精神构成。音乐的深层内容是情感的宣泄和表达，也是创作者精神状态的即时体现。音乐是表现艺术，侧重于人的主观情感和思想的传递，给予人美的享受。理性认识是感受音乐的最高境界，要求欣赏者能够客观评价音乐传递出的信息。前文提到的感情渲染交流和联想发挥，都是欣赏主体随着音乐的绵延而产生的情感互动。感情渲染交流和联想发挥并非

单独存在，它们相互交织，共同作用于人的情感和经验，促进欣赏者生发出更多的审美体验。理性认识音乐可以单独存在，它高于人的情感共鸣，能够将欣赏者悬置于音乐情感之外，客观分析音乐的主题思想，从而能相对客观地看待一首歌曲的素材组成和表达方式，最终欣赏者可以清晰而准确地理解创作者的创作初衷。

世间的万物都是流动的、辩证的，即便是所谓的静止也是相对的。人具有个体性差异，时间、空间、地域等客观因素的改变，也会让欣赏者对同一首歌曲有不同的体验和感悟。从来都不存在绝对的理性认识，只能说在分析和研究中无限地趋近事物的本质面貌。

总而言之，人们在运用音乐的同时，也应当学会如何去感受和分析音乐自身的形式（直接体验）和内容（了解创作背景），因为人们只有对一首乐曲具备深入透彻的理解，才可能合乎情理、游刃有余地运用音乐。感情渲染交流、联想发挥、理性认识都是我们认识和理解音乐的重要手段，学生通过在对踏板操音乐感知的学习与体验中培养对美的认知和感悟，可以提高自己的审美能力和审美情趣，达到体育与美育的完美融合。

☑ 本节小结

体育与音乐融合式情感的互通，亦是教育与艺术的联姻，更是体育育人和美育育人的有效融合。学习踏板操首先要明确音乐的重要性，离开音乐的伴奏，踏板操就失去了它的美感和动作的情感表达。

第二节　踏板操音乐基础知识

在学习音乐基础知识的时候，我们必须理解音乐的几个基本概念。它们是旋律、节奏、节拍、速度、力度、音色、和声以及音乐结构。

一、旋律

旋律是音乐的灵魂，是音乐的基础，指由若干音乐经过艺术构思而形成的有组织、有节奏的序列，它体现音乐的主要思想。它是将音的高低、长短和强弱经过艺术构思组织起来所呈现的一系列的音乐线条，在高低方面呈现出有程序的起伏呼应。人们聆听音乐时，最先能够感知和获取的音乐信号就是旋律，它是首先进入人脑的信号元素。

旋律行进的基本方向大约有"平行"、"上行"、"下行"和"波浪形"四种。相同音的进行方向为平行，由低音到高音方向进行的为上行，由高音到低音方向进行的为下行，由高音到低音再由低音到高音方向进行的为波浪形。旋律起伏的大小决定音乐的风格和特点，如上行旋律表现高涨、激动、紧张的情绪；下行旋可将紧张的情绪松弛化，表现出抒情、宁静、悲伤的情感。

二、节奏

1. 节奏和节拍

节奏是乐曲的基本要素，音乐的节奏是指音乐中音的长短和强弱的对比关系。列队行进中变化着的鼓点，体现了音的长短关系，如咚—咚—咚咚咚，这就是节奏。在音乐中，音的强弱有规律地循环出现，就形成节拍，有重音的单位拍叫强拍，无重音的单位拍叫弱拍。

节拍又叫音乐速度，是指每分钟的节拍数，其单位 BPM（Beat Per Minute）是常用的英文专用缩写词汇。例如，音乐曲目标注 120BPM，则表示该曲子的速度是每分钟 120 个节拍。节拍是规律拍节重复，即按照一定规律均匀交替出现强拍节与弱拍节。例如，踏板操音乐常用的 2×8 拍、4×8 拍，就是指强弱拍节交替、规律地重复出现 2×8 拍、4×8 拍。不同类别踏板操节拍见表 5.1。

表5.1 不同类别踏板操节拍

踏板操类型	节拍	踏板操类型	节拍
竞技性踏板操	144—150BPM	表演性踏板操	90—120BPM
健身性踏板操	115—148BPM	功能性踏板操	122—128BPM

节拍和节奏的关系，就像列队行进中整齐的步伐（节拍）和变化着的鼓点（节奏）之间的关系。队列行进中整齐的步伐，体现了强弱关系，假定左脚带重音，右脚不带重音，左—右—左—右就是重—轻—重—轻，这就是节拍。节拍和节奏是音乐构成中的重要因素，永远是同时并存、不可分离的。另外，节奏还有一种功能，就是能激发听众的情绪，使之不由自主地通过身体动作与音乐产生共鸣，身体随音乐舞动，释放内在的情绪。

踏板操音乐是由几十个 4×8 拍组成，一般情况下是将 4×8 拍视为一个音乐小节，在每一个音乐小节里，都包含着升调和降调的规律。具体包括：第一个八拍是升调，第一拍是最重音，便于听者能找出节拍的起始点；第二个八拍是降调，节奏较弱；第三个八拍又是升调，节奏比第二个八拍重，比第一个八拍轻；第四个八拍又是降调，是最轻的一个八拍，为下一节音乐的第一个八拍的重拍做好铺垫。因此在仔细聆听音乐的时候很容易找出每一个小节的第一拍，即最重拍。例如：

咚哒咚哒咚哒咚哒　1×8（最重节拍，升调）

咚哒咚哒咚哒咚哒　2×8（弱拍，降调）

咚哒咚哒咚哒咚哒　3×8（重节拍，升调）

咚哒咚哒咚哒咚哒　4×8（最弱节拍，降调）

我们可以从图 5.1 中清晰地理解音乐每个小节的升降变化。

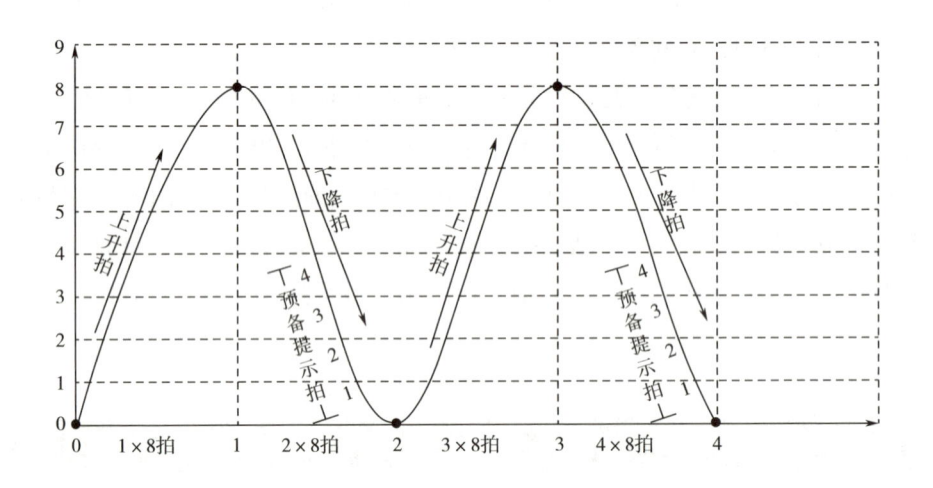

图5.1　音乐上升拍与下降拍示意图

（来源：布建军.踏板操运动教程［M］.银川：宁夏人民教育出版社，2018.）

音乐上升拍指音乐的旋律与唱词表达出的情绪处于上升区间，音乐下降拍与之相反。教师在教学的环节中，口令提示的预备拍节都是在第四个八拍下降节拍的后四拍发出的。一般用正数"5、6、7、8"或是用倒数"4、3、2、1"来给出提示。最后的一拍也可以用"走"或"GO"这样的语言来代替，这样能更清晰明了地表达练习者什么时候开始做动作，即"5、6、7，GO——"，或"4、3、2，走——"。

2. 小节和拍子

小节是指乐曲中一个强拍到下一个强拍之间的部分，用小节线（——X——）来划分小节。乐曲中，节拍的单位用固定的音符来代表，叫做拍子。

拍子是用分数来标记的，分子表示每小节中单位拍的数目，分母表示单位拍的音符时值，如四二拍（2/4 拍——以四分音符为一拍，每小节为两拍），四三拍（3/4 拍——以四分音符为一拍，每小节为三拍），四四拍（4/4 拍——以四分音符为一拍，每小节为四拍）等。

三、速度

速度是指音乐节奏的快慢程度。每首乐曲都具有主题思想，用以表达自身的内容。为了使音乐作品在情感的宣泄和故事情节的表达中更为清晰与彻底，音乐作品需要以适宜的速度去演奏或者演唱，观众会在不同的音乐速度中感受不同的意境。

四、力度

力度是指节奏或其他音乐表现手段的强弱程度，如重低音的强弱变化。力度对于音乐塑造和主题思想表达起到关键作用。

五、音色

音色一般包括三个方面：演唱者或者伴唱者的声音特色，演奏或者伴奏的乐器音色，播放设备的品质特色。这三个方面有选择地交织与融合，能够有效地提升音乐的表现力。

六、和声

和声是最常见的音乐表现手段，是两个或两个以上不同的乐音按一定法则同时发声而构成的音响组合，是多声部音乐的音高组织形态。和声有明显的浓、淡、厚、薄，还有构成分句、分乐段和终止乐曲的作用。和声一般在乐曲配器时才需要，起着丰富和加强旋律效果的作用。和声的效果指向和谐，是在统一与不统一、稳定与不稳定、强弱变换与不变换之间相对平衡的美。和声是极具感染力的情感表达方式，它既可以在编曲中自然加入，也可以在音乐作品完成后根据情境特点人为添入。和声对于音乐节奏的快慢程度、音乐的爆发力与表现力、音乐的情感与效果有直接影响。

七、音乐结构

音乐是结构的艺术，音乐结构包括前奏、间奏、主歌、副歌、桥段和尾声（表5.2）。一首歌曲的伴奏，不仅在于它旋律部分的伴奏编配，还需要前奏的引导、间奏的过渡和尾声的结束，才能准确地表现歌曲的内容与情感。音乐结构信息的敏感度和理解程度，决定着创编者能否编出符合音乐情绪和风格的踏板操动作，这是由聆听者的音乐欣赏与应用水平决定的。对于音乐这门艺术而言，透彻的理解是灵活应用的前提。

表5.2　音乐结构信息

专业术语	英文缩写	英文全称
前奏	Intro	Introduction
间奏	Instr	Instrumental
主歌	V	Verse
副歌	C	Chorus
桥段	Br	Bridge
尾声	O	Outtro

1. 前奏（Intro）

前奏（Introduction），是一首歌曲开始之前的序曲，也叫"引子"。提前预示歌曲的主题思想，感情表达或描绘意境，渲染气氛，引领演唱者进入情景之中，提示演唱者的情绪、速度、音准、调性、节奏等。前奏带给我们一个具体的音乐形象，起着烘托气氛和渲染意境的作用。

2. 间奏（Instr）

间奏（Instrumental），是在歌曲的乐段或乐句之间所弹奏的部分，具有承前启后的桥梁作用和对音乐发展起贯穿作用。同时，间奏也为演唱者提供必要的提示和歇息的机会。

3. 尾声（O）

伴奏的尾声（Outtro），是一首乐曲的结尾部分，而不是结束部分。主要通过音乐对歌曲的终止进行补充、加强，更进一步抒发作品的感情，让整首歌曲的主题、内容表达更加充分、完美，可以灿烂辉煌，也可耐人寻味，根据不同的风格特点可以编配不同的尾声。优秀的乐曲尾声给人以完整的乐曲享受，是主歌与副歌之后情感的延伸和表达。精彩的收尾，能够起到画龙点睛的效果。

第三节 踏板操音乐的实践运用

踏板操音乐是在踏板操运动中，运用不同音乐风格和不同音乐形式，结合踏板操基本动作而编配完成的音乐。踏板操音乐与动作的编排风格相互依存，密不可分。

一、踏板操音乐的分类与使用技巧

（一）音乐的分类

踏板操分为四大类，因此音乐也根据踏板操的风格特点分为竞技性踏板操音乐、表演性踏板操音乐、健身性踏板操音乐和功能性踏板操音乐。

（二）音乐使用技巧

1. 控制音乐

了解和具备一定的音乐知识是使用音乐的前提。控制音乐指的是按一定要求和规则使用音乐，是更高水平的音乐使用。例如，选用音乐的主题风格要与环境、气氛相协调，节奏与时长应根据需要做出选择和调整。踏板操音乐的实践需注意以下细节：

- 明确选用音乐的基本结构。
- 掌握音乐预先提示的节拍。
- 动作感觉随音乐的起伏进行调整。
- 动作感觉需在音乐高潮处释放，在音乐低潮时建立互动联系。

2. 编舞技巧

能够根据音乐结构编排踏板操动作，是踏板操编排者专业素质的较高体现。音乐本身具有抒情性和叙事性的特征，反复聆听并体会每部分音乐，清晰准确地把握其中最细腻的部分，为一首乐曲各部分内容找到与之相匹配的动作，并在思考和实践中不断揣摩、调整、细化，寻求最佳契合点，这是踏板操编排的难点所在——既要求编排者考虑到动作的难度和可完成性，又要力求与音乐浑然天成的结合。

高质量的编排往往具有整体性特征，但在具体操作中，可将其分为三个主要环节：

第一，保持对音乐结构的敏感，知道并且学会运用音乐基本结构进行创编。

第二，足够认真和投入地聆听音乐作品，最大限度地感受和体会乐曲的活力与张力，必要时需了解创作者的创作心理和创作背景。

第三，依据音乐的内容、情感、节奏和韵律，创编出与之契合的动作。

下面是音乐结构下每部分内容的具体编排要求。

- 前奏：做些简单的动作或步伐，或者空拍不做动作。
- 主歌：做第一部分编排的动作。
- 副歌：做第二部分编排的动作。
- 间奏：可以做些简单的动作或步伐作为过渡动作。
- 主歌：同上主歌部分的动作。
- 副歌：同上副歌部分的动作。
- 间奏：同上间奏部分的动作。
- 桥段：简单而与之前动作不同的第三部分动作。
- 副歌：同上副歌部分的动作。
- 尾声：根据音乐，做简单或缓慢的动作来结束。

3. 感知音乐

提高音乐感受力，自然会加深对音乐的理解和感悟，聆听和使用音乐的角度也会更加全面与丰富。例如，可以从以下细节入手，最大限度地挖掘动作创编的空间与潜力。具体操作如下：

（1）利用歌词或旋律创编动作。歌词是诗歌的一种，是伴随音乐旋律出现的文学语言。一首歌的词与曲往往具有同质异构性。相较于音乐本身，文学的语言逻辑性更强，通过文字讲述的故事情节也更为具体和形象。依据歌词的内容进行踏板操创编，是最贴近音乐创作者心性和创作意图的技巧与方法。只有保持对音乐作品旋律和节奏的敏感性，全面看待和考虑音乐作品的思想与情感，甚至能够随之构建动作框架，才能编排出代表音乐灵魂的动作。

（2）利用音乐结构调节动作情绪。每首乐曲的音乐结构中都有鲜明的对比关系，例如主歌与副歌的交相呼应和强弱对比，它们相互铺垫，相互映衬。这种对比依存的关系，势必会演绎出奇妙而又和谐的效果。例如，主歌的稳步叙述，持续铺垫，是为副歌的情绪调动做准备。进入副歌部分，饱满情绪的逐渐释放会引起听众的情感共鸣，直至音乐高潮的兴起。踏板操创编者如果能正确认识音乐结构各部分的意象、意境、意蕴及其内在变化，同构性地使用技巧进行动作创编，最终将能为观众呈现与音乐节律和谐统一，具有生命力、秩序感和艺术性的动作内容。

（3）跟着音乐哼唱。自然哼唱音乐的旋律与歌词，体现了编排者自信与放松的心情，也在无意中提高了音乐的感受力。哼唱带来的表演成分，会为音乐的使用提供思路。从有意识到习惯性、无意识地哼唱是需要长时间反复练习和记忆的，妙手偶得之的灵感，会让编排者茅塞顿开，豁然开朗。

二、健身性踏板操音乐的运用

（一）音乐的内涵要积极阳光、充满正能量

健身性踏板操一般在综合性健身房练习得比较多。参与健身性踏板操练习的人群一是以集体形式展现，参与人数较多；二是社会角色多种多样，不同的职业，不同的性别，不同的领域，社会传播性较广。因此，它的社会性比较显著，在选择配套健身音乐的时候一定要选符合社会主义核心价值观的音乐。在踏板操的集体课程中，音乐是重要的传播载体，人们在进行健身的同时也在表达和传播情感，正面积极健康的音乐拥有积极向上的旋律和唱词，可以在传播社会正能量与促进人际交流中发挥重要作用。

（二）音乐形式要多种多样

健身性踏板操练习是高强度和低强度交叉循环往复，而且连续不断的练习30—40分钟以上，才能刺激练习者的心肺功能和提高有氧耐力。因此，音乐的选择也要和强度节奏适应起来，这样多种形式和风格的音乐混搭才能提高跳踏板操的趣味性，不至于让练习者在持续不断的30—40分钟里感到乏味。教师在课程的不同阶段，可根据教学进度和内容、练习者现场情绪和训练要求等调整和改变练习曲风。例如，在练习的高潮部分可采用节奏高昂、动感的拉丁舞曲目；高潮结束后，人们的情绪持续高涨，可换用 Hip Hop 曲风的音乐继续教学，延续练习者积极热烈的情绪。当练习者的体能逐渐消耗，情绪下降时，则可以换成节奏缓慢一些，但是优美动听的 House 音乐来过渡。能否做到随机应变，适当调节健身性踏板操的音乐风格，始终保持练习者的积极性和昂扬情绪，也是衡量一名踏板操教师教学水平高低的重要考

量因素。

（三）最终成套动作要与音乐相呼应

做健身性踏板操练习时，教学者需要按教学步骤完成每一个单个动作的练习，然后使用串联法将每一个单个套路串联起来形成完整套路。这是一种常用的教学技巧和课程设计，即在课程即将结束时，配上完整的音乐，练习最终的成套动作，形成与音乐匹配的动作表演。因此，教学者需要提前准备好音乐，并且在成套学完后告诉练习者音乐节拍和动作节拍的契合点，如何配合音乐完成成套动作。练习者在学习的过程中并不知道最终的展示音乐和所有的成套安排和内容设计，这样在最后成套展示的时候就会充满惊喜感和运动的趣味性，增加了练习的乐趣。因此，成套动作一定要和音乐相呼应，让练习者通过兴奋的表演和掌声来表达内心的喜悦，实现健身健心的效果。

三、表演性踏板操音乐的运用

1. 表演音乐要有明确的目标

表演性踏板操是带着鲜明的表演目的和目标的社会活动，集中展示了人们参与该项活动的精神面貌，并期望通过集体性的展示来传递正能量。表演性踏板操在准备期间必须要有全局观念，上下各层级机构和组织目标要协调一致，所有参演人员的水平能力要相对一致。表演性踏板操的目标具有现实性和可执行性，表演性踏板操音乐要慎重考虑与选用，表演目标一旦确定，表演音乐的风格就尽可能地不做更多改变。表演音乐反复改变，容易造成编排者与练习者的困惑和资源浪费。所以，设立清晰的表演效果，选定与表演目标一致的表演音乐是前期准备工作的核心内容。表演效果是人们对活动预期结果的主观想象，也为各层级机构及活动组织人员提出了明确的指向性。其作用是充分调动积极性，使表演本身具有方向性，为完美效果的实现提供可能，最终通过集体参演人员的实践活动，传递表演性踏板操的社会价值。

2. 表演音乐要具备鲜明的表现力和独特性

音乐是踏板操表演的载体，是人们通过集体性展示来传达情感、情绪和反映精神面貌的艺术介质。表演性踏板操音乐无论从旋律、节奏、音色、音质上都要具有鲜明的表现力和独特性。表演性踏板操的绝佳表现效果，是悦耳音乐与动感表演的相辅相成，共同作用于观赏者的感知系统。表演音乐绝不是随意选择的，而是经过了编排者斟酌、筛选，甚至提炼加工而成的。表演音乐虽然不能为观众提供具体的视觉画面，但却可以为观众提供无限的想象与联想。

3.表演音乐要选择合适的节奏

表演性踏板操是集体项目，成员较多，在特定的环境和要求下，还可能出现不同年龄及不运动水平的人一同参与表演的情况，这就给表演带来了一定的复杂性和不可控性。因此，选择节奏适宜、清晰完整的音乐就显得尤为重要。而缺乏经验者，往往忽略音乐选择的重要性，错误地认为高质量的表演是由难度系数高的动作及变化丰富的编排决定的。事实上，表演者稳定的技术发挥、饱满热情的精神面貌、动作与音乐的协调统一，才是出色完成成套动作的决定性因素。

四、竞技性踏板操音乐的运用

（一）音乐剪辑必须完美，音乐衔接必须完整、连贯

竞技性踏板操是以比赛为目的的，所以成套音乐的剪辑必须完美，不同音乐的衔接必须完整、连贯，有清晰的开始和结束，必要时通过动效的加入进行修饰。无论是否使用整八拍乐段，都必须尊重音乐的原始结构，给人留下流畅自然、完整统一的感觉。成套音乐的录制与混合必须达到专业水准。运动员所有的动作必须与所选的音乐完美统一，动作分格符合音乐理念，动作设计符合音乐结构。例如，动作节拍和音乐节拍完美配合，亮点动作都在音乐的重拍上完成，音乐的时长符合比赛规则的要求等。竞技性踏板操比赛的评分规则也对音乐有着明确的规定，体现在音乐的艺术评分和音乐时长上，具体如表5.3、表5.4所示：

表5.3 竞技性踏板操艺术评分标准（和音乐相关的内容）

标准	不可接受	差	满意	好	很好	优秀
音乐/乐感	1.0　1.1	1.2　1.3	1.4　1.5	1.6　1.7	1.8　1.9	2.0

表5.4 裁判长扣分标准（关于音乐）

内容	裁判长扣分
成套动作规定音乐时长：1分20秒 ±5秒时间错误（音乐时长超过规定时间）	0.5

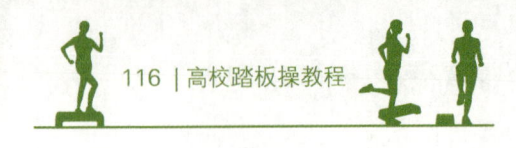

（二）动作的编排必须和音乐完美融合

在竞技性踏板操创编过程中，编排者经常为先创编动作还是先准备音乐而争论。事实上，二者并没有所谓的先后之分，两种情况都可以创编出优秀的套路。但是，通常情况下大部分创编者仍习惯运用传统思维考虑动作创编，即先有音乐，后有动作。首先，音乐为创编者提供了创编的依据——以音乐为主体和标准，根据音乐结构，考虑节奏、节拍等音乐元素，在相应的时间内为音乐搭配完美的动作。其次，好的音乐可以有效刺激人的敏感神经，编排者容易在不经意间获得巧思，从而能够找到动作感觉。在适合联想发挥的环境下，编排者认真感受音乐的节奏韵律，创编出符合主题风格的动作，这是一个合乎编排规律的过程。

当然，也存在先有动作，再依据动作的特点、个性寻找或原创音乐的例子。无论是准备音乐还是准备动作，都需要编排者反复权衡和调整。一般情况下"先有音乐，后有动作"的编排思路相对容易操作。实践是检验创编思路是否合理的唯一标准。个体差异性决定人的思维与认识角度各有不同。具体操作中，编创者需要根据实际情况，考虑自身创编能力和水平，找到适合自己的方法。

国际体操联合会（FIG）比赛规则中规定的比赛音乐时长是 1 分 20 秒 ± 5 秒，在如此短暂的时间内，传递出大量的动作信息和情感信息是极其困难的。因此，根据音乐的结构顺序配以准确和适宜的动作就显得尤为重要，甚至是成套动作能否取得佳绩的决定因素之一。例如，音乐的开始部分，也就是音乐前奏部分，适合做托举配合或造型动作的编排；音乐的高潮，即音乐主歌或副歌部分，适合包含大段落的脚下步伐和手臂操化动作在内的主体内容展示；音乐的过门和桥段中，为使动作与音乐保持一致，可做技巧类的过渡连接动作或难度动作；音乐的尾声部分，可以设计配合音乐结束的造型动作作为收尾动作。

音乐是动作创编的灵魂和主线，围绕音乐各结构部分展开的套路编排，与音乐的内在生命和谐统一，是保证成套动作流畅大气、宛如天作的前提。浑然天成的成套动作是与音乐美质的高度统一。理想的编排能够展示出参赛者的竞技水平，同时也可体现创编者对比赛音乐的深入理解，肢体语言的艺术化表达也会传递出审美新质。

（三）要有鲜明的音乐主题风格

音乐风格又叫曲风，是包括曲调、音色、力度、和声、节奏等音乐元素在内的综合性概念。音乐风格能够代表某一历史时期、地域、民族或某一个性化的发音技巧，以及可以被大众广泛认可且具有鲜明特征的音响。不同的历史时期有不同的社会面貌，人的精神需求也有所差异，音乐风格更是不尽相同。相邻的风格在不同的时期并没有严格的分界线，只是作为时代主流的音乐风格在更迭变化。作为创编者或者教练员，需要根据比赛的性质、规模、场馆环境及参赛队员的竞技能力水平，确定比赛套路的音乐风格。这就要求编排者具备选择音乐风格的视野与水平。在竞技踏板操比赛中，艺术性作为重要的评分项，导致音乐的选择至关重要。因此，注重积累和广泛接触更多风格的音乐，是一个优秀创编者和教练员不断自我学习和进步的过程。踏板操音乐风格丰富多样，经过长期不断积累和细化完善，现将踏板操音乐风格归类如下（图5.2）。

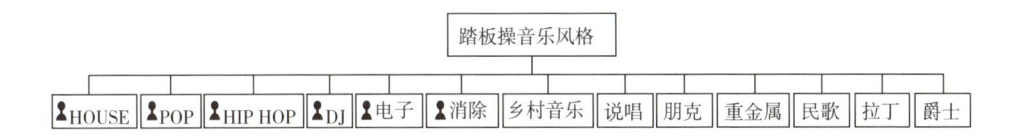

```
                    踏板操音乐风格
┌──┬──┬──┬──┬──┬──┬──┬──┬──┬──┬──┐
HOUSE POP HIP HOP DJ 电子 消除 乡村音乐 说唱 朋克 重金属 民歌 拉丁 爵士
```

图5.2 踏板操音乐风格分类

五、功能性踏板操音乐的运用

（一）表演音乐必须考虑使用的安全性

演出的安全性和完整性是大型表演踏板操成功的基本原则。强调安全性的目的是预防、避免意外伤害的发生，同时让参演人员踏实放心地参加团体活动。安全事故，往往是在不准备、不预防的情况下发生的，这要求人们做好预判工作，不选用不适合的表演音乐。除此之外，安全是人们的主观意识，表演活动的组织者和参与者要随时保持警惕，具备安全的思想意识，随机应变地处理安全隐患，规范合理地使用表演音乐。

（二）适当的音乐节奏，以保证练习安全有效地进行

以功能性训练为主的踏板操课程，要求训练背景音乐节奏清晰，唱词较少，节奏变化规律稳定，音乐风格相对平和。练习者在健身前需要做好准备

工作，避免选择自己不熟悉或无法控制的音乐，以免破坏健身课堂的运动效果与氛围，同时避免运动过程中安全事故的发生。

☑ 本节小结

在学习音乐基础知识的时候，我们必须理解音乐的几个基本概念。它们是旋律、节奏、节拍、速度、力度、音色、和声以及音乐结构。不同风格的踏板操在音乐的选择与运用上有不同的要求。

课后作业

找一首适合健身性踏板操的音乐，并学会数音乐节拍。

第六章 踏板操教学
——你也能成为好老师

教学目标
1. 了解踏板操教学的概念、目的、教学的规律与原则，以及教学方法等。
2. 能够撰写 OBE 教学大纲、教案等教学文件。

本章导读
本章主要面向有志于成为踏板操教练的群体，或是大学生群体中技术水平较高的学生，提供了教学方法、手段以及必要的各种教学文件供参考。

第一节 踏板操教学的概念与要素

一、踏板操教学的概念

体育教学是学校体育工作的重要内容，踏板操作为一门体育课程，是体育教学的重要组成部分。踏板操教学是指在教师的有效指导和学生的积极参与下，按照教学大纲和教学计划的要求，利用科学的教学方法和手段，使学生系统地获得踏板操知识、技能以及德育上的熏陶和培养，同时提高学生的身体素质和创造性以及健康的心理的双边活动过程。

一堂完整的踏板操教学课，首先需要教师在课前要备好课，即很清楚地知道本节课的教学内容、教学方法、教学重难点、教学环境以及学情，以及如何去掌控教学步骤和结构，让学生能学有所得、学有所乐，在愉快的教学氛围中学到知识、获得成长。这里的成长不仅仅是身体素质上的成长，更是有心灵内在力量的成长，能感受到教师传递的爱、责任、积极向上的力量。这就要求教师做好充分的课前准备，通晓课程广泛的知识点，设计好教学活动的组织和开展，确保主体教学内容的规范实施，实现课程思政的无声融入，以及进行课堂结束后的总结和交流等。

二、踏板操教学的要素

教学要素是构成教学系统既相互独立又相互联系的基本成分。踏板操教学活动作为一个系统，包括的要素有学生、教师、教学目标、教学内容、教学方法、教学环境与教学评价。

（一）学生

学生作为教学对象，这个主要指的是学生的身心发展水平、品德水平、知识水平、审美水平、能力水平等。

（二）教师

教师起主导作用，这个主要指的是教师的教学态度、创造性思维水平、教学组织管理能力、知识结构、个性品质等。

（三）教学目标

踏板操的教学目标可分为多种层次，如一节课的教学目标、单元教学目标、学期教学目标、学年教学目标等。

（四）教学内容

教学内容包括教学的物质条件以及教学信息的载体，是教师所要教的、学生所要学的对象。具体表现在踏板操教学计划、踏板操教学大纲、踏板操教材等。

（五）教学方法

教学方法主要指为实现教学内容、达到教学目标所采用的方式、途径和手段。

（六）教学环境

踏板操教学活动必须是在一定的时空条件下进行的，这里的时空条件指的就是教学环境。主要指场馆教室的设备是否齐全、合理及安全，师生之间、同学之间的人际关系，课堂气氛等。

（七）教学评价

教学评价是依据教学目标和原则对教学过程及结果进行的价值判断和

量评工作。踏板操教师可以通过各级目标制定各种评价指标，及时对教师的"教"和学生的"学"进行改进，以达到最佳的教学效果。

✓ 本节小结

踏板操教学是指在学生的积极参与下，教师按照教学大纲和教学计划的要求，利用科学的教学方法和手段，使学生系统地获得踏板操知识、技能，并对学生的德育进行熏陶和培养；同时提高学生的身体素质、创造性以及健康心理的双边活动过程。

第二节 踏板操教学的目的与任务

为了更好地完成踏板操教学这一过程，教师首先要了解踏板操教学的目的，明确教学任务。可以通过本节的内容，学习如何根据学习目的来确定学习任务，使学生深入理解踏板操教学目的与任务的制定原则与完成方法。

一、踏板操教学的目的

踏板操教学的目的是在规定的时间内，即踏板操教学过程结束时，按照要求所要达到的效果，或踏板操教学活动预期要达到的结果。根据踏板操教学活动的开展和深入，可将踏板操教学的目的分为以下四个层面：认知层面、技术层面、社会适应层面以及育人层面。

（一）认知层面

学习踏板操的定义、特点、分类及表现形式等方面的基本知识，了解踏板操的发展历史和动态趋势。分析了解踏板操的竞技性、实用性、普及性等各方面属性。明确踏板操在全民健身中的重要地位和作用，体会踏板操运动在日常生活和学习中的重要价值。

（二）技能层面

体会和掌握踏板操的基本技术及要领，达到一定的运动技能水平。掌握踏板操动作创编的基本原理和方法，将具体实践与理论学习有机地结合起来，从而进一步了解、感受和学习踏板操。掌握耐力与爆发力、柔韧与力量等身体素质的练习方法，使学生通过踏板操课程的学习，促进学生各项身体素质的发展,从而达到增进身体健康、提高身体素质的目的。

(三)社会适应层面

通过踏板操的学习,提高学生的自信心,通过在课堂上的集体练习、分组练习、角色扮演等教学形式的锻炼,提高学生的社交能力和社会适应性,以及学生的心理健康与人际交往能力。

(四)育人层面

根据美学基本知识与原理,引领、培养学生形成科学的审美观念、审美情趣,同时提高学生创造美的能力。充分发挥学生的主观能动性,有目的地挖掘与激发学生的潜力,使学生在踏板操学习过程中收获成功的体验,从而达到激发学生对踏板操运动的兴趣以及表现欲的目的。

培养学生团队合作、努力拼搏的运动精神,支持和鼓励学生的创新思维,增强学生的集体观念,提高学生的道德修养,适当地磨炼学生的意志,促使其形成良好的心理素质。

二、踏板操教学的任务

踏板操教学的任务是指在踏板操教学中,为实现踏板操教学目的所提出的不同层次的要求。

(一)掌握踏板操运动基础知识和基本技能

踏板操教学的首要任务是引导和教授学生掌握踏板操的基本理论知识和踏板操基本动作技术以及训练基本技能。通过有计划的传授,使学生循序渐进地掌握并夯实基本的踏板操知识、技术和技能。通过全面系统地学习,将所学踏板操基础知识融入踏板操的教学内容中,以完成踏板操教学计划的任务。

(二)提高学生踏板操运动技术水平

学生在掌握踏板操的基础知识和基本动作技术以及训练基本技能的基础上,进一步学习与训练运动技能,主要包括竞技性踏板操中的操化训练、难度训练、过度与链接训练、托举与配合训练,从而提高运动技术水平。掌握较高的运动技术水平是踏板操教师的资本,如何在短时间内有效地提高运动技术水平是踏板操教学的关键任务。

(三)全面发展学生身体素质

身体素质是学生在体育活动中,各器官系统表现出的各种技能,包括力量、速度、耐力、柔韧、灵敏、协调及平衡等方面。身体素质是所有运动能力的基础。

踏板操是一种有氧运动，通过较大密度和强度的身体练习，对身体各关节、韧带、各主要肌群和内脏器官施加合理的运动负荷，从而有效地改变体重、体脂等身体成分，提高心血管、呼吸系统等内脏器官的机能，发展力量、耐力、速度、灵敏、柔韧等运动素质，增强体质，增进健康，全面提高学生的身体及心理素质。竞技性踏板操的节奏在 10 秒 24—28 拍，心率在每分钟 180—200 次。在快节奏的音乐伴奏下，完成高难度、高质量的成套动作，需要有良好的身体素质作保障和基础。一套好的踏板操套路，是力量、速度、柔韧等身体素质的体现，动作的完成具有一定的幅度、力度及视觉效果。因此，为达到这样的目的，就必须在踏板操教学中加入身体素质的练习，这也是踏板操教学任务的重点之一。

（四）培养正确的身体姿态

身体姿态是身体在空间中存在的形式，是影响美的重要因素。正确的身体姿态，是学生在表演踏板操时最直观突出的外在表现。正确的身体姿态能够使人体在运动时表现出优美的姿态变化和造型，同时还能在一定程度上减少和避免学生在完成踏板操动作时因技术要领掌控不当而导致受伤。优美的身体姿态和健美的匀称体型，是人们追求形体美的体现。良好的身体姿态是形成一个人气质风度的重要因素。健美的体形给人以朝气蓬勃、健康向上的感觉。踏板操练习不仅改善不良的身体状态，塑造优美的身体形态，培养高雅的气质和风度，培养学生的自信心和审美感，还可塑造健美的体形，尤其是力量练习可使骨骼粗壮、肌肉围度增大，从而弥补先天的体型缺陷，使人变得匀称健美。

（五）培养高尚的审美情趣

培养学生高尚的审美情趣，提高内涵，修养气质，养成良好的思想品德，形成科学的世界观基础和良好的个性心理品质也是踏板操教学任务之一。在轻松优美的踏板操锻炼中，练习者的注意力从烦恼的事情上转移开，忘掉失意与压抑，尽情享受踏板操运动所带来的欢乐，得到内心的安宁，从而缓解精神压力，使人具有更强的活力和最佳的心态。

踏板操教学，可以培养和发展学生感受美、创造美的能力，以形成正确的审美观念。踏板操教学具有进行美育教学的广阔空间，教师应充分利用这一有利条件，培养学生正确的审美观念、健康的审美情趣和较强的审美能力。通过审美情趣的培养，促进学生身心健康的发展，使学生能够站在审美情趣和审美观念的高度上，更好地进行踏板操的学习。

（六）培养全方位的能力

培养学生的能力已成为体育教学的重要目标之一。能力是构成素质的重要方面。它是一种无形的、促使人不断发展的潜在品质。在踏板操教学中，对于学生能力的培养，就是将传授踏板操理论知识、运动技术技能与发展学生的能力结合起来，使学生在学习、合作与竞争中，发掘自己的潜能，激发对踏板操的兴趣，激励自己进一步学习踏板操知识，扩展自己的发展空间，更为科学有效地运用踏板操理论和方法。全方位能力包括：掌握踏板操知识与运用知识的能力，制定踏板操教学、训练大纲计划的能力，踏板操教学与训练的能力，创新和创编踏板操动作的能力，组织踏板操竞赛与裁判方法的能力，踏板操科学研究方法的能力，踏板操教学自我评价和分析课的能力等。

☑ 本节小结

踏板操教学的目的是在规定的时间内，即踏板操教学过程结束时，按照要求所要达到的效果，或踏板操教学活动预期要达到的结果。根据踏板操教学活动的开展和深入，可将踏板操教学的目的分为四个层面：认知层面、技术层面、社会适应层面以及育人层面。

第三节 踏板操教学的规律与原则

体育教学规律是客观存在的，不以人的意志为转移；教学原则是人们在总结体育教学实践经验，探索和研究体育教学内在规律的基础上逐步提出并不断完善起来的。体育教学原则是进行体育教学工作必须遵循的基本要求，是参与体育教学的师生双方共同遵守的行为准则。它对指导体育教学，规范教育行为，提高体育教学质量具有重要意义。

一、踏板操教学规律

体育教学规律是指体育教学过程内部各种教学现象所存在的本质的联系。这种联系决定着体育教学过程的必然表现和发展趋势。踏板操教学作为体育教学的重要组成部分，同样需要遵循体育教学所要遵循的规律。

（一）基本教学规律

踏板操教学作为一种认知活动，是依照学生对周围世界认识的一般规律进行的。它是从不知道到知道，从知道的不确切、不完全到较确切、较完全的过程。具体体现在踏板操教学过程中，即感知教材，理解教材，巩固知识、技术、技能和加以运用等几个阶段。感知教材既是学生对所学知识建立正确表象的过程，也是诱发学生学习主动性，启发学生独立思考，发展学生思维能力的基础。学生在感知的基础上，经过思维形成概念，认识事物的本质特征，进一步理解教材，这是学生认识的中心环节。由于教学是在短时间内（相对于实践）使学生掌握大量的没有经过自己实践的知识，因此必须注意知识巩固，否则很快就会遗忘，知识的巩固有助于发展学生的记忆力和增强理解力。学生掌握踏板操知识的目的最终在于应用，知识的运用有利于发展学生独立思考的能力和创造性，以及培养学生分析问题和解决问题的能力，这是对踏板操认识的一次飞跃。因此，学生学习和掌握踏板操知识的过程，也是认识客观世界的过程，在进行踏板操教学时，必须遵循认识规律，由简入繁、由易到难地组织和安排课堂教学。

（二）人体生理机能活动能力变化规律

人体生理机能活动能力变化规律是指在进行身体练习过程中，人体生理机能活动及工作能力变化的必然趋势。由于踏板操教学实践性强，其过程是人的有机体直接参与活动，因此，这个过程的安排必须遵循人体生理机能活动能力变化规律。这个规律表现为人体在从安静状态到进行身体活动时，各个器官系统的机能总体逐步上升，这个阶段被称为上升阶段；然后达到并在一定时间内保持较高水平，这个阶段被称为稳定阶段；由于疲劳的产生，机能逐渐下降，经过休息调整，机能又逐渐恢复到相对安静的水平，这个阶段被称为下降和恢复阶段。工作能力呈现出上升—稳定—下降—恢复的规律。其中，上升阶段所需要的时间、上升的坡度和最高阶段的高度、延续的时间以及变化幅度的大小，取决于学生的年龄、性别、健康状况和身体素质发展水平，以及练习内容、组织形式、练习方法、季节、气候条件等。因此，在踏板操教学中，应从准备活动开始，使学生的身体机能逐步提高，为基本部分的教学做好准备；在进行强度较大的主要练习后，要逐渐降低学生的运动强度，使身体逐步恢复到安静状态。在教学中，三个部分的练习时间、运动

量和强度要与学生的年龄、身体状况等相符合。

（三）动作技能形成规律

动作技能形成规律是指动作技能形成的必然过程。动作技能是指按一定的技术要求完成的动作。动作技能形成的过程，本质上是建立条件反射的过程。一般会出现三个阶段：粗略地掌握动作阶段（泛化阶段）、改进提高动作阶段（分化阶段）、动作运用自如阶段（巩固和自动化阶段）。这三个阶段是相对而言的，也是相互联系的。在踏板操教学中，由于学生的身体状况、体育基础、心理特点、接受能力及其他有关条件不同，这几个阶段的特点和所需的时间也必然不同，需要从实际出发，灵活运用。

1. 粗略掌握动作阶段

阶段特点：大脑皮层兴奋过程扩散，处于泛化阶段，内抑制较差，表现为动作费力、紧张、不协调、缺乏控制力，常有错误及多余动作。

阶段教学任务：教师运用正确优美的示范、生动形象的讲解、及时提示、反复练习等方法，使学生建立正确的动作表象和概念；通过采用慢动作及分解动作的方法，使学生正确地感知动作，建立正确的肌肉感觉，初步掌握动作。

2. 改进提高动作阶段

阶段特点：大脑皮层兴奋与抑制过程处于分化阶段，兴奋相对集中，内抑制逐步发展巩固，并初步建立动力定型，能较精确地分析与完成动作，逐步消除紧张和多余动作，动作开始趋向准确、协调和轻快，但还不够熟练，还不能应用自如。

阶段教学任务：通过确立动作的改进目标，采用正误对比及反复练习等方法，使学生加深理解动作各部分间的内在联系，进一步消除紧张、多余与错误动作；同时将看、想、练、听紧密结合起来，使动作趋于连贯、协调和优美，进一步掌握动作细节，提高动作质量，初步形成动力定型。

3. 动作巩固与运用自如阶段

阶段特点：大脑皮层的兴奋过程高度集中，内抑制相当牢固，接通机制稳定，形成牢固的动力定型。表现为动作自如，即能在各种变化的条件下，准确、熟练、省力、轻快地完成动作，并能灵活自如地运用。但如不及时地进一步巩固提高而长期中断练习，形成的动力定型就会逐步消退。

阶段教学任务：继续通过反复练习，尤其是适当反复进行变换练习，使学生身体机能水平和运动技能不断提高；通过采用检查法、表演法、比赛法、评比等方法，使已形成的动力定型进一步得到巩固，不断提高动作的自动化程度。

4. 人体机能适应性规律

人体进行运动时，体内会产生一系列的变化。机体功能对这些变化有一个适应过程，这种适应过程是有阶段性的，并有一定的规律。当人体开始运动时，身体承受运动负荷，吸氧量增加，人体其他器官和系统功能会发生剧烈变化，体内能源储备逐渐被消耗，这个阶段被称为工作阶段。经过休息或运动内容的变化，运动负荷下降，体内能源物质及各种功能指标等逐渐恢复到接近或达到工作前的水平，这个阶段被称为相对恢复阶段。然后再经过合理休息，物质和能量储备，人体可恢复到或超过原来的水平，从而提高机体工作能力，这个阶段被称为超量恢复阶段。运动后，如间隔时间过长，失去了超量恢复阶段时的效果，机体工作能力降低到原来的水平，这个阶段被称为复原阶段。因此，机体适应活动所产生的体内一系列变化的过程，由工作阶段进入到相对恢复阶段和超量恢复阶段，最后到复原阶段，这就是人体机能适应性规律。为了使学生体质得到增强，应在踏板操教学中，合理安排运动负荷，将下次课的运动负荷安排在上一次课后的超量恢复阶段水平，并对上一次课所学习的技术、技能做进一步的巩固和提高，这样经过一系列课堂效果的积累，会产生相对稳定的机能适应性变化，可有效提高学生机能水平。因此，运用和贯彻合理安排运动负荷和循序渐进等教学原则时，必须遵循人体机能适应性规律。

二、踏板操教学原则

踏板操教学原则是在教学实践中，不断积累总结教学规律，不断改进、充实和完善制定踏板操教学的基本要求和指导原理的过程。教师在教学过程中，要按照教学计划的要求，遵循体育教学原则，正确且灵活地运用教材，传授知识、技术和技能。

踏板操教学原则对踏板操教学进程的各个环节有指导、调节和控制作用。这就要求在踏板操教学中，应根据项目的特点，正确地贯彻和运用体育教学中的各项基本原则。

（一）主导性与主体性原则

踏板操教学过程是教师与学生相结合的双边活动，缺一不可。根据唯物

辩证法的原理，在事物的发展中，内因是变化的根据，外因是变化的条件，外因只有通过内因才能发挥作用。学生学习的过程，实际上是知识、机能、道德观念内化的过程，不调动学生主体内部的积极性，就不可能实现内化。

可以说，在踏板操教学中，教师外在的影响和要求只有通过学生个体的内化才能转化为自觉的行动。这就决定了在教学中一方面要充分发挥教师的主导作用，科学地组织和调节教学，使教学方案得以顺利实施，同时，教师还应根据社会及学生未来发展的需要对学生的学习活动加以正确的引导；另一方面，必须承认并尊重学生的主体地位，发挥学生在知识、道德和其他活动中的主动性和积极性，把被动接受的"要我学"转变为主动进取的"我要学"。在此基础上，培养学生独立思考的能力和创新精神。

（二）循序渐进原则

循序渐进原则主要体现在教学安排由易到难，教学内容与方法由浅入深，运动量由小到大，引导学生从基础部分逐步掌握知识和动作技能。在教学中，这一原则主要体现在：

（1）在安排踏板操教材内容时，应由单个动作到组合动作再到成套动作；由初级套路到中级套路再到高级套路，不断扩大教材的广度和深度，使学生循序渐进地掌握有关的知识、技术和技能。

（2）在安排每节课和每个学期的教学内容和教法时，应先后衔接，逐步提高。

（3）要有节奏地逐步提高学生的运动负荷。运动负荷由小到大逐步提高，是贯彻此原则的重要体现。

（三）教师主导作用与学生自觉性相结合原则

（1）教师要精通业务，不断创新，努力提高自身的政治素质和职业道德，做到既教书又育人。

（2）教师要通过各种措施使学生对踏板操教学中已提出的任务形成思考的态度和稳定的兴趣，使他们理解从事踏板操运动的真正含义，理解踏板操在完善身体和充分发展个性方面的作用和意义。

（3）教师在调动学生积极性时，不仅要了解踏板操教学的规律性，还要看到人的认识过程的规律性。教师要努力在教学对象与教学内容之间寻找最佳结合点，使教学内容、方法和要求符合学生的实际，既不过难、过高，又不过易、过低，以激发学生的自觉积极性。

（4）启发学生积极思考，钻研学习内容，精益求精地掌握动作技术和技能。

（5）通过让学生组织教学、创编踏板操动作及组织比赛等活动，为学生提供运用所学知识、技术和技能的机会，培养学生独立学习、锻炼的能力。

（四）直观与思维相结合原则

踏板操动作教学的显著特点之一，就是要不断地学习新动作。因此，直观与思维相结合的方法和手段在踏板操教学中具有重要意义。教师应在教授理论知识的同时加入一些直观的示范或影像资料，帮助学生将思维活动与视觉、听觉等感知相结合，通过多次实践，建立正确的动作感觉和概念。直观与思维相结合的原则主要体现在：

（1）运用直观教学手段时，要按照教学任务、教材特点和学生的具体情况，有区别、有目的地加以运用。常用的直观手段有生动形象的语言、动作示范、在线视频、慕课、直播平台等。

（2）直观教学要与启发学生思维相结合。在踏板操教学中，通过直观的演示、生动的讲解，指导学生进行观察，并引导他们对直观教材进行比较、分析、综合、概括等思维活动，使学生掌握踏板操的本质和规律。

（3）直观教学要与练习相结合。学生在接受直观教学信息后，必须经过反复的身体练习。通过身体练习，使肌肉的本体感觉和感知动作要领、用力方法、动作节奏等更加清晰，从而建立起技术动作正确的表象和概念。

（五）全面发展原则

全面发展既包括学生身体素质的全面发展，又包括教师教学能力的全面发展。身体全面发展原则，主要是通过踏板操教学、技能的训练，使学生身体各个部位、各个器官、系统以及各部位身体素质和基本活动能力都得到全面、协调的发展。

人体各部位、各器官的身体素质是相互联系、相互制约的。因此，在踏板操教学中，课程内容的安排既要考虑上下肢、腰腹、全身练习，又要有拉伸、柔韧等方面的练习，这样不仅可以发展身体各个部分的身体素质，还能够使学生明确身体全面发展的意义。

另外，在踏板操教学活动中，教师还要注意自身综合素质的提高，掌握现代教学规律，及时了解本学科的最新发展并将最新研究成果充实到教学中去；要不断扩展视野，吸收新知识，使广博的知识与专业知识结合起来，努力提高踏板操教学水平，全面发展自身的教学能力。

在踏板操教学中，要始终贯彻综合素质教育的内容，特别是要加强学生的审美素质教育。踏板操是融音乐、舞蹈、造型、服装等为一体，通过人体的肢体动作来表现艺术美的运动项目。构成踏板操的各种要素，不仅要有健身的作用，还应具有审美功效。因此，教学中无论是动作的创造、音乐的选择，还是服装的搭配、教法的运用等都应符合美学规律和特点，使审美教育成为踏板操教学的重要内容。

（六）巩固与提高相结合原则

巩固与提高相结合原则是根据认识规则和运动技能形成的规则提出来的。知识和技能的巩固是学生学习和锻炼过程中十分重要的环节。如果学习的知识和技能不能得到巩固，就不能在大脑中形成完整的图片，从而影响应用效果。因此，及时地巩固和提高对加深教学内容的感知和理解起着至关重要的作用。遵循巩固与提高相结合的原则要求教师在教学活动中：

（1）每个动作必须有足够的练习时间，使正确技术在练习中得到多次重复，从而在大脑皮层中建立牢固的动力定型。

（2）踏板操动作在实际应用中不是一成不变的，要使运动技能在千变万化的组合成套动作中稳定地表现出来，就必须在练习中变换方式，通过改变动作的开始、结束姿势，改变动作速度、节奏和连接技术，使已获得的运动技能适应各种条件的变化，逐步达到运用自如。

（3）组织好学生的动作复习。在掌握了单个动作、组合动作、成套动作之后，还应反复练习，这种反复的练习并不是简单、机械地重复，而是要在原有的基础上逐步加大练习的难度，提高练习的要求。

（4）通过考核、表演或教学比赛等形式，促使学生对已学过的踏板操动作进行系统复习，提高熟练度。

（5）在课堂教学的基础上，布置课外作业，使课外练习成为课堂的延续。这是巩固知识、技能的一个重要环节。

✓ 本节小结

体育教学规律是客观存在的，不以人的意志为转移；而教学原则是人们在总结体育教学实践经验，探索和研究体育教学内在规律的基础上逐步提出并不断完善起来的。体育教学原则是进行体育教学工作必须遵循的基本要求，是参与体育教学的师生双方共同遵守的行为准则。

第四节　踏板操教学课堂设计

一、踏板操课堂设计的元素

（一）教学目标

教学目标是通过踏板操教学活动实现预期设定的结果和达到相应的标准。教学课堂中一般追求三维目标的原则，即知识与技能目标、过程与方法目标、态度与价值观目标。

1. 知识与技能目标

通过踏板操教学内容的学习，学生了解并掌握踏板操相关基本知识和踏板操创编与教学方法及技能。

2. 过程与方法目标

通过踏板操教学内容的设计，学生了解踏板操动作的形成过程，了解踏板操动作套路的创编过程，以及掌握动作组合教学的完整过程。通过理解、探究和运用理论知识，学生学会发现问题、思考问题、解决问题和总结问题，最终形成独立思考和完成踏板操教学实践的能力。

3. 态度与价值观目标

通过踏板操教学内容的学习，培养学生的三观，即人生观、社会观、价值观。学习与实践是艰苦的过程，需要大脑的思考和身体的配合，同时充满合作的机会，如随机调整、交流合作、及时解决问题等，都是学生在学习中需要面对的。多次的实践过程帮助学生认识到合作共赢、不怕困难、团结共进才是优秀品质的集中体现。学生的人生观、社会观、世界观正是在这些点点滴滴的教学过程中延伸出来的，在各个环节的学习和训练中逐渐形成的。因此，寓教于乐、育德育心是学生积极的运动态度和正确的价值观形成的沃土。

（二）教学资源

教学资源是指为保障教学有效地开展和进行所用到的资源和条件。从广义上讲，教学资源是指教学过程中所涉及和使用的一切要素资源，如教学主体、学习主体、服务支撑主体、硬件条件、软件条件、财务系统等环节要素。从狭义上讲，教学资源是指教学材料、教学环境和服务支撑系统。

1. 教学材料

教学材料蕴含大量的信息内容，包括教学大纲、日历、教案、教学动画、PPT、慕课资源等。教学内容分为理论知识部分和实践内容部分。知识信息的传递一般通过教学者讲解、文字材料、PPT等信息化资源设备进行。实践内容信息的传递，一般通过教学者亲自参与教学示范，以带领学生集体练习的方式来学习教学者提前编排的动作内容。

2. 教学环境

教学环境是指为保障教学顺利进行而用到的相关软硬件设施条件。软环境条件是指教学者与学习者之间的教学氛围、语言交流环境等。硬环境条件是指教学用到的场馆、踏板器材、音响设备、教学音乐等。

3. 服务支撑系统

服务支撑系统指在教学过程中所用到的相关保障系统，包括数字化软件、音响系统、照明系统、电路系统等。

（三）教案设计

教案就是教学的计划和方案，是指教学者根据学校教学大纲要求和学生实际情况，以教学课时为单位，将教学内容、教学步骤和教学方法，以及教学目标任务，按照一定标准和程序进行具体设计与安排的实用性文书。教案是教师教学思想和实施的文字参照，也是学校教务系统用来评价和检查教学者的重要参考依据。不同学校对体育教案的要求不同，但教案作为教学的标准性文书，却有很多共同内容和特点，现将教案的共性内容整理如下：

- 课堂题目（本节教学课的名称）；
- 教学目的（教学要求或教学目标，是本课所要完成的教学任务）；
- 课堂类型（新授课，还是复习课）；
- 课堂时数（本学期几课时）；
- 教学重点（本节课主要的教学内容，一般指教学者提前准备和设计好的一个或多个动作组合内容。踏板操教学方法和技巧运用，以及基本动作知识的讲解都是在此环节进行。教学重点部分就是要解决本节课的关键性问题）；
- 教学难点（本节课在学习中容易产生困难和障碍的知识传授与能力培养点）；
- 教学方法（实施教学过程中用到的方法和手段，注意根据学生的类型和特点差异，由教学者亲自示范，引导学生跟随进行集体练习，注重培养学生发现问题、解决问题和总结问题的能力）；

• 教学过程（或称课堂结构，说明教学进行的内容、方法和步骤）；

• 课后作业（根据本节课堂教学内容布置书面或口头作业，也是为下一节教学课堂的开启做好准备，是保持课内外一体化教学的有效手段）；

• 教学评价（包含出勤率和德育评价。教学者根据学生的请假、旷课次数以及在课堂上的认真投入程度、课外锻炼参与度等表现给予评定分数）；

• 教学用具（或称教具准备，是指辅助教学手段使用的相关器材和工具）；

• 教学总结（教学者根据本节课堂在教学过程中出现的问题，以及对学生的课堂表现做出的客观评价和总结，这是对该堂课教后的感受及建议学生如何进行更大收获和改进的方法建议）。

二、课堂教学环节

（一）教学导入

教学导入是指教学者在展开重点内容教学之前，进行的相关基础知识的介绍与说明。良好的开端是成功的一半，教学者应该充分认识到教学导入的重要性。教学导入是新授课中讲的话语，教学者要精心备课，语言要轻松有趣，以调动学生的学习兴趣，为后续的教学课做好铺垫。教学导入的任务目标在于"唤醒""激发"，而不是对新授课的简单介绍。教学导入的内容应根据学情做好设计。

（二）主体内容

主体内容是一节教学课堂的核心部分，教学的重点与难点大都集中在此。主体内容需要教学者认真备课并且精心设计，相关技能、知识点、体育道德与课程思政都可以通过主体内容来进行传递和宣扬。教学者在教授主体内容的同时，要注意营造轻松的教学氛围。教学者要善于引导和激发学生的主动性，帮助他们主动发现问题，并协助解决问题。

（三）总结提高

总结提高是指由教学者对课堂教与学的效果表现进行总结和归纳的过程。总结要言简意赅、提纲挈领，原则上把握"精"和"准"的尺度。"精"指精练，"准"指准确。要给予学生明确的指令和清晰的提示，同时又要注意结合表扬，给予学生积极的肯定。高质量的总结方可带来学习效果的提高。经验优秀的教学者总是能够在最后的总结环节里，引导学生进行自我认识、自我发现和自我总结。

三、课堂教学类型

踏板操课堂教学类型分为新授课、复习课、练习课和技评课。

（一）新授课

新授课指首次教授教学内容的课堂，学生之前没有学过，也没有在网上提前学过慕课内容。新授课要求教学者务必做好课前准备工作，对教学内容的重难点的把握以及教学过程中教学方法的运用都要了然于心。一般情况下可以介绍教学内容的文化背景及课堂知识点，引导学生了解或尝试某种技能与方法，将课堂主要教学难点进行拆解和分析，使学生初步掌握某个踏板操动作或是某个串联的要领和做法。

（二）练习课

练习课指紧接着新授课后的第二次课。练习课以大量练习为基础，反复练习上节课所学动作，掌握知识和技巧。这里要注意区分练习课和复习课。练习课不是复习课，在教学内容比例安排上可划分为：2/3为上节课课堂内容的复习与巩固，1/3为本节课的新内容教学。练习课要求学生端正态度，认真练习。教学者应及时和准确地进行指导，尤其是针对重点与难点给予解释和说明，通过结合问与答、错误动作纠正、正误对比，充分引导和调动学生练习的主动性。教学者择机展开第二次课教学内容的讲授，注意新内容的讲授量不要太大。

（三）复习课

复习课指对所学知识进行总结与归纳后展开大量的重复性练习课堂。严格意义上讲，复习课不是简单的重复课，它的最终目的在于培养和提高学生运用所学知识和技能解决问题的能力。教学者要善于观察，对于复习课中出现的共性问题，要一针见血地指出并讲解。复习课以学生为练习主体，教学者做好组织工作。练习强度可以适度增大，充分地对所学知识与技巧做最后的复习和巩固。复习课内容的安排可以是之前所学的所有内容的复习，也可以是对之前学过的部分重难点的复习。可以把之前所学的内容从头到尾再细致地一一讲解一遍，让学生反复练习；也可以是将之前所学大致内容泛泛地捋一遍，重点在于学生多练，然后个别有针对性地辅导。具体采用何种方式和类型的复习课，取决于学生的学情分析。

（四）技评课

技评课指的是在学习周期中，用期中测试和期末技评的方法来进行的课程。通过技评既可以对所学踏板操技能进行评价、分析、对照自己的不足，继续努力和提高，也可以作为对于学生平时成绩的一个考量。技评分为期中的过程性评价课和期末的形成性评价课。课程可由"复习＋技评"构成。技评的方式也多种多样，可以单人技评，这样的课难度最大，对练习者的要求最高；也可以由双人技评或是小组的形式来技评。不管是哪种形式的技评课，都是为了巩固所学和更好地提高自己的踏板操能力。根据当前教育部的指示精神，学生的技评更应注重平时成绩的考量，注重过程性评价和形成性评价，而且很多高校已经实行双及格制，即平时成绩和期末技评都要及格才能获得学分，因此技评课在期中或是任意一节课中的考核具有越来越重要的地位。

☑ 本节小结

踏板操课程的完整设计包括教学目标、教学资源和教案设计。踏板操课堂教学类型根据教学内容分为新授课、复习课、练习课和技评课。踏板操课程的设计要围绕学生的学情和教师的师情来进行双边设计。

第五节　踏板操教学方法

踏板操的教学方法多种多样，这也是踏板操课堂丰富多彩、受学生欢迎的原因之一。常用的踏板操教学方法有领做法、讲解法、示范法、研讨法、视频资料法、慕课练习法、指导纠错法、总结启发法等。下面就对这些教学方法一一解释说明。

一、领做法

领做法指的是教师在踏板操音乐的配合下在领操台上加入口令领做示范踏板操，学生在台下跟做。领做法在于保持一定的运动强度、不间断地带领踏板操练习，同时教师融入踏板操口令、简短的动作提示等使学生跟练。这是一种有效地提高学生心肺功能、减脂塑形的有效教学方法。

二、讲解法

讲解法是教师用语言向学生说明教学内容、动作名称，以及完成动作的要领、要求、重点、难点、易犯错误和纠正方法等，来指导学生完成动作的方法。这是踏板操教学中运用语言的一种最主要、最普遍的形式。教师在讲解的过程中要注意讲解内容的准确性、科学性，简明扼要、通俗易懂，并运用统一规范的专业术语，有针对性地进行讲解。

三、提示法

提示法是教师以提示和提醒的方式指导学生学习或练习的一种教学方法。这种提示可以是语言上的提示，也可以是非语言性的提示。语言提示需要用准确、恰当、简单的语言或口令来提示动作，并且声音要洪亮，声调要恰当，节奏要准确，还要用富有情感的语言进行提示，以对学生产生激励和提醒作用。例如，"直腿""平屈"（动作要领的提示），"加油""Good"（鼓励性的提示），"1-2-3-GO""5-6-7-V字步"（动作起始提示）等。

非语言提示则是教师通过肢体动作、眼神和面部表情来提示学生完成动作的一种教学方法。教师在利用肢体动作提示时，必须使学生明确肢体语言的含义，因此需要课前先让学生理解并掌握常采用的肢体语言动作。例如，要让学生做V字步时，用双臂伸直侧上举比画出一个"V"字；让学生做交叉步时，用一臂平屈、一臂侧平举的方式表达要准备做交叉步了，并且通用的表达方式是往哪个方向走，则哪一侧的手臂伸直。肢体语言也有规定和统一的模板，具体的手臂动作代表某一具体的动作，详细内容将在后叙的章节中讲解。面部表情和眼神的提示多是用来鼓励和肯定学生，微笑、点头表示动作做的正确、优美、规范；而皱眉、摇头等则表示动作错误或要领不准确。

四、示范法

示范法是指教师以自身完成的动作作为教学的动作示范，用以指导学生进行练习的方法。这种方法可以使学生能够直观地了解所要学习的动作的要领、做法、结构和整体影像。教师对于动作的完美示范可以引导学生积极地进行模仿，激发学生兴趣。采用此方法时，应注意以下几点：

1. 示范的准确性

教师的示范力求准确、规范、熟练、轻松和优美，使学生通过观看示范对将要学习的动作有正确的初步认识。这便要求教师不断提高示范动作的质量。

2. 示范的目的性

教师的示范要根据教学任务、步骤以及学生的接受程度确定。例如在教授新动作时，可以先做一遍完整的动作示范，使学生建立完整的动作概念，然后针对教学要求和学生的实际接受情况，做重点示范、慢速和常速示范。

3. 可做正误对比示范

教师在示范动作时，可采用正误动作对比的示范方法。既示范正确动作，又演示错误动作，并且进行对比讲解和分析，让学生通过对比清晰地了解错误所在，并对正确的动作进行强化。正误对比示范是踏板操教学中不可缺少的环节。

4. 示范位置

在进行动作示范时，要注意选择合适的示范面和角度，示范位置以让学生看清楚为原则。根据学生所站的队形确定示范位置，一般选择站在与前排学生成等边三角形的顶点位置，以便全体学生能够看清教师的动作示范；也可以站在教室的中间，让学生围成一个圆圈来示范；还可以走到教室的后面，面对学生来示范。总之教师示范的位置不是固定不变的，它随着学生做动作时不同的位置来随机应变地转换示范位置。

5. 示范形式

踏板操教学中主要采用的示范形式有背面示范、镜面示范和侧面示范。

（1）背面示范。背对学生做同方向的动作，一般用于方向、路线与身体各环节配合较复杂的动作，便于学生观察和模仿。

（2）镜面示范。面对学生做反方向的动作，一般适用于简单动作的教学。

（3）侧面示范。身体侧对学生做动作，一般用于显示前后方向、路线较简单的动作。

总之，示范动作时的面向应根据动作而定。

五、研讨法

研讨法是指教师在前面一节课给学生布置1—2道思考题，让学生课后去找资料，然后在本节课上以小组的形式展开研讨，最后由每一个小组派出一名代表汇报所在小组的研讨结果，教师再根据每个小组研讨后的结果展开点评、拓展或是给出正确答案。一般教师布置的思考题都和学生所学的内容息

息相关，包含技术方面的题目或是课程思政方面的题目等，适宜学生课外查找资料或是展开讨论。研讨法能充分调动学生的学习积极性，提高学生理论知识的掌握和品德育人方面的培养，还特别突出了"以学生为中心"的教育理念，可以有效地培养学生的综合能力。

六、视频资料法

视频资料法是指教师在教学的过程中播放和教学内容相关的教学视频，同时讲解动作，启发学生的思维，提高学生的创造力。播放视频的时间不宜过长，以10—15分钟为宜。视频可以是技术动作，也可以是踏板操文化，或是体育课程思政方面的内容。视频法是其他教学方法的有力补充，学生看完视频资料后，教师要第一时间就视频里的内容进行讲解和答疑。

七、慕课练习法

慕课练习法是指教师给学生布置课后学习任务和课前预习要求，安排学生利用课余时间去网上看慕课，照着慕课的内容提前预习，然后课堂上教师不主要教新动作，而是以学生为主体，直接复习慕课上的内容，教师给予一定的纠正和讲解。慕课学习法的前提是学生有一定的基础，能看懂慕课，同时慕课的内容也要制作得通俗易懂，学生易学易练。

八、指导纠错法

指导纠错法是指教师对学生的心理状态和技术水平进行指点和引导的方法。指导在于强调学生的个体差异，有针对性地指导，突出个别区别对待原则。通过指导，教师可以更直接地了解学生掌握知识和技能的程度，同时帮助学生找到最直接有效的方法提高自己的技能。纠错法是直接对准问题根源，用正误对比的方式使学生认识到错误的原因，从而改正技术动作，提高技能。

九、总结启发法

总结启发法是指教师对课堂上学生的学习表现、心理情况、方法技能、团队配合等方面进行回顾、分析、总结和启发的过程。总结可以是一次练习的总结，也可以是平时测试后的总结，或是一节课后的总结。教师要以发现问题为主，帮助学生分析问题，提出建设性的意见，同时启发和激励学生如何改进问题以及再次遇到类似问题时如何解决。同时，不要忽视对学生的鼓励和表扬，这是积极引导学生和激发学生主观能动性的重要方式。

✓ 本节小结

踏板操的教学方法多种多样，这也是踏板操课堂丰富多彩、受学生欢迎的原因之一。常用的踏板操教学方法有领做法、讲解法、提示法、示范法、研讨法、视频资料法、慕课练习法、指导纠错法、总结启发法等。

第六节　踏板操教学技巧

学习了踏板操的教学方法后，为了更有效并得心应手地使用这些教学法，让教学更生动、有趣，同时突出学生的主体地位，这时教师就需要掌握有效的教学技巧。教学技巧主要包括教学口令的运用，以及领做时踏板操动作的巧妙串联。

一、教学口令的类型

教学口令分为语言口令和非语言口令，其实也就是上一节里提到的"提示法"，在踏板操课堂上，学生能否准确有效地接收到教学者想传递的所有信息，这取决于教学者能否很好地运用口令工具。在课堂上，教学者需要学生完成什么动作、掌握什么技巧，都必须通过教学口令发出信号，传递指导信息，这是教学过程中学生能及时而流畅地完成教学者教授动作的基本保障。良好的教学口令能使动作之间的衔接更为流畅，学生也能更好地展示自身动作的风格和技巧。所以说，在所有课程中，良好的教学口令是教学者编排思想和教学思想的媒介工具。

（一）语言口令

所有教学过程中可以听得见的口令被称为语言口令，这些口令是教学者给出的口头语言信息，学生可以直接用耳朵获取信息内容。这些口令包括踏板操动作的专业名称以及其分析讲解的相关口令，也包括那些指导性的提示。

教学过程中教学口令最主要的目标首先就是让学生在课堂上集中注意力，其次才是踏板操教学的内容。如果教学者无法使学生在课堂上集中注意力，就一定不会达到预期的教学效果。想让课堂上的几十名个性差异的学生集中注意力绝非易事，为了降低学生分心的概率，教学者必须不断地变换教学口

令的声调以吸引学生的持续关注,这样,学生才会认真地思考教师所说的每一句话,掌握教师想传递的学习技巧。总之,让学生不要总是在一种口令环境的模式下学习,否则在一节90分钟内的教学课堂里,想高度保持教学情绪和学生的精力集中几乎是不可能的。教学者希望学生将每个知识点都理解到位,这对他们的专业学习和技能提高都是至关重要的,而且期望出现一种效果,即让学生认真思考教学者在课堂上所说的每一句话。通过实践教学经验得知,教学者只有不断变化教学口令及声调,学生才会被吸引,教学者才有机会完成接下来的第二个目标——踏板课程的内容教学。

(二)非语言口令

非语言口令是学生看得到耳朵却听不到的口令,主要包括手势、表情以及肢体语言。在课堂上,教学者和学生之间70%以上的交流都来自视觉沟通,这些听不到的口令有着不可估量的巨大作用,但往往容易被教学者忽视。大家应该都有这样一个感觉:在课堂上,学生的眼神几乎一直跟着教学者走,就算他们不直接关注教学者的动作,也会用余光去注意教学者的位置,而教学者说的话很多时候并没有完全被学生听到。造成这种现象的因素很复杂,其中可能包括教学场馆过大、学生人数过多、音箱音量、耳麦等客观因素的干扰。以下是一些基本的肢体语言口令。

(1)方向手势:用手指出想要前往的运动方向。

(2)踏步手势:用双臂体前屈上下摆动前臂做出踏步的提示动作。

(3)停止手势:用手势做出停止动作。

(4)用手势比画出动作:如V字步、A字步、Step Touch、交叉步等。

(5)从头开始:把手放在头上,表示从头开始。

(6)启动腿的提示:教学者可用手揪提脚的裤边或反复轻拍,以提醒学生启动脚。

(7)节拍和数量的提示:教学者用手指清晰比画出动作完成的次数,明确告知学生。

(三)常犯的错误提示

1. 错误的听觉提示

教学者教授动作的过程中,没有提前给予口令提示,而是在最后一个动作即将结束时,才发出下一个动作的听觉提示(语音口令),这种做法是不可取的。

2. 错位的视觉预演

在热身准备阶段，教学者带领学生完成的预热动作与教学课主体内容无关。也就是说，教学者在教学中传授的动作要和学生的热身预备动作相关，教学者需向学生演示正确且有关联的组合动作素材。要知道在这种情况下，学生在跟随教学者学习的过程中，难免会停下自己的动作来关注教学者的动作和技术细节变化，甚至有时候学生要跟随观察和练习 5—6 次方能彻底跟上教师的动作步伐与节奏。如果预先演示的动作与学生前期的预备动作不相关，就会出现只有高水平的学生能够跟上教学者的步伐，而水平略差的学生则成为旁观者，无法参与到课堂教学中的情况。

二、教学口令的使用原则

听得见与听不见的口令相互依存，紧密联系。熟练运用口令并非易事，在具体使用上，我们需要遵循以下原则。

（一）重复性原则

熟能生巧是学习任何技能的真理，学习如何有效地运用口令进行提示也不例外。首先，要对自己编排的动作内容了然于心，认真体会每个动作的细节以及组合的整体结构，然后再考虑要对哪些内容进行提示。其次，就是教学方法的选择，某个技巧或难度较高的动作应该怎么教，怎样提示能够让学生更容易接受也是教学者需要考虑的问题。然而这一切，都应该在课前准备工作中完成，倘若还在课堂上练习提示技巧，则为时已晚。教学者可以尝试从以下几个方面提高练习效率：跟随音乐反复吟唱，练习的地点时间并没有任何的局限，可以在家中，也可以在车上，甚至在睡觉前进行练习，练习的同时需要思考是否在足够的音乐节拍里完成了想要表达的内容；当基本的口令运用自如之后，可采用更快节奏的音乐进行口令练习，比如用健身操的音乐来练习踏板操课的口令提示，这样会使我们的口令技巧大幅度提升。

（二）提前提示原则

尽量提前四到八拍的时间给出下一个动作的提示。一方面，教学者可以游刃有余地向学生传达其授课思想；另一方面，为了留给学生足够的时间领会相关提示，尽量在前一个动作的最后四拍时间内对下一个动作进行可视与可听性提示。

（三）一致性原则

在教授动作组合时，要使表述内容和表述方式保持一致。学生对教学者表达的内容做出反应，在很大的程度上是对教学者表达的方式和语调做出反应。这就需要教学者在课堂教学中避免使用千篇一律的语调。但是，教授同一动作所使用的语调要保持一致，避免口令混淆。

（四）简洁性原则

所有课程的任何提示都要遵循四个字：简明扼要。好的口令除了提示动作也起到随时提醒学生集中注意力的功能。简洁的口令会像锋利的针一样，时不时去刺激一下学生，让他们保持高度集中并跟随教学者的教学思路。切记，提示之后要保持适当的沉默。不论教学者的授课方式多么风趣幽默，喋喋不休 90 分钟的言说会让人难以接受。

（五）多样性原则

使用不同方式对事物进行描述是一种常见的技巧。教学者运用多种方式与学生进行交流对保持交谈的趣味性、活跃交流气氛，以及使学生的注意力被长时间吸引有极大帮助。

（六）唯一性原则

在教学课堂中，教学者对一个动作最好只使用一个名称。如果某一抬腿的动作已有固定名称，那么对待另一抬腿的动作（或者相似的动作），教学者就要考虑选择不同的名称代替或者直接选择改变动作本身，避免混淆。

三、教学口令的运用

（一）教学口令的作用

教学口令的作用有表达意图，用于指导学生学会动作，提醒学生完成正确动作，帮助学生将动作完美呈现，持续吸引学生注意力，维持活跃的课堂气氛。

（二）利用口令进行动作描述

教学口令重要的功能就是对即将开始做或正在做的动作进行描述，可通过动作名称、动作方向、动作启动腿、动作次数、动作节奏、动作完成、动作目标等角度和方面进行。例如"右脚踏步，V字步，向前上板，重复四次""向右移动，上板有力，膝关节抬起与髋同高""挺胸收腹，摆臂有力""该动作可以有效锻炼到腹肌，动作完成节奏是嗒嗒嗒"等。这些口令以不同角度描述动作，在教学中随时会用到。

（三）口令描述的层次

1. 动作的名称

每个动作都有几个不同的名称，有中文的也有英文的，既有标准命名，也有根据动作特色自主设计的名称。在第二章踏板操基本动作的学习中，有些学习者会觉得一些动作名称在掌握时有困难，也许一些动作有相应的规范名称，但教学者似乎更愿意依据自己的感觉，给这个基本动作命名。教学者付出很多努力，其目的就是让学生根据动作名称及时联想并完成动作。在这个层次，我们要遵循的是：给每个动作找出三个以上不同的名称，最好能够让学生听到口令后，自觉与动作联系起来。

2. 指导性提示

在课堂上经常遇到初学踏板操的新生，不管教学者的动作名称说得多么清晰洪亮，口令设计得多么精准到位，最终在听到动作的名称后还是不能做出相应的动作。这时候就需要教学者做进一步努力，对新生进行指导性提示，包括方向、启动腿以及完成该动作最关键的技巧。这些提示不是一成不变的，要根据具体的情况而定。总之，口令的第二个层次就是指导学生完成教学者教授的规定动作。

3. 安全和美化提示

学生在教学者的指导下完成动作还远远不够，除此之外，还需要教学者给出安全提示，如缓冲技巧、如何保持正确的脊柱生理弯曲和身体中心线等。学生达到完成动作的标准后，他们还会对自己提出更高的要求，那就是把动作做得更标准漂亮，安全和美化提示口令就是要完成这些任务。

4. 交流鼓励

在学生能娴熟完成教学者所教授的动作后，他们需要得到一个赞赏的目光和微笑以作鼓励，以肯定自己的努力。在这个过程中，学生能在教学者的肯定中获得成就感，也能在这个过程中感受到教学者的魅力。

（四）踏板操动作串联方法

踏板操动作的串联是学生快速掌握踏板操组合动作的前提，也是教师顺利教学必备的技能，体现了教师的教学能力和水平。常见的踏板操动作串联方法有线性渐进法、循环叠加法、联想法、金字塔法和过渡动作法。不论哪种方法与技巧，都有其自身的优势和不足，能否良好地使用动作串联，取决于教学者的经验积累和教学能力。没有最好的动作串联方法，只有最适合学生的串联技巧。简单的教学串联技巧也可以教出复杂的串联组合。表 6.1 中列出常见的五种串联技巧。

表6.1　踏板操常用串联技巧

名称	教法
线性渐进法	这是最常用、最基础的一种教学方式，学生在学习的时候也比较简单和直观。线性渐进法是指将若干个单一动作按照顺序，依次教授完后再最终将所有单个动作连接起来，形成一个完整的动作连接串
循环叠加法	循环叠加法是在线性渐进法的基础上加一点循环和叠加，即将单个动作教授完毕后，逐渐叠加连接起的教学方法。例如，先教授动作A，然后教授动作B，然后连接A+B，继续教授动作C，然后连接A+B+C。每次教授完毕一个新动作，叠加连接，从头至尾循环重复这些动作。也可以是先教授动作A，然后教授动作B，然后连接A+B，继续教授动作C，再教授动作D，然后连接C+D，再把A、B、C、D连接起来
联想法	联想法也叫做表象训练法，是利用大家平时常见的物体或动作引起某种想象或联想，从而达到辅助教学的目的
金字塔法	金字塔法又分为正金字塔法和倒金字塔法。正金字塔法是指单一的动作从少次变多次。例如，做迈步吸腿时，从吸腿一次到吸腿两次，最终到吸腿三次。倒金字塔法是指单一的动作从多次变少次。例如，教授迈步屈腿的动作时，屈腿从三次减少到两次，再最终减少到一次
过渡动作法	过渡动作法又分为过渡动作加入法和过渡动作去除法。过渡动作加入法是指在复杂动作和组合之间加入简单的基本动作，作为过渡和调整使用，可以达到保持练习者的心率，降低动作难度，但是又能保留动作的强度，常用的过渡动作有踏步和并步等。过渡动作去除法与加入法意思相反，是指用较为复杂的动作替换组合中简单的基本动作，使原有动作组合呈现多样性和复杂性。一来可以加大动作难度，二来也能增加动作的趣味性

（本表改编自布建军.踏板操运动教程［M］.银川：宁夏人民教育出版社，2018.）

☑ 本节小结

教学技巧主要包括教学口令的运用，以及领做时踏板操动作的巧妙串联。教学口令分为语言口令和非语言口令，听得见与听不见的口令相互依存，紧密联系。常见的踏板操动作串联方法有线性渐进法、循环叠加法、联想法、金字塔法和过渡动作法。不论哪种方法与技巧，都有其自身的优势和不足，能否良好地使用动作串联，取决于教学者的经验积累和教学能力。

> **课后作业**
> 1. 掌握至少三种以上踏板操的教学方法。
> 2. 初步学会自己撰写踏板操教学大纲、日历和教案。

第七章　踏板操运动竞赛

——丰富校园体育文化生活

教学目标

1. 了解组织踏板操竞赛的意义。
2. 初步掌握组织踏板操竞赛的流程和方法。

本章导读

在高校开展各种形式的踏板操竞赛活动，不仅可以提高校园体育健身文化，形成浓厚的体育氛围，还可以通过踏板操运动员精湛的技能、强健的体魄、优美的气质带给观众"美"的感受。因此，了解并掌握踏板操竞赛的组织机构和组织方法，有序地举办一场踏板操竞赛非常有必要。

第一节　踏板操竞赛的意义及内容

一、踏板操竞赛的意义

踏板操作为一项新兴的体育运动，以其独特的魅力在众多的传统体育项目中脱颖而出，受到越来越多人的喜爱。在高校开展各种形式的踏板操竞赛活动，不仅可以提高校园体育健身文化，形成浓厚的体育氛围，还可以通过踏板操运动员精湛的技能、强健的体魄、优美的气质带给观众"美"的感受，促使学生养成课外锻炼的良好习惯，对促进踏板操的普及与发展有十分重要的意义。

（一）扩大社会宣传面，推动踏板操运动的传播和推广

不同风格的踏板操比赛，可将人们从忙碌的工作和生活压力中释放出来。

在比赛中，可通过视、听器官来感受运动员结实健壮的形体、优美矫健的动作、朝气蓬勃的精神面貌、颜色艳丽款式时尚的比赛服装，以及轻松欢快、富有动感、令人积极向上的音乐节奏和运动员在表演时的真情投入等，使观众受到感染，振奋精神，增添乐趣，并从中学到有关踏板操运动与人体健康的知识，从而吸引更多的人参与踏板操活动。

（二）有利于提高踏板操运动项目的技术水平

竞赛为教练员、运动员提供了检验教学、训练成果和交流、切磋技艺的机会，是学生个人或是集体的体能、技能和心理以及外在形象气质的展示窗口，也是高水平运动员对抗的阵地，更是推动踏板操技术水平提高的重要手段。通过比赛，各参赛队可充分展示训练水平，互相观摩学习，广泛地交流训练体会，肯定成绩，总结经验教训，明确以后的努力方向，既能增进友谊和团结，又能开阔思路，促进技术水平的提高。竞赛还能促进对踏板操运动发展方向的研究，使该项运动的技术向更健康的方向发展。裁判员通过学习规则、比赛评分提高业务水平，获得实践经验，成为推动踏板操开展的骨干力量，并对该项目的发展起到导向作用。另外，竞赛还能为踏板操的科学研究提供数据，促进踏板操理论与技术的全面发展。

（三）促进校园体育文化建设，丰富课余生活

在现代社会里，物质生产的发达给人们带来的"余暇饥饿"正在向运动竞赛索取精神食粮。丰富多彩的运动竞赛将扩展人们的生活空间，提供多种空间体验，并调节人们的心理空间。运动竞赛已成为人类文化不可缺少的组成部分。学生对于运动竞赛感兴趣，是因为它符合现代人追求健美身心的需要。在激情振奋的音乐声中，参赛者锻炼了身体，净化了心灵，提高了审美情绪，陶冶了情操。

二、踏板操竞赛的内容

踏板操竞赛的内容有规定动作竞赛和自编动作竞赛。

规定动作竞赛是主办单位根据比赛目的、任务、参赛对象层次以及不具备创编和评审条件等因素，特意在赛前创编好成套动作及配套音乐，作为参赛队共同的比赛套路。

自编动作竞赛是参赛单位按照赛前下发的竞赛规程和特定的竞赛规则要求，进行不同项目的自编动作竞赛，每个项目都有严格的评分规则。自编套

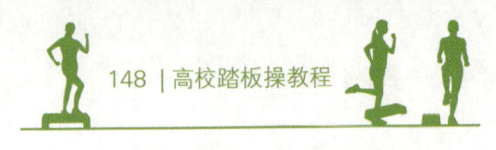

路完全靠创编者依据规程来自由发挥创编套路，体现了创编者的品位、风格和对踏板操的领悟程度。

☑ 本节小结

踏板操竞赛能够扩大踏板操宣传，提高踏板操项目的竞技水平，促进校园体育文化建设。踏板操竞赛的内容有规定动作竞赛和自编动作竞赛。

第二节 踏板操竞赛的组织职能

一、制定竞赛规程

竞赛规程是组织比赛的指导性文件，是比赛筹备工作的依据，也是参赛单位、运动员、教练员及裁判员必须执行的准则。竞赛规程应由主办单位制订，在高校中竞赛一般由学校的体育部、工会、团委或是学生会主办，提前1—3个月发放比赛规程，以便参赛单位有充分的时间准备并安排好各项事宜。竞赛规程各项内容应简明、准确。竞赛规程一般应包含以下内容：

• 竞赛名称：包括年度（届）、性质、规模、名称（包括竞赛总杯名和分杯名）。例如，×××年"×××"杯×××高校踏板操比赛。

• 竞赛主办、承办单位：表明本次竞赛的主办单位和承办单位。主办单位是指由哪个单位或是学校的哪个部门或组织发起的竞赛，承办单位是指某个单位或部门接手组织承办竞赛。

• 竞赛时间和地点：要详细清楚地写明竞赛的年、月、日和竞赛的地点。若具体的竞赛时间还不能确定，也要将竞赛的月份和大致时间写清楚，如几月中下旬或是几月上旬等。

• 参加竞赛的条件：明确参赛者的范围，比如是全校教师，还是全校学生或是全校师生等，同时要明标身体健康无疾病者才能参赛。

• 竞赛项目：对本次竞赛项目和内容的规定。例如，大集体、小集体、规定套路或是自编套路。

• 参赛办法：说明采取什么样的竞赛方式，直接决赛还是分预赛和决赛，是单项赛还是团体赛，是按照单个项目取名次颁奖，还是按照团体总分的形式将各单项赛成绩汇总后再取名次、发奖杯。

- 参赛队伍人数及要求：规定每个参赛单位可报领队的人数、教练的人数以及队员的人数。对于参赛队员在性别、年龄及学籍方面是否有要求等。例如，要求男生不能低于几人，或是要求必须有女生参加，或是不能有体育特长生参加竞赛等。

- 评分办法：说明竞赛采取什么评分规则和计分办法，团体赛和单项赛的录取办法。有氧性踏板操评分规则一般包含动作的完成分、艺术分、难度分和裁判长减分。健身性踏板操和表演性踏板操则一般包含完成分和艺术分，且评分规则不如有氧性踏板操那样细致，重在竞赛的艺术性和表演性。

- 录取名次及奖励办法：根据竞赛的规模说明评几个奖项，每个奖项设几名，是否有其他附加奖项等。例如，各项目各组别分别录取一等奖三名（即1—3名）、二等奖三名（即4—6名）、三等奖四名（即7—10名）；另设最佳表演奖两名、最佳组织奖三名、优秀运动员奖三名、优秀教练员奖五名、最佳裁判员奖五名等。

- 报名方式及联系人：说明负责报名的联系人的姓名、联系方式以及报名邮箱等，同时标注报名截止日期。

其他：凡不包含在上述内容的所有事宜均可列入该列。未尽事宜大会主办方有解释权。

二、建立竞赛组织机构

根据竞赛规模的大小，成立相应的组织机构。全国竞赛通常由主办单位和承办单位共同协商确定大会组织委员会成员，包括主办单位负责人、赞助单位负责人（如果有）、承办单位负责人，上级领导代表和有关知名人士（如果请）以及总裁判长。竞赛组织委员会一般设主任1人、副主任1人、委员若干人。竞赛组织委员会是比赛大会的最高领导机构，下属的是各办事机构。根据竞赛规模决定成立几个分布门。大规模的或大型综合性竞赛，部门分得很细，各部门责任具体、细致。中小型竞赛则可以少设几个部门或只安排具体的人分别负责这几方面的事宜。以全国高校的竞赛为例，可分为以下几个部门：大会组委会下设竞赛处、裁判委员会、办公室和仲裁委员会。竞赛处负责比赛的场地、设备、抽签、排序、制作秩序册等。裁判委员会在裁判长负责下分为记录裁判、评分裁判、检录裁判、播音员、宣告员，根据需要还会设副裁判长和视线员等。办公室负责赛事接待、策划、宣传等工作。

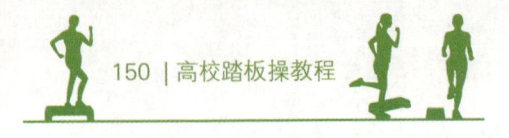

仲裁委员会主要职责是监督比赛的公平公正以及有参赛运动员申诉时处理申诉问题。

三、召开赛前会议

赛前会议主要是领队会议和教练员会议，必要时还可以进行一次裁判员培训，确定裁判长、裁判员分工以及熟悉裁判规则，统一执裁。领队会是参赛队与大会及裁判员沟通的主要途径之一，双方都应该重视。一般由组委会主持，各处负责人及裁判长参加。通常在赛前和赛后各安排一次。

赛前领队、教练员会议主要内容包括：

- 介绍比赛的准备情况。
- 介绍大会主要部门的负责人和主要工作人员。
- 宣布大会竞赛日程及有关规定。
- 解答和解决参赛队提出的有关问题，如比赛安排、生活、规程及规则方面的问题。如果在规则和技术方面的问题较多，还应单独召开领队、教练员技术会议，由裁判长详细解答。
- 抽签决定比赛出场顺序。如果时间允许，采取公开抽签的办法；如果时间不允许，可提前进行抽签，但必须有组委会委员或有关负责人在场监督执行，由指定人员代理抽签，并且应在领队、教练员会议上说明，以免引起误解。
- 赛后领队、教练员会议主要是安排参赛队离会事宜和专门召开技术交流会，就比赛和训练互相介绍经验，交流看法和意见，介绍踏板操最新发展信息，讨论踏板操运动的发展方向等。

四、比赛流程

（一）开幕式

开幕式的主要流程包括：主持人宣布开幕式开始，运动员入场（也可设计一些简单的展示和表演），主持人介绍领导和嘉宾，领导讲话以及运动员退场。

（二）比赛进行

- 赛前检录：一般赛前30分钟按出场顺序第一次检录，赛前10分钟第二次检录。

- 播音员向观众介绍仲裁委员会和裁判员，并介绍本场比赛内容，需要的话可以在比赛间隙介绍赛事的主办方和承办方等相关需要宣传的信息（视情况）。
- 根据播音员的宣告，各参赛队依次上场比赛。运动员在音乐伴奏下完成整套动作。
- 裁判员根据规则进行评分，记录员记录每名裁判员的分数并计算最后得分。裁判长为参赛队示分，播音员宣布得分。
- 本组比赛结束后，成绩记录表经裁判长签字，张贴在公告栏并由总记录处保存。

（三）闭幕式及颁奖

- 主持人宣布闭幕式开始。可安排优秀运动员表演或组织专门的表演。
- 裁判长宣布比赛成绩（获奖名单），获奖运动员上场。
- 请领导或知名人士为获奖运动员颁奖。
- 领导致闭幕词，宣布比赛圆满结束，运动员退场。

课后作业

1. 了解踏板操竞赛组织机构。
2. 初步掌握组织一场小型踏板操竞赛的流程和方法。

第八章 健身操舞类课程简介
——瑜伽、普拉提、团体操、啦啦操

教学目标
1. 了解不同风格的健身项目。
2. 学会除踏板操以外的任意一种健身项目。

本章导读

除了踏板操以外，还有多种健身类的运动项目，如瑜伽、普拉提、团体操、啦啦操等，它们都有自己鲜明的特点和风格，能给我们身心带来不同程度的愉悦体验。学会踏板操以后可以更多地去探索健身领域里其他有益有趣的健身运动，为我们的生活增添乐趣。

第一节 瑜伽

一、瑜伽的概念

瑜伽是起源于古印度的修身养性体系，通过道德修养、呼吸调控、体位练习、静坐冥想等一系列方法，改善身心状态，开发智慧潜能，解悟人生真理，直至获得超然人格与超然能力。"瑜伽"这一术语源于梵文动词词根"yuj"。这个动词有两层含义：yuj samadhau，即"整合"；yuj samyoge，即"联结"。

瑜伽在不同的著作中有不同的解释，可参阅《薄伽梵歌》《奥义书》《哈达瑜伽之光》《瑜伽经》等。被大家普遍接受的是帕坦伽利的《瑜伽经》，它将瑜伽定义为"控制心的意识波动"。当代学者很多人试图对"瑜伽"作一句话的概括：有说瑜伽是"天人合一"；有说瑜伽是"身与心、人与自然的和谐统一"；也有说瑜伽是一种修身养性的功法。印度著名瑜伽学者阿罗频多则将瑜伽定义为"一种趋向自我完善的有条理的努力"。中国梵文学者徐梵澄将瑜伽的本质阐述为"契合至真之道"。……凡此种种，大抵都是从"yoga"一词本意中的"联结""整合"的含义引申而来。

瑜伽的精髓是"联结"，人与自然的联结，人的自律、自尊与自爱等，体现出人与自然、社会的和谐，以及自我约束的道德品质，加强社会责任感和奉献精神。在学习瑜伽的过程中，要培养学生脚踏实地的精神，使学生懂得做事情不能好高骛远，要慢慢积累，从而培养学生的工匠精神。建立学生的自信及平和心态，懂得不去与他人比较，不和自己较劲，调整和改善不健康的心态。

二、瑜伽的类别

瑜伽主要分为古典瑜伽与现代瑜伽。古典瑜伽偏重于对灵性的修习，追求"梵我合一"；现代瑜伽主要通过体位法，达到身心的健康。古典瑜伽主要分为智瑜伽、业瑜伽、信仰瑜伽、哈他瑜伽、王瑜伽、昆达利尼瑜伽。现代瑜伽的几大流派主要为艾扬格瑜伽、阿斯汤加、流瑜伽、热瑜伽（高温瑜伽）。目前练的最普遍也是最多的是哈他瑜伽，从哈他瑜伽中又衍生出许多流派的现代瑜伽，具体包括以下几类。

（一）艾扬格瑜伽

以印度瑜伽大师艾扬格的名字命名的瑜伽流派，是哈他瑜伽的一种，强调正确调整身体的位置，并使用绳子、木砖、椅子等各种辅助工具来帮助身体做到正确的姿势。把身体的结构依据重力调整到对的位置是艾扬格的重要教学原理，是身体达到对称、平衡、能量贯通的关键。

（二）阿斯汤加瑜伽

阿斯汤加瑜伽由帕塔比·乔伊斯创建。最初创立是为了适应瑜伽习练者当中一些年轻运动员的训练需求，所以体式上具备一定的力量性挑战，需要有一定体能才能完成。阿斯汤加瑜伽技术上有串联体式、喉呼吸法、收束法、凝视点等基本特点，还分多个序列与级别的体式安排，同时在体式的安排上有严格的顺序规定。

（三）流瑜伽

流瑜伽是时下很流行的一种瑜伽，在练习的过程中以行如流水般流畅的

动作组合来强健身体，它比较侧重伸展性、力量性、柔韧性、耐力、专注力的全面锻炼，让每个核心体式都能使用不同的体式进行紧密串联。它的体式之间的衔接给人一气呵成之感。流瑜伽（Flow Yoga）中的"Flow"意为"流动，流畅"，所以称"流瑜伽"，即动作像行云流水一样，缓慢流畅。流瑜伽是哈他瑜伽与阿斯汤加瑜伽的混合体，其练习风格和难度介于两者之间。

（四）热瑜伽

热瑜伽也称高温瑜伽，由比克若姆在美国创立，是现代西方国家流行的一种瑜伽流派。热瑜伽利用现代化的加温设备，重现印度本土瑜伽的高温修习环境，室温通常在38℃—41℃之间，并通过一些特殊的瑜伽动作，加之大量排汗，以加速血液循环，排出身体毒素，促进体内腺体活动，增强身体抵抗力，同时有减肥的效果。热瑜伽保留了经典哈他瑜伽的26种体式，并按照人体肌肉、韧带与肌腱的特点，科学地安排出牵拉、加热、恢复的顺序，因此在习练时，对动作完成次序有严格的规定。

三、常见瑜伽体式练习要领

（一）加强前屈伸展式（Uttanasana）

从山式站立开始，双手虎口卡住下腰背，大拇指相对，按压在骶骨上端，展肩向后，沉肩向下，让肘关节在背后靠近（图8.1）。肩胛骨前推，大臂肌肉拉向手肘，伸展脖颈，上提胸腔。双手把骶骨向下推，释放腰椎。

保持着躯干前侧（耻骨到锁骨）的拉长，从腹股沟折叠躯干向前来到90°（图8.2）。

落下手臂，五指碗状支撑在肩的正下方，保持脚跟踩地，重心稍前移，让坐骨在脚跟的正上方，双腿垂直地板，伸展脊柱，凹陷背部（图8.3）。双脚脚掌均匀压实地板。双腿夹中线，腹股沟柔软深陷切向坐骨方向。双腿的能量从脚底伸展向坐骨，把坐骨提向天花板。五指推地，提起肩膀。大臂稍外旋，展宽锁骨，释放肩颈空间。依靠双腿的力量内收后背和骶髂，展开腹部和胸腔，让腋窝和腹股骨彼此远离。略抬头，眼睛看向两手前方的地板。

图8.1

图8.2 　　　　　　　　　图8.3

保持背部凹陷。屈肘，从腹股沟继续折叠躯干向前向下，让躯干前侧从盆腔、腹腔、胸腔依次贴靠向双腿前侧。完全低头朝下，前额靠向胫骨，百会穴朝向地板。

双手可以五指着地，撑在双脚外侧（图 8.4）；可以抓脚踝（图 8.5）；可以勾握大脚趾（图 8.6）；可以抱手肘（图 8.7）。

图8.4 　　　图8.5 　　　图8.6 　　　图8.7

加强双脚双腿和腹部核心的力，让根基更加稳定。

躯干保持被动放松。想象躯干像瀑布一样，能量从臀部流淌向头部。

伸展脖颈，双肩远离双耳。

面部、喉咙放松，呼吸放松。

> **注意**：体式保持时，持续保持专注力，不断感知手臂和腿的正确发力，保持体式的稳定及躯干的伸展。

（二）幻椅式（Utkatasana）

从山式进入山式手臂上祈祷式（图8.8）。提着手臂，屈双膝下蹲至大腿和地面平行（图8.9）。

图8.8　　　图8.9

脚底皮肤下沉，足弓上提，找到脚底的张力。

小腿肌肉和胫骨头保持上提。

胫骨头后推，身体重心在脚掌后侧，膝盖不要超过脚尖。

大腿肌肉收向骨骼，夹向中线。大腿能量从膝盖流动向坐骨。

卷尾骨，收前肋，避免塌腰撅臀。

腰腹核心稳定，收后背，收肩胛，上提胸腔，伸展脊柱。

肱骨头内收，稳定肩关节。手臂努力向上伸展，指尖和尾骨尖彼此远离。

头部中正，目视前方。

面部、喉咙放松，呼吸放松。

（三）战士Ⅱ式（Virabhadrasana Ⅱ）

呼气，从左髋外侧屈右膝向右至小腿垂直地板，大腿平行地板。（图8.10）

图8.10

左脚掌外侧下压，左腿内侧上提。

右脚足弓上提，右膝内侧上提。

右坐骨前推，伸展右大腿内侧从内腹股沟向膝盖。

尾骨对向地板，耻骨上提；左外腹股沟内切深陷，右髂骨头上提远离大腿面，保持骨盆中正。

旋肩向后，沉肩向下，拉长脖颈，让双耳远离双肩。

左臂向后拉动，避免躯干倒向右侧。

轻柔转动颈椎，视线顺着右手指尖的方向看出去。

面部、喉咙放松，呼吸放松。

（四）战士Ⅰ式（Virabhadrasana Ⅰ）

从四肢伸展式上举手臂成上祈祷式。左脚内扣60°，右脚外转90°，伸直双腿。骨盆、躯干、肩和头都转向右侧，让肩轴和胯轴相互平行，并和双脚连线垂直（图8.11）。

注意：转向侧面时，后腿充分内旋，身体由内而外完全转动。

双腿骨骼插向地板，肌肉收紧上提，锁紧踝、膝和髋关节，保持双腿稳固。

双脚均匀压实地板，特别是右脚掌内侧和左脚跟外侧更多下压。

右腿外旋，把右外腹股沟旋向后；左腿内旋，让左腿内侧提向天花板。

尾骨内收向下，提耻骨和肚脐向上，伸展前侧腹股沟，让躯干、骨盆垂直地板。

微收腹部，前腰线贴向后腰线；腰椎提向胸椎，胸椎推向胸骨，预防塌腰。

双臂拉动躯干更多向上伸展，手指尖去触碰天花板。

呼气，后腿蹬直，屈右膝，让右大腿平行于地板，小腿垂直于地板（图8.12）。

不要丢失后腿的蹬伸和双臂向上的拉动力。

两侧股骨头内收，稳定双腿和骨盆。

右外腹股沟向后，伸展大腿内侧从内腹股沟到膝内侧，提膝关节内侧，让右膝对准右脚二三趾。

持续收尾骨，提耻骨，下腹部远离右大腿面向上提，展开前侧腹股沟。

面部、喉咙放松，呼吸放松。

图8.11

图8.12

（五）三角伸展式（Utthita Trikonasana）

呼气，伸展右臂和右侧腰，从右外腹股沟折叠躯干向右（图8.13、图8.14）。

保持两侧腰线等长伸展，落右手向下抓握右脚踝，或五指碗状撑在右脚踝外侧的地板上。左手掌心向前，垂直向上伸展。轻柔转动颈椎，眼睛看左手指尖方向（图8.15、图8.16）。

图8.13　　　　　　　　　　　　　图8.14

图8.15　　　　　　　　　　　　　图8.16

左脚跟外侧和右脚掌内侧更多压实地板向远推。

双腿外旋，腹股沟和足弓彼此远离。

沿脊柱逆时针转骨盆，转躯干，让身体各部位在同一额状面中伸展。

依靠双腿、双臂的伸展来纵向伸展脊柱，横向拓宽肋腔。

面部、喉咙放松，呼吸放松。

（六）侧角伸展式（Utthita Parsvakonasana）

呼气，从右腹股沟向右折叠躯干，让右侧腰线拉长着靠近右大腿面。右手五指呈碗状撑在右脚踝外侧或右脚踝外侧的砖上。左手叉腰，左腿和左侧腰线呈一条直线（图8.17）。

图8.17

保持战士Ⅱ中双腿的结构和力。

右坐骨向后拉、向前推，左髂骨旋向后，转骨盆朝前。

左腰线、左胸腔旋向后，右腰线、右肩胛旋向前，转躯干向前向上。

收紧腰腹和背部肌肉，保持脊柱的稳固和伸展。

依靠手推地的力，进一步拉长右腋窝和右腹股沟的距离，避免躯干塌向地板。

沉肩，伸展脖颈，双耳远离双肩。

左臂伸展过头，和左腿在一条直线上。从颈根转头，从左臂内侧向上看（图8.18）。

图8.18

左手指尖和左脚跟彼此伸展远离。

枕骨和尾骨彼此伸展远离。

右坐骨和右膝盖彼此伸展远离。

右手指尖和右腋窝彼此伸展远离。

面部、喉咙放松，呼吸放松。

（七）三角扭转式（Parivrtta Trikonasana）

进入体式的经典方法是从四肢侧伸展式直接进三角扭转式，但由于初学者对体式的理解和掌握都不到位，一般先从延展脊柱的加强侧伸展式开始，一步一步调整身体进入。

进入手撑地延展脊柱加强侧伸展式，左手呈碗状撑在右脚踝外侧，右手叉腰。躯干和头沿脊柱顺时针转动（图 8.19、图 8.20）。

图8.19　　　　　　　　　　图8.20

股骨头收紧，双腿夹中线。右脚内侧、左脚跟外侧更多推压地板。

左腿内旋，右腿外旋，右外腹股沟伸展向后，拉长右侧腰，让两坐骨前后平齐，左右等高。

左手推地，左肩胛内收，转右肩和右侧腰向天花板。

脖颈伸展，双耳远离双肩。

转体时，头脑专注，更多关注双腿和骨盆的稳定正位以及脊柱和侧腰的延展。

伸展右手向天花板，掌心朝前，轻柔转动颈椎，眼睛看向右手指尖（图 8.21、图 8.22）。

右手向上伸展和左手推地形成拮抗，让左肩胛内收更多，带动躯干转得更深入。

面部、喉咙放松，呼吸放松。

图 8.21　　　　　　　　　　　图 8.22

（八）下犬式（Adho Mukha Svanasana）

1. 金刚坐进入

用金刚身印丈量手脚间距（图 8.23），之后进入四角板凳式（图 8.24）。

呼气，提脚跟蹬直双腿，抬高臀部。双手推地展开腋窝，让手臂和躯干成一条直线（图 8.25）。

保持坐骨的高度，落下脚跟踩地，头中正，目视额头下方的地板（图 8.26）。

图 8.23　　　　　　　　　　　图 8.24

图 8.25　　　　　　　　　　　图 8.26

脚踝前侧切向后侧，伸展小腿后侧向脚后跟，伸展大腿后侧向坐骨。

手掌推压地板，小臂内旋，大臂外旋，找到手臂内侧和侧腰线的连接，让坐骨和手掌彼此伸展远离。

股骨头内收，大腿面后推，伸展腿后侧的肌肉和韧带，脚后跟和坐骨彼此伸展远离。

腹部找大腿面，大腿面远离腹部，依靠双手和双脚的力，把坐骨提向天花板。

面部、喉咙放松，呼吸放松。

2. 俯卧山式进入

用四柱支撑准备式丈量手脚间距。

双手推地，抬起头、胸腔和腹部，伸直手臂。

呼气，双手双脚和腰腹同时发力，推起身体，把坐骨推向天花板进入下犬式。

（九）头倒立 I 式（Salamba Sirsasana I）

1. 头倒立 I 式准备式

俯身跪地，双手十指交扣，手心打开成杯状。双肘与肩同宽，前臂推压地板（图 8.27）。

重心前移，勾脚抬高臀部，把头顶放进手心窝中央，交扣的十指扣住后脑（图 8.28）。

用手肘下压和脚趾蹬地的力，提起膝盖，蹬直双腿。提着骨盆，双脚走向头部，提坐骨去到肩的上方，重心移至小臂使双腿轻盈（图 8.29）。

图 8.27

图 8.28 　　　　　　　　图 8.29

头顶中心在地板上,保持头部垂直,交扣的双手扣住后脑,避免支点滚向后脑。

手肘有力压地,上提肩膀,稳定好根基,减轻脖颈压力。

充分内收并上提肩胛,收腰腹,提坐骨,让躯干垂直地板。

脚趾推压地板,伸展脚面、脚踝,收大腿面,展开膝窝,把坐骨推送向天花板。

屈膝落地回到金刚坐。

注意:可靠墙做,把手抵住墙,增加安全感。

2. 背靠墙、脚踩支撑物的半头倒立 I 式（图 8.30）

图 8.30

交扣的十指抵住墙缝,进入准备式。

要点同准备式。

肩和上背部远离墙,骶髂关节贴靠在墙上。

双脚依次踩在椅子面上,脚趾尖支撑。

小臂推压地板,提升坐骨向上。

提大腿面和膝盖远离地板。

双脚依次落回地面,屈膝跪地,退出体式。

注意:以这样的方式进入更安全,可有效消除恐惧感。

3. 脚蹬墙的半头倒立 I 式

用手杖式丈量头顶中心落地的位置,和坐骨连线对齐（图 8.31）。

从跪立进入准备式，依次（或双脚同时起跳）把两脚蹬在墙上，让脚跟和坐骨在同一水平面上（图 8.32）。

图 8.31

图 8.32

动作要领同头倒立 I 式准备式和背靠墙、脚踩支撑物有半头倒立 I 式。双脚依次落地，屈膝跪地，退出体式。

4. 脚蹬墙单腿头倒立 I 式

先进入脚蹬墙的半头倒立 I 式（图 8.33）。

保持一切结构不变，从左侧大腿面直腿上抬左腿至和躯干垂直一条线。不断上提右坐骨和左脚。

右外腹股沟向后，左大腿内旋，让骨盆保持正位。

回勾脚趾，让脚掌内外侧均等伸展向天花板。

左腿落回并右腿，换反侧练习。

练习一段时间后，感觉根基稳定，可以尝试脚离开墙（图 8.34）。

图 8.33

图 8.34

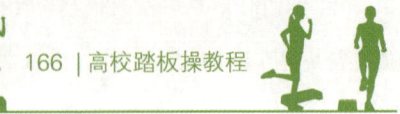

5. 靠墙头倒立 I 式

靠墙头倒立采用蹬摆依次起腿的方式进入。

十指交扣抵住墙根，进入头倒立 I 式准备式。从大腿面举起一条腿向上（图 8.35）。

下方腿稍弯曲蹬地，上方腿快速摆动向上，让双腿离开地板，保持上方腿的有力向上伸展（图 8.36）。

上方腿脚跟贴墙，下方腿快速跟上和上方腿并拢。只有脚跟和墙有接触（图 8.37）。

图 8.35   图 8.36   图 8.37

收住颈根，小臂推地，提起肩膀，伸展脖颈，让躯干双腿向上伸展远离地板。

肩胛、横隔、尾骨、大腿面都向内收，帮助躯干双腿垂直向上伸展。

出体式时，保持一条腿贴墙向上伸展，另一条腿直腿向下落，保持根基稳定，有控制地依次落下双腿。

6. 经典头倒立 I 式

按步骤进入头倒立准备式。

手肘更多下压，收住颈根，提肩向上，收紧并提腰腹向上，把脚的支撑力完全转移到手肘和头颈部，跷跷板原理，双脚自然就离开地面。双脚离开地面后，屈小腿向上，大腿靠近腹部（图 8.38）。

大腿向上伸展，展开前侧腹股沟，至大腿和躯干成一条垂线，脚跟向下（图 8.39）。

伸展小腿向上，展开膝窝，让整个身体成一条垂线（图8.40、图8.41）。

图8.38　　　　图8.39　　　　图8.40 侧面　　　　图8.41 正面

股骨头内收，双腿夹中线，稳定骨盆和双腿。
双脚并拢，脚趾回勾，展开脚底的皮肤，脚内侧更多伸展向上。
稳定根基，不断伸展身体向上生长。
面部、喉咙放松，呼吸放松。

第二节　普拉提

一、普拉提的概念

普拉提（或称普拉提技术），是以德国人约瑟夫·休伯特斯·普拉提姓氏命名的一种运动方式和技能。普拉提先生生前将自创的这一套独特训练动作和运动技能称为"控制术"。

狭义普拉提运动：普拉提夫妇总共创造了超500个动作，大部分被拍成照片或纪录片保存下来。它们包括了垫上操及普拉提先生发明的工作室器械动作。

广义普拉提运动：普拉提首先是一种运动。它主要是锻炼人体深层的小肌肉群，维持和改善外观正常活动姿势，达到身体平衡，创展躯干和肢体的活动范围和活动能力，强调对核心肌群的控制，加强人脑对肢体及骨骼肌肉组织的神经感应及支配，再配合正确的呼吸方法所进行的一项全身协调运动。普拉提不只是一种训练技术，更不是一种随机选择的特定运动。普拉提是结构化的身体和心灵训练方法，以提高身体力量、柔韧性和协调性，同时还可以降低压力，改善注意力和提高本体感受。普拉提适用于所有人。

二、普拉提的练习原则及训练器械

普拉提练习的十大原则是：

- 自我意识（awareness）
- 呼吸（breath）
- 平衡（balance）
- 集中（concentration）
- 中心（center）
- 效率（efficiency）
- 控制（control）
- 流畅（flow）
- 精准（precision）
- 和谐（harmony）

普拉提夫妇研发了垫上训练系统（Mat Work System），包含59个基础动作以及上百种变化，动作都是在垫上完成，这也是为什么很多人将普拉提跟瑜伽混淆的原因。普拉提先生为他发明的各种器械开发了600多种训练技术。普拉提器械可以用来调整身体位置和运动，并且纠正身体的排列和平衡（图8.42）。每一件器械都搭配一套成套动作，从基本动作发展到大师级别动作。

三、常见普拉提动作练习

（一）肩桥式

第一节：仰卧在垫子上，两腿弯曲，保持平行。吸气，肩膀朝肋骨方向下沉，脊柱挺直，收缩腹肌。呼气，骨盆抬高，与脊柱的中段平齐；收缩腹肌、臀肌和腿部肌肉，用整个脚掌着地（图8.43）。

第二节：吸气，左腿向上举起与地面成直角（图8.44）。

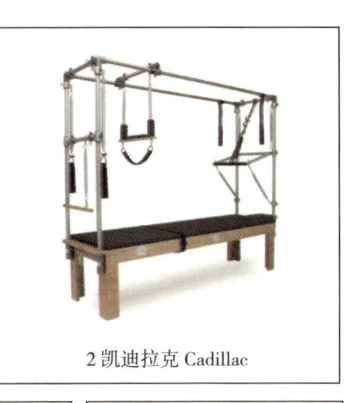

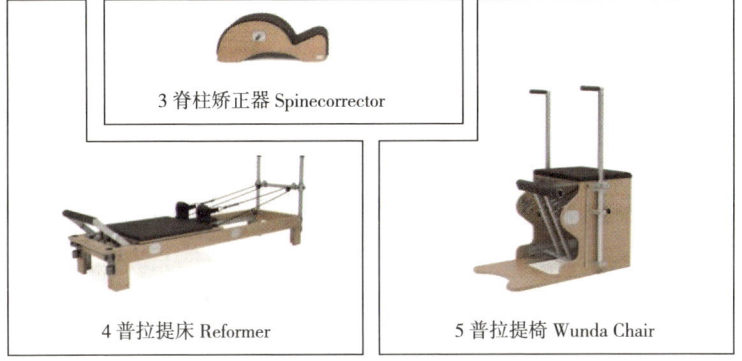

第八章　健身操舞类课程简介——瑜伽、普拉提、团体操、啦啦操 | 169

1 梯桶 Ladder Barrel

2 凯迪拉克 Cadillac

3 脊柱矫正器 Spinecorrector

4 普拉提床 Reformer

5 普拉提椅 Wunda Chair

图8.42　普拉提器械训练系统（Pilates Apparatus）
（图片来源：Body Arts and Science International）

图8.43　肩桥式第一节动作

图8.44　肩桥式第二节动作

第三节：呼气，左腿开始慢慢落下（图8.45）。

图8.45　肩桥式第三节动作

第四节：左腿落到与右大腿平齐的位置。吸气的同时还原到初始位置。换右腿重复以上动作（图8.46）。

图8.46　肩桥式第四节动作

（二）抱头仰卧起坐

第一节：仰卧在垫子上，两手枕在脑后，挺直背部；两脚上勾，两腿之间与胯同宽；收缩腹肌，吸气（图8.47）。

图8.47　抱头仰卧起坐第一节动作

第二节：上体离开地面坐直，动作要慢，脊柱逐节抬起，收缩臀肌（图8.48）。

图8.48 抱头仰卧起坐第二节动作

第三节：呼气，上体向前弯曲，两只胳膊肘始终与地面保持平行（图8.49）。

图8.49 抱头仰卧起坐第三节动作

第四节：吸气，挺直身体，头向上顶（图8.50）。

图8.50 抱头仰卧起坐第四节动作

第五节：呼气，脊柱逐节后仰，直至落回地面，还原到初始位置（图8.51）。

图8.51 抱头仰卧起坐第五节动作

（三）蛙泳式

第一节：俯卧在垫子上，两臂平举过头，两腿伸直；腹肌收紧，腰背挺直；吸气（图8.52）。

图8.52　蛙泳式第一节动作

第二节：呼气，两臂和躯干上部抬起（图8.53）。

图8.53　蛙泳式第二节动作

第三节：吸气，放松脖颈，眼看地面，同时双臂向臀部方向画圈（图8.54）。

图8.54　蛙泳式第三节动作

第四节：呼气，弯曲双肘（图8.55）。

图8.55　蛙泳式第四节动作

第五节：两臂前伸，还原到初始位置（图8.56）。

图8.56　蛙泳式第五节动作

（四）游泳式

第一节：俯卧在垫子上，两腿伸直；肩膀下沉，两臂向前方伸展；腹肌收紧，吸气（图 8.57）。

图 8.57　游泳式第一节动作

第二节：呼气，左臂、右腿和头抬起离开地面，脖颈后面始终伸直，骨盆保持中立，同时伸直四肢，挺直脊柱（图 8.58）。

图 8.58　游泳式第二节动作

第三节：吸气，手、脚和头还原到初始位置，继续挺直脊柱并收紧腹肌。呼气，换另一侧身体锻炼（图 8.59）。

图 8.59　游泳式第三节动作

进一步练习 1：四肢和头部同时抬起。保持这个姿势，呼吸 5 次后放松（图 8.60）。

图 8.60　游泳式练习动作

进一步练习 2：保持四肢和头部同时抬起，开始以双倍的速度轮番抬高左手右脚或者右手左脚，手脚不能接触地面。换言之，动作要像是真的在游泳。动作保持的时间增加到 10 次呼气和 10 次吸气。

（五）跪地侧踢腿

第一节：右膝跪在垫子上，右手掌按在地面上，右臂与地面垂直，左手扶在胯部。抬起左腿，使之与髋骨和肋骨平齐，收缩腹肌，吸气（图8.61）。

图8.61　跪地侧踢脚第一节动作

第二节：呼气，左腿脚尖绷直，左腿先朝前，再朝后弯曲，同时躯干保持平衡、挺拔。换左腿跪地重复以上动作（图8.62）。

图8.62　跪地侧踢脚第二节动作

（六）后抬腿

第一节：四肢着地撑在垫子上，两臂与地面垂直。收缩腹肌，两腿向后伸展，直至身体成俯卧撑姿势，体重压在两脚的拇指球上（图8.63）。

图8.63　后抬腿第一节动作

第二节：吸气，右腿向后抬起，稍微高于胯部；呼气，右腿放下。换左腿重复以上动作，然后恢复到最初的姿势（图8.64）。

图8.64　后抬腿第二节动作

（七）侧板

提高身体的平衡能力，强健躯干、斜肌和上肢。

第一节：坐在垫子上，两腿朝身体的一侧弯曲，左脚稍微靠前，右脚在后。右手掌按在地面上，右手与右肩成一条直线，吸气（图8.65）。

图8.65　侧板第一节动作

第二节：呼气，右臂伸直支撑起身体，让身体抬高。两腿伸直，整个身体从头顶到两脚全部伸直，吸气（图8.66）。

图8.66　侧板第二节动作

（八）前抬腿

锻炼上体和四头肌的力量，增强胯部的控制力。

第一节：坐在垫子上，两腿伸直，脊背挺直，肩膀放松，两只手掌按在靠近胯部的地面上。吸气，胯部慢慢抬起，直到两手、两脚完全伸直；与此同时，腹肌、臀肌和四头肌要一直保持紧缩状态（图8.67）。

图8.67 前抬腿第一节动作

第二节：左脚尖绷直，左腿上抬与头同高，同时注意保持胯部的高度。呼气，左腿放低但不要接触地面，然后再度抬高，重复以上动作（图8.68）。

图8.68 前抬腿第二节动作

第三节：换右脚重复以上动作。然后臀部落回地面，还原到初始位置（图8.69）。

图8.69 前抬腿第三节动作

第三节　团体操

一、团体操的概念

团体操是一项体育与艺术高度结合的综合性的集体表演项目，运动的集体是其表演主体，集体动作、队形图案和艺术装饰（音乐、道具、服装乃至背景、场景、灯光等）是其主要的构成元素。团体操以体操类表演形式为主，可包容多种多样的体育、文艺形式，其中体操类运动是其"主色"表演形式，操化了的民族体育是其"特色"表演形式，点缀性的文艺表演是其"润色"表演形式。集体运动队形绘图法、集体配合动作编织法、集体板块运动合奏法是其三大表现手法。团体操的规模少则几十人多达成千上万人，在大型场馆中进行表演，通过艺术化的集体运动场面体现一定的主题，堪称广场运动艺术。

二、团体操集体配合动作

团体操表演是由众多表演者共同配合完成的，所以它的集体配合动作丰富多彩。其中，最典型的是"波浪"和造型。这两类集体配合动作已经成为团体操的典型表演语汇。

（一）波浪

"波浪"是由集体表演者在各自位置上，以不同姿势开始或以同样姿势不同时间开始，依次匀速地做同样的动作，形成近似波浪效果的集体配合表演。团体操的波浪种类繁多，最基本、最常见的几种波浪有横排浪、纵队浪、圆形浪和散点浪。

（二）造型

团体操的另一个典型动作语汇是造型，在动态的团体操运动过程中不时地呈现一些静态造型，往往成为观众视线捕捉的亮点。静态造型犹如立地的雕塑，可令观众细细品味其中的形式美感。团体操的造型可以分为双人造型、三人造型和多人造型。

三、团体操"圆浪"技术

（一）单人技术要领图示（图8.70）

第一拍　　　　　　　　　第二拍

图8.70　1—2拍摆圈

（二）集体技术要领

- 确定并训练四个关键点位；
- 全员数节拍；
- 相邻圈抓握；
- 动作匀速起落。

1—4拍，1号位由低位变成中位，5号位由中位变成高位，9号位由高位变成中位，13号位由中位变成低位，此时高点在5号位，低点在13号位的立圆（图8.71）。

5—8拍高点轮换到1号位、低点9号位；2—4拍高点转换到13号位（图8.72、图8.73）。高点在四个关键点位，每4拍一轮换，两个八拍回到起始造型。

图8.71　3—4拍举圈　　图8.72　5—6拍十字绕圈　　图8.73　7—8拍跑圈

第四节　啦啦操

一、啦啦操的概念

啦啦操，英文Cheer Leading，是指在音乐伴奏下，通过运动员集体参与完成复杂、高难度的基本手位与舞蹈动作、项目特有难度、过渡配合等动作内容，充分展示团队高超的运动技巧，体现青春活力、积极向上的团队精神，并努力追求最高团队荣誉感的一项体育运动。

啦啦操是所有与呐喊助威有关的社会文化活动的总称，是在音乐伴奏下，以徒手或手持轻器械的技巧动作或舞蹈动作为载体，以团队的组织形式出现，为比赛助威，调节紧张对抗的比赛氛围，旨在体现团队意识与集体主义精神，反映朝气蓬勃的精神面貌，具有竞技性、观赏性、表演性的一项体育运动。

二、啦啦操分类

啦啦操及啦啦队的分类方式繁多，分类方法也各不相同。一般以按目的分类的方法最为常用，分为竞技性啦啦操和表演性啦啦操。

（一）竞技性啦啦操

竞技性啦啦操作为体育活动的主体，是以参加竞技比赛为目的，在音乐的衬托下，通过队员完成高超的啦啦操难度动作，结合各种舞蹈元素，体现青春活力、健康向上的团队精神，追求最高团队荣誉感而进行的体育运动。竞技性啦啦操分为舞蹈啦啦操和技巧啦啦操两大类别。

1. 舞蹈啦啦操

舞蹈啦啦操是一项在音乐伴奏下，运用多种舞蹈元素的动作组合，结合转体、跳步、平衡与柔韧等难度动作以及舞蹈的过渡连接技巧，通过空间、方向与队形的变化表现出不同的舞蹈风格特点，强调速度、力度与运动负荷，展示运动舞蹈技能以及团队风采的体育项目。舞蹈啦啦操包括花球舞蹈啦啦操、爵士舞蹈啦啦操、街舞舞蹈啦啦操和自由舞蹈啦啦操。

（1）花球舞蹈啦啦操。成套动作手持花球（团队手持花球动作应占成套动作的 80% 以上）结合啦啦操基本手位、个性舞蹈、难度动作、舞蹈技巧等动作元素，展现干净、精准的运动舞蹈特征以及良好的花球运用技术，整齐一致、层次、队形不断变换等集体动作视觉效果。花球舞蹈啦啦操的技术特征主要体现为肢体动作通过短暂加速、制动定位来实现啦啦操特有的力度感；动作完成干净利落；在运动过程中重心稳定、移动平稳、身体控制精确、位置准确，并通过动作的强度和快速发力突出运动舞蹈的特征。

（2）爵士舞蹈啦啦操。成套动作由爵士风格的舞蹈动作、难度动作以及过渡连接动作等内容组成，通过队形、空间、方向的变换，同时附加一定的运动负荷，表现参赛运动员的激情以及团队良好的运动舞蹈能力。动作技术特征主要体现为肢体动作由内向外的延伸感；通过延伸制动实现爵士舞蹈啦

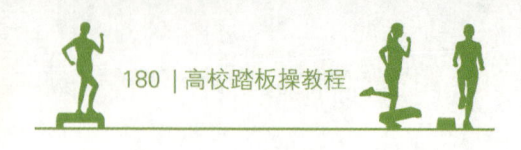

啦操特有的力度感；通过动作的松弛有度突出运动舞蹈的特征。

（3）街舞舞蹈啦啦操。成套动作以街舞风格的舞蹈动作为主，强调街头舞蹈形式，注重动作的风格特征以及身体各部位的律动与控制，要求动作的节奏、一致性与音乐和谐一致，同时也可附加一定的强度动作，如包括不同跳步的变换及组合或其他配合练习。街舞啦啦操的技术特征主要体现为以肢体多关节动作短暂加速、制动定位来实现特有的力度感；动作完成干净利落、身体控制精确、位置排布准确并通过动作的松弛有度突出运动舞蹈的特征。

（4）自由舞蹈啦啦操。成套动作以某种区别于爵士、花球、街舞的形式出现，同时具有啦啦操舞蹈特征的其他风格特点、形式的运动舞蹈，是具有一定的民族或地域特色的啦啦操，如各种具有民族舞风格特点的运动舞蹈。

2. 技巧啦啦操

技巧啦啦操是指在音乐的伴奏下，以跳跃、托举、叠罗汉、筋斗、抛接和跳跃等技巧性难度动作为主要内容，配合口号、啦啦操基本手位、舞蹈动作及过渡连接等，充分展示运动员高超的技能技巧的团队竞赛项目，包含翻腾、托举、抛接、金字塔等难度动作。动作比较随意，用力方向向下，音乐节奏要求明快、热情、动感、奔放，并富于震撼力和感染力。技巧啦啦操竞赛项目包括集体技巧啦啦操自选套路、五人配合技巧啦啦操自选套路和双人配合啦啦操自选套路。

（1）集体技巧啦啦操自选套路。在音乐的伴奏下，以跳跃、翻腾、托举、抛接、金字塔组合等技巧性难度动作为主要内容，配合口号、啦啦操基本手位及舞蹈动作，充分展示运动员高超的技能技巧，参加队员在五人以上的团队竞赛项目。

（2）五人配合技巧啦啦操自选套路。在音乐的伴奏下，成套动作中以托举、抛接两类难度动作为主要内容，充分利用多种上架、下架动作以及过渡连接动作进行空间转换、方向与造型的变化，展示五人组团队高超的技能技巧。

（3）双人配合啦啦操自选套路。在音乐的伴奏下，由两人在规定的一分钟内完成托举动作。

（二）表演性啦啦操

表演性啦啦操是以提升士气、激励人心、活跃赛场气氛、鼓舞双方斗志、振奋观众情绪，让整个比赛更加精彩和激烈为目的的集体活动。分为赛场啦啦操和庆典啦啦操两类。

1. 赛场啦啦操

赛场啦啦操即人们常说的场间啦啦操，源于橄榄球比赛场边的呼喊，并伴随着橄榄球运动的流行而发展。赛场啦啦操主要在比赛中间休息时进行，目的是活跃赛场气氛、鼓舞双方士气、振奋观众情绪，让整个比赛更加精彩和激烈。随着啦啦操影响的扩大，它已不局限于为某项运动表演助兴，而是广泛地为多项运动服务。高水平的啦啦队表演能够提高体育赛事的精彩性，其自身也具有较强的观赏性，是赛场文化的一个组成部分。

2. 庆典啦啦操

庆典啦啦操是在各种庆祝活动、社区活动、开幕典礼、游行宣传以及慈善活动中进行的啦啦操表演，其目的是为各种庆典活动进行预热及烘托庆典气氛。

三、花球舞蹈啦啦操套路介绍

（一）花球舞蹈啦啦操预备姿势

左手叉腰，右臂侧平举，右腿屈膝平举，右腿屈膝外开，右脚点地，面向正前方（图 8.74）。

预备　　　　哒拍

图 8.74　花球舞蹈啦啦操预备姿势

花球舞蹈啦啦操预备动作 1—8 拍说明（表 8-1）。

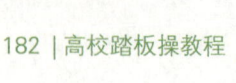

表8.1　花球舞蹈啦啦操1—8拍预备动作说明

动作说明	手臂动作	1—4拍	双臂成下V字，哒拍挺身，双臂屈于胸前，双手相靠
		5—8拍	5—7拍双臂上举成上V位，8拍双手握持花球于胸前
	步法	1—4拍	右脚在前锁步
		5—8拍	5—7拍双脚开立，8拍双腿跳成并步
	手型	1—8拍	握花球
	面向	1—8拍	正前方

1—4拍　　　哒拍　　　5—7拍　　　8拍

图8.75　预备动作1—8拍

1. 第一个八拍（图8.76）

1—3拍正面示范　　1—3拍侧面示范　　4拍　　5—6拍　　7—8拍

图8.76　花球舞蹈啦啦操第一个八拍

表8.2　花球舞蹈啦啦操第一个八拍动作说明

动作说明			
	手臂动作	1—4拍	1—3拍双臂收于大腿前方，4拍成H位
		5—8拍	5—6拍双手抱于胸前，7—8拍成上V位，两拍一动
	步法	1—4拍	1—3拍右—左—右脚依次上步
		5—8拍	上左脚成弓步，右膝微屈，提踵
	手型	1—8拍	握花球
	面向	1—8拍	正前方

2. 第二个八拍（图8.77）

1—3拍正面示范　　1—3拍侧面示范　　4拍

5—6拍　　7—8拍

图8.77　花球舞蹈啦啦操第二个八拍

表8.3　花球舞蹈啦啦操第二个八拍动作说明

动作说明	手臂动作	1—4拍	1—3拍手臂收于大腿前方，4拍双臂上举成上H位
		5—8拍	5—6拍双手抱于胸前，7—8拍双臂下举成下V位，两拍一动
	步法	1—4拍	1—3拍右—左—右脚依次退步，4拍并步提踵
		5—8拍	5—7拍双脚开立，8拍双腿跳成并步
	手型	1—8拍	握花球
	面向	1—8拍	正前方

3. 第三个八拍（图8.78）

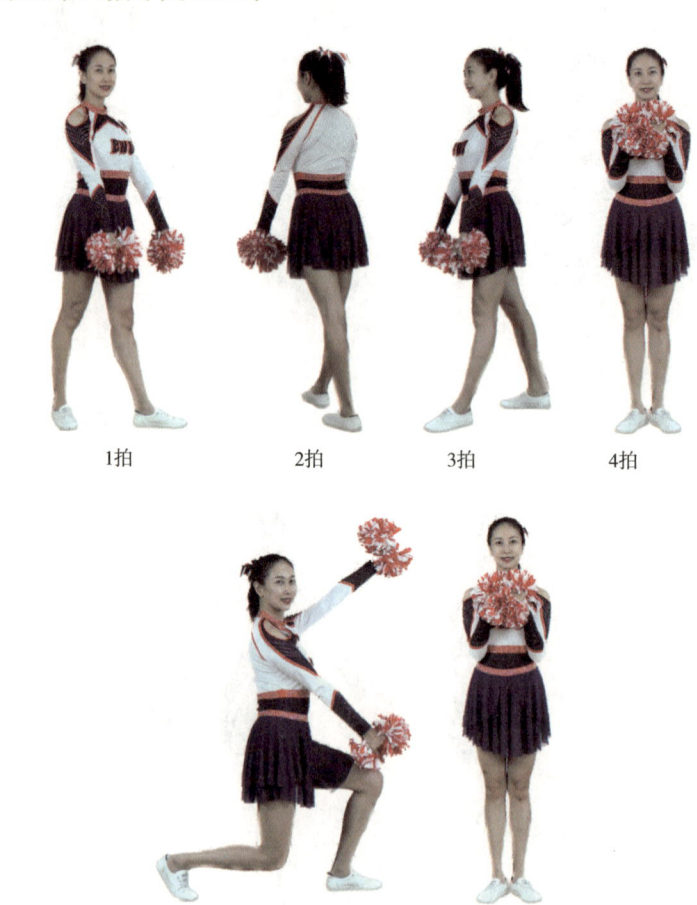

1拍　　2拍　　3拍　　4拍

5—6拍　　7—8拍

图8.78　花球舞蹈啦啦操第三个八拍

表8.4 花球舞蹈啦啦操第三个八拍动作说明

动作说明			
	手臂动作	1—4拍	1—3拍手臂收于大腿前方，4拍双臂屈肘于胸前
		5—8拍	5—6拍双臂成左K位，7—8拍双臂屈肘于胸前
	步法	1—4拍	左—右—左脚依次踏步，同时向逆时针转体360°成并步
		5—8拍	5—6拍迈左脚成屈膝弓步，7—8拍收左脚，并腿站立
	手型	1—8拍	握花球
	面向	1—8拍	1—4拍同身体方向，5—6拍左方，7—8拍正前方
	头位	5—6拍	身体面向左方，头部面向正前方

4. 第四个八拍（图8.79）

1拍　　2拍　　3拍　　4拍

5—6拍　　7—8拍

图8.79 花球舞蹈啦啦操第四个八拍

表8.5　花球舞蹈啦啦操第四个八拍动作说明

动作说明			
	手臂动作	1—4拍	1—3拍，手臂收于大腿前方；4拍双臂屈肘于胸前
		5—8拍	5—6拍双臂成左K位，7—8拍双臂屈肘于胸前
	步法	1—4拍	右—左—右脚依次踏步，同时向顺时针转体360°成并步
		5—8拍	5—6拍迈右脚成屈膝弓步，7—8拍收右脚，并腿站立
	手型	1—8拍	握花球
	面向	1—8拍	1—4拍同身体方向，5—6拍左方，7—8拍正前方
	头位	5—6拍	身体面向左方，头部面向正前方

5. 第五个八拍（图8.80）

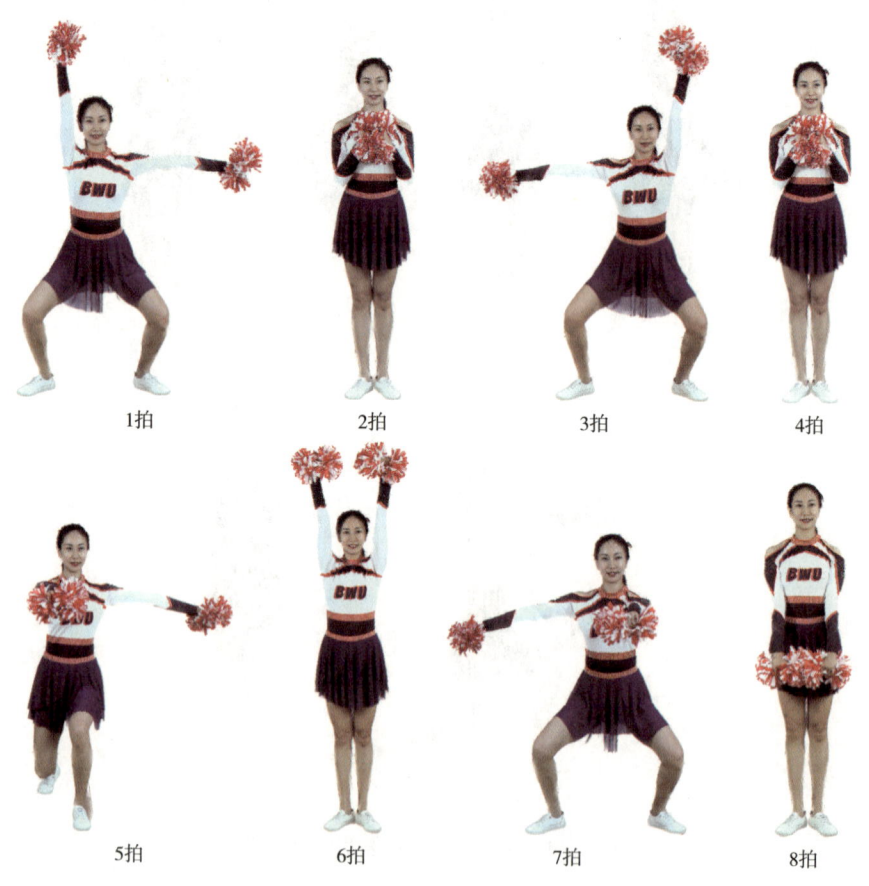

1拍　　　2拍　　　3拍　　　4拍

5拍　　　6拍　　　7拍　　　8拍

图8.80　花球舞蹈啦啦操第五个八拍

表8.6　花球舞蹈啦啦操第五个八拍动作说明

动作说明			
	手臂动作	1—4拍	1拍右臂上举成左L位；2拍屈肘于胸前；3—4拍与1—2拍动作相同，方向相反
		5—8拍	5拍右臂前举，左臂侧平举成前L位；6拍双臂上举成上H位；7拍左臂成前L位；8拍双臂收于大腿前方
	步法	1—4拍	1拍，左脚向左迈步同时半蹲；2拍收左脚成并步；3拍与1拍动作相同，方向相反；4拍与2拍动作相同，方向相反
		5—8拍	5拍左脚上步成前弓步；6拍并步双脚提踵；7拍右脚向右侧迈步同时半蹲；8拍收右脚，并腿站立
	手型	1—8拍	握花球
	面向	1—8拍	正前方

6. 第六个八拍（图8.81）

1—2拍　　　　　3—4拍　　　　　5—6拍正面示范

5—6拍侧面示范　　　7—8拍正面示范　　　7—8拍侧面示范

图8.81　花球舞蹈啦啦操第六个八拍

表8.7　花球舞蹈啦啦操第六个八拍动作说明

动作说明			
	手臂动作	1—4拍	1—2拍成右上斜线，3—4拍成左上斜线
		5—8拍	5—6拍含胸，双臂收于胸前；7—8拍双手并拢，双臂前伸
	步法	1—4拍	1—2拍迈右脚成右弓步；3—4拍重心左移成左弓步；5—6拍屈膝并步；7—8拍前迈左脚，成屈腿弓步，右脚跟提起
		5—8拍	5拍左脚上步成前弓步；6拍并步双脚提踵；7拍右脚向右侧迈步同时半蹲；8拍收右脚，并腿站立
	手型	1—8拍	握花球
	面向	1—8拍	正前方
	头位	5—6拍	低头

7. 第七个八拍（图8.82）

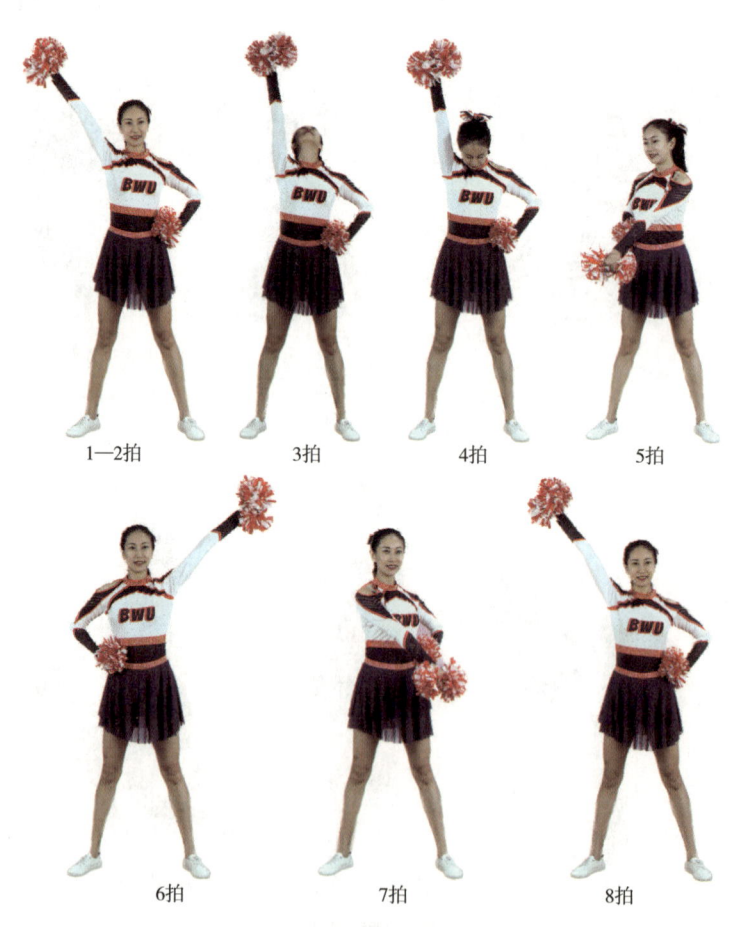

1—2拍　　　3拍　　　4拍　　　5拍

6拍　　　7拍　　　8拍

图8.82　花球舞蹈啦啦操第七个八拍

表8.8　花球舞蹈啦啦操第七个八拍动作说明

动作说明	手臂动作	1—4拍	1—2拍成右臂高冲拳，3—4拍点头一次
		5—8拍	5拍成右斜下冲拳；6拍从右下方摆至左上方成左侧上冲拳；7拍成左斜下冲拳；8拍从左下方摆至右侧上冲拳
	步法	1—4拍	左脚向后侧迈出成分腿站立
		5—8拍	保持不动
	手型	1—8拍	握花球
	面向	1—8拍	正前方

8. 第八个八拍（图8.83）

1、3、5拍　　　　2、4、6拍　　　　7—8拍

图8.83　花球舞蹈啦啦操第八个八拍

表8.9　花球舞蹈啦啦操第八个八拍动作说明

动作说明	手臂动作	1—6拍	双臂收于大腿前方
		7—8拍	双手抱于胸前，成加油位
	步法	1—6拍	左右脚依次踏步
		7—8拍	成并步
	手型	1—8拍	握花球
	面向	1—8拍	正前方

9. 第九个八拍（图8.84）

图8.84　花球舞蹈啦啦操第九个八拍

表8.10　花球舞蹈啦啦操第九个八拍动作说明

动作说明			
动作说明	手臂动作	1—4拍	1—2拍双手上举成A位，3—4拍双手向下成H位
		5—8拍	5拍双臂平行向右斜上方冲拳，6拍双手下压扶右膝，7拍双臂收于体前，8拍屈臂收于腰间
	步法	1—4拍	1—2双脚大分腿站立，3—4拍屈膝俯身
		5—8拍	5拍身体右转后靠，两腿分立半蹲，重心移至左脚，同时左脚跟提起；6拍保持身体重心移至两腿之间；7拍跳出并步直立；8拍右脚在前成锁步
	手型	1—8拍	握花球
	面向	5—7拍	5—6拍右前方，7拍左方
	头位	1—8拍	1—5拍眼随手走，6拍低头，7拍左方，8拍正前方

10. 第十个八拍（图 8.85）

1拍　　　　2拍　　　　3—7拍　　　　8拍

图 8.85　花球舞蹈啦啦操第十个八拍

表 8.11　花球舞蹈啦啦操第十个八拍动作说明

动作说明			
	手臂动作	1—8 拍	1拍双手上举成上 H 位，2拍双臂经体侧由上向下压，3—7拍扶右膝，8拍双臂垂于大腿前方
	步法	1—8 拍	1拍右脚支撑左脚向侧摆腿；2拍成左脚前锁步；3—7拍身体右转前俯身，两腿分立半蹲，重心在两脚之间，同时左脚跟提起；8拍双脚并立
	手型	1—8 拍	握花球
	面向	1—8 拍	1拍正前方，2拍右前方，3—7拍右方，8拍正前方
	头位	1—8 拍	1、2、8拍正前方，3—7拍低头

课后作业

1. 学会 2—3 个瑜伽体式。
2. 简单说出啦啦操和团体操的区别以及各自的风格特征。
3. 循序渐进地每天坚持本书中的普拉提练习。

第九章　运动与健康
——拥有健康的体魄、健全的心智

教学目标
1. 了解健康的概念和健康体适能的概念。
2. 能掌握一般的预防运动损伤的方法并让自己获得健康。

本章导读

近年来，健康的概念更被延伸为包含情绪、心灵及事业健康，合称为身心健康，是达到优质人生的完整模式。健康体适能分为竞技体适能和健康体适能，了解并掌握这些基础知识，获得促使自己身心健康的方法和手段。

第一节　健康体适能

一、健康的概念

早在 1946 年，世界卫生组织（WHO）已指出，健康的标准不单是没有疾病，而是保持身体、精神和社会方面的完美状态。近年来健康的概念更被延伸为包含情绪、心灵及事业健康，合称为身心健康，是达到优质人生的完整模式。21 世纪整体身心健康模式包含以下六大要素：身体（躯体）健康、理智健康、情绪健康、社会健康、心灵健康和事业（职业）健康。

- 身体（躯体）健康：身体各系统、内脏及各器官的功能正常。
- 心智健康：思维情绪有条理。
- 情绪健康：在个人情感认知及感情表达方面恰当得体，而又可以积极面对压力、紧张及焦虑。
- 社会健康：能建立及维持人与人之间的良好关系。
- 心灵健康：心境平静，有个人的信念或信仰。
- 事业（职业）健康：能发挥专长，有奉献社会的敬业精神。

二、体适能的概念

体适能是指个人除足以胜任日常工作外，还能有余力享受休闲，以及能够应付压力与突如其来的变化的身体适应能力。体适能从英文"Physical Fitness"翻译而来，也称为体能（或体质）。体适能一般作为行政及学术用语，而体能多为实用及操作用语；体能是运动训练用语，而体适能是身体适应外界环境能力的简称。

对于不同的人群，体适能可以代表不同的意义。一位久坐办公室的工作人员需要的体适能，显然与体力劳动者需要的体适能大不相同。但个人体适能必须是全面的，应包含身体的、心智的、情绪的、精神的和社会的要素，缺其一就无法谈到整体健康。体适能良好的人应具备：身体器官健康，并拥有应用现代医学知识的能力；足够的协调能力、体力和活动以应付日常生活及突发事件；稳定的情绪以适应现代生活的紧张和干扰；团队意识和适应团队生活的能力；充足的社会知识及解决问题的能力；全面参加日常活动所应有的态度、价值观和手段；健康的精神状态和良好的社会道德。

体适能分为健康体适能和竞技体适能。健康体适能以健康的身体、优质的生活为目的；竞技体适能以运动比赛中获得成绩为目的。健康体适能包含心肺耐力、肌力及肌耐力、柔韧性、身体成分和神经肌肉松弛，是身体的基础储备。竞技体适能包含心肺耐力、肌力及肌耐力、柔韧性、身体成分、神经肌肉松弛、灵敏性、平衡性、速度、爆发力和协调性，是身体的额外储备。愈高水平的竞赛，对体能锻炼的要求愈高，但有时候不一定合乎健康的原则。

三、如何提高自己的健康体适能

（一）健康体适能的五大要素（香港体适能总会采用）

1. 心肺耐力

心肺及循环系统能够有效地为肌肉提供足够的氧气及养分，并且带走留在肌肉中的废物。

2. 肌力与肌耐力

肌肉系统具有能够有效工作的能力，如保持身体姿势、走路、慢跑甚至快跑等。

3. 身体成分

身体瘦体重与身体脂肪的相对比例。

4. 柔韧性

身体各关节能有效地活动到最大范围的能力。

5. 神经肌肉的松弛（减压、抗压能力）

减少或消除肌肉不必要的紧张以及精神或心理压力。

（二）健康体适能五大要素的提高方法

1. 心肺耐力的定义与提高方法

心肺耐力是指全身大肌肉进行长时间运动的持久能力。它是体内心肺系统供氧给身体各细胞及其用氧的能力。

最有效增强心肺耐力的方法是进行有氧运动。有氧运动必须是全身大肌肉做有节奏、有规律、速度稳定的长时间运动。这些运动包括：步行、远足、爬山、慢跑、游泳、自行车、跳绳、踏步机、划船机或一些耐力游戏等。当然，有些流行的球类包括网球、羽毛球、乒乓球、壁球、篮球及足球等活动皆可维持或增强心肺耐力，且有趣味性，但它们都需要一些学习技巧。因此，在我们决定以哪种方式增强心肺耐力之前，首先要考虑自己的运动目标、现有的体适能状态、运动技巧与经验、兴趣等。

在确定自己的心肺耐力练习是否有效之前，我们首先要理解两个概念，一个是最大心率，一个是靶心率。最大心率是指个人做最剧烈运动时，不能随运动强度增加而继续上升的心率。它的计算公式是：

$$最大心率（HRmax）= 220 - 年龄（Age）$$

当我们计算出最大心率后，便可以按以下公式计算运动时的靶心率（即有效训练心率）区间：

$$靶心率区间 = 最大心率 \times 强度百分比（55\%/65\%-90\%）$$

例如：一名20岁的大学生，若从事心肺耐力训练，其运动心率应该在哪个区间呢？

第一步，计算最大心率：

$$220-20=200 \text{ 次}/\text{分}$$

第二步，计算靶心率下限：

$$200 \times 55\% \text{ 至 } 200 \times 65\%=110 \text{ 次}/\text{分至} 130 \text{ 次}/\text{分}$$

第三步，计算靶心率下限：

$$200 \times 90\%=180 \text{ 次}/\text{分}$$

总结，这位大学生的有氧运动靶心率区间是在开始时110—130次/分至最高180次/分钟。若其练习时的心率低于110次/分，便对身体的刺激太小，没有效果，浪费时间；但若心率高于180次/分，他不是锻炼心肺耐力的有氧系统而是锻炼无氧系统。因此掌握靶心率区间的计算方法很重要。当我们计算出自己的靶心率区间后，就可以每次在靶心率区间的强度练习下，每周坚持3—4次，每次练习20—30分钟。如果要减去脂肪，则可以维持30—40分钟。

2. 肌肉适能的定义及提高方法

肌肉适能主要包括肌力和肌耐力。由于都是以身体的肌肉为主体，故合称为肌肉适能。肌力是指肌肉或肌群在一次收缩时产生的最大力量，或所能克服的最大对抗阻力。肌耐力是在某一特定阻力下，肌肉或肌群重复克服该阻力的最多次数。

提高肌肉适能最有效的方法便是重量训练，又称渐进式阻力训练，就是一种利用渐进负重的方式进行的运动。重量训练根据实施及对抗阻力的不同，可划分为三类：第一类是自重练习，如俯卧撑、引体向上等；第二类是健身器械练习，如健身房里的综合练习器；第三类是杠铃或哑铃练习，属于自由器械练习。力量练习有以下几个技巧：

（1）力量训练计划的次序编排很重要，可以令训练更有质量。通常遵循先练大肌肉，然后练小肌肉；先多关节锻炼，然后单关节锻炼；先高强度锻炼，然后低强度锻炼。

（2）训练计划应该包括利用肌肉的向心收缩、离心收缩及单关节、多关节活动来进行锻炼。

（3）8—12次重复次数为最初阶段或初学者的训练强度。随后进行高阶训练时，可增加重量，至后期可着重于1—6次重复次数，每组之间休息3分钟，向心及离心收缩皆为1—2秒。

（4）初学者每周练2—3次，高阶训练者每周可练4—5次。

（5）建议以全身性的多关节训练为锻炼重点。

3. 身体成分

身体成分指身体的脂肪与瘦体重的组合比例。瘦体重是指体重中非脂肪的重量，包括肌肉、骨骼、内脏、血液及皮肤等重量。体脂百分比指身体脂肪重量占总体重的百分比。

体重控制要从饮食、运动和生活方式三方面展开。饮食要注意摄入足够的营养，必须每天三餐正餐，每天摄取的热量不低于 1 200 千卡（因为基础代谢也需要热量），每星期减 1 磅（0.454 千克）为佳，最多不可超过 2 磅，才不至于对健康有不良影响，且不易反弹。不用服用减肥药物，不吃甜食和肉眼可见的脂肪。运动方面，应遵循心肺耐力适能提到的每周至少 3 次，每次 30 分钟的有氧运动的要求。在生活方式方面则包含不要吃得过多过饱，多吃蔬菜水果，睡前两小时不吃任何东西，多运动，戒掉吃零食的习惯等。

4. 柔韧性

柔韧性是指关节在其正常活动范围内畅通无阻地做全幅度活动的能力。柔韧性好坏，会直接影响个体在运动时的表现；而缺乏适当的柔韧性会引发如关节炎、驼背及腰痛等疾病。柔韧性分为动力性柔韧性和静力性柔韧性。动力性柔韧性是指关节活动时的范围与运动速度有关，主要改善方法有 ROM 伸展和弹振式伸展；静力性柔韧性是指关节活动的范围与动作速度无关。主要改善方法有静力伸展和 PNF 伸展。

伸展运动的方法：

（1）避免进行冲击式的抽动或弹振式的伸展运动。

（2）伸展运动应从大关节开始至小关节，目的是确保主要活动大肌肉群能按先后次序获得充分伸展，使肢体活动更顺畅。

（3）在主项运动进行的前期、中期及后期都需要进行伸展运动。因为伸展运动所增加的柔韧性会于半小时后失去 1/3，1 小时后失去 2/3。

（4）专项训练因运动表现的需要对局部或某部分关节的柔韧性有特殊的要求（如跨栏选手跨栏或压腿）。一般运动人士无此需要，因此要避免进行某些专项的柔韧性训练，以免受伤。

（5）进行柔韧性训练最好每周 3 次，二至三周后会有明显的改善。

（6）康复期间或伤愈后的腰背部及怀孕期间的伸展训练，需要在专业人士的监督下进行。

（7）进行 PNF 伸展时，应留意关节角度的极限，保持呼吸顺畅及肌肉的原动肌及拮抗肌两者的配合。

（8）进行静力伸展时，应保持呼吸顺畅，伸展中的肌肉保持放松及维持 10 秒或以上。

5. 神经肌肉的松弛（减压抗压能力）

人体神经肌肉的松弛需要释放压力，压力是指人体对于外界环境的刺激所产生的非特异性反应，是人体与环境间的互动方式。适当的压力有助于人积极应对外来挑战，如产生渴望或兴奋的情绪；而过大的持续性的压力则可能让人产生疾病，如心脏疾病和抑郁、精神分裂症等。因此排减掉劣压对于提高人体的健康水平具有重要的意义。

常用的减压抗压方式包括积极自我暗示法、呼吸松弛法、神经肌肉渐进式放松法、视觉表象松弛法和冥想法。同时加强有氧运动，可以促进内啡肽的分泌，降低压力激素，还可以通过瑜伽体式及呼吸冥想训练，有效强健身体，减轻压力，放松神经和肌肉，从而有更好的健康表现。

☑ 本节小结

体适能是指个人除足以胜任日常工作外，还能有余力享受休闲，能够应付压力与突如其来的变化的身体适应能力。体适能从英文"Physical Fitness"翻译而来，也称体能（或体质）。体适能一般作为行政及学术用语，而体能多为实用及操作用语。体能是运动训练用语，而体适能是身体适应外界环境能力的简称。

第二节　大学生体质健康测试

一、大学生体质健康测试解读

《国家学生体质健康标准》是国家学校教育工作的基础性指导文件和教育质量基本标准，是评价学生综合素质、评估学校工作和衡量各地教育发展的重要依据，是《国家体育锻炼标准》在学校的具体实施，适用于全日制普通小学、初中、普通高中、中等职业学校、普通高等学校的学生。

标准的修订坚持健康第一，落实《国家中长期教育改革和发展规划纲要

（2010—2020年）》、《国务院办公厅转发教育部等部门关于进一步加强学校体育工作若干意见的通知》（国办发〔2012〕53号）和《教育部关于印发〈学生体质健康监测评价办法〉等三个文件的通知》（教体艺〔2014〕3号）有关要求，着重提高标准应用的信度、效度和区分度，着重强化其教育激励、反馈调整和引导锻炼的功能，着重提高其教育监测和绩效评价的支撑能力。

本标准从身体形态、身体机能和身体素质等方面综合评定学生的体质健康水平，是促进学生体质健康发展、激励学生积极进行身体锻炼的教育手段，是国家发展学生核心素养体系和学业质量标准的重要组成部分，是学生体质健康的个体评价标准。小学、初中、高中、大学各组别的测试指标均为必测指标。其中，身体形态类中的身高、体重，身体机能类中的肺活量，以及身体素质类中的50米跑、坐位体前屈为各年级学生共性指标。

二、国家开展体质健康测试的初心

进入21世纪以来，我国的综合国力有了极大的提高，人民的生活水平发生了翻天覆地的变化，越来越多的人开始享受科学技术和现代文明带来的便捷、舒适的现代生活。现代文明在带给人们充分的物质享受的同时，也给人类的健康带来了新的威胁。由于精神紧张、营养过剩、运动不足、环境污染等因素所引发的非传染性疾病在全球不断蔓延，处于"亚健康状态"的人群不断地扩大。对于学生来说，升学压力大、睡眠不足正成为影响他们身心健康的重要因素；生活水平的普遍改善，热量、脂肪等摄入过多及食物结构的不尽合理，加之营养科学知识的宣传普及滞后，特别是沉重的课业压力使得学生余暇锻炼时间减少，导致了肥胖发生率的不断增加。2002年学生体质健康监测结果显示，学生形态发育水平继续提高，营养状况继续改善，握力水平有所提高，几种常见疾病（低血红蛋白、龋齿等）的患病率继续下降；反映肺脏功能的肺活量测试继续呈现下降趋势；超重及肥胖学生明显增多，已成为城市学生重要的健康问题。

为了解决这些问题，适应社会发展以及人们对健康的迫切需要和对生活质量的不断追求，必须从青少年儿童的健康抓起。因此，2002年7月由教育部、国家体育总局联合下发了《学生体质健康标准（试行方案）》，作为《国家体育锻炼标准》在学校的具体实施，并在第一条指出了它的目的和意义：贯彻《中共中央国务院关于深化教育改革全面推进素质教育的决定》提出的

"学校教育要树立健康第一的指导思想,切实加强体育工作"的精神,促进学生积极参加体育锻炼,养成经常锻炼身体的习惯,提高自我保健能力和体质健康水平。

"健康体魄是青少年为祖国和人民服务的基本前提,是中华民族旺盛生命力的体现。"这是中共中央国务院在当前的历史条件下,从我国人才培养和可持续发展战略的高度出发对青少年学生提出的基本希望和要求,也为《国家学生体质健康标准》确定了明确方向。同时,青少年学生的全面发展以及增进健康的问题已成为全世界关注的热门话题。在测试内容中,选择了与学生身体的发展及身体健康素质关系最为密切的一些要素作为测试的内容。例如,新增加了"身高标准体重"这一指标对学生身体的匀称进行评价,间接反映学生的营养状况,以引导学生及家长和全社会关注少年儿童的身体形态和肥胖(或营养不良)状况。

在《国家学生体质健康标准》试行过程中,对于引导学生正确认识和了解自己的健康状况,有针对性地进行身体锻炼起到了非常积极的作用。但是随着时代的发展,人们对自身健康的要求越来越高,标准也需要不断发展完善,同时这些标准在实施过程中也难免出现一些这样或那样的问题。例如,由于《国家学生体质健康标准(试行方案)》中部分项目的评分标准较低,原本是想激发学生锻炼的兴趣和积极性,但有的学生却因为不需要过多努力就能及格,锻炼的积极性反而下降。此外,为了较准确地对学生进行测试并减轻教师的负担,《国家学生体质健康标准(试行方案)》没有过多选用可用于锻炼的项目和内容,而是提出通过体育课中丰富多彩的教学内容来促进学生积极锻炼,从而提高测试成绩,但同时由于部分学校对体育课教学内容缺乏明确的要求,这在一定程度上影响了学生的体质健康水平。2005年全国学生体质健康与健康调研结果表明:学生形态发育继续提高,营养状况继续改善,低血红蛋白等常见病检出率继续下降,握力水平有所提高;但同时也存在一些不可忽视的问题,包括肺活量水平继续呈下降趋势,速度、爆发力、力量耐力素质水平进一步下降,肥胖检出率继续上升,视力不良检出率仍然居高不下。为扭转这种不利局面,切实加强学校体育工作,改善学生体质健康水平,教育部和国家体育总局组织专家在广泛深入调查研究的基础上,对《国家学生体质健康标准》进行了修改和完善。

三、大学生体质健康测试内容及标准

（一）测试内容

大学生体测项目有：身高体重测试，肺活量测试，坐位体前屈测试，引体向上（男生）/仰卧起坐（女生），立定跳远，50米跑，1 000米跑（男生）/800米跑（女生）共计7项。将7项测试分为室内项目与室外项目两个部分进行。

室内项目包括：身高体重测试，肺活量测试，坐位体前屈测试，引体向上（男生）/仰卧起坐（女生），立定跳远（大三、大四年级）。

室外项目包括：立定跳远（大一、大二年级），50米跑，1 000米跑（男生）/800米跑（女生）。

大学四年每年测一次，根据学生学年总分评定等级：90.0分及以上为优秀，80.0—89.9分良好，60.0—79.9分及格，59.9分及以下不及格。

学生测试成绩评定达到良好及以上者，方可参加评优与评奖；成绩达到优秀者，方可获体育奖学分；测试成绩评定不及格者，在本学年度准予补测一次，如补测仍不及格，则学年成绩评定为不及格。普通高中、中等职业学校和普通高等学校学生毕业时，《国家学生体质健康标准》测试的成绩达不到50分者按结业或肄业处理。

学生因病或残疾可向学校提交暂缓或免予执行《国家学生体质健康标准》的申请，经医疗单位证明，体育教学部门核准，可暂缓或免予执行《国家学生体质健康标准》，并填写《免予执行〈国家学生体质健康标准〉申请表》，存入学生档案。确实丧失运动能力、被免予执行《国家学生体质健康标准》的残疾学生，仍可参加评优与评奖，毕业时《国家学生体质健康标准》成绩需注明免测。

（二）测试标准（表9.1至表9.5）

表9.1　单项指标与权重

单项指标	权重（%）
体重指数（BMI）	15
肺活量	15
50米跑	20
坐位体前屈	10
立定跳远	10
引体向上（男）/1分钟仰卧起坐（女）	10
1 000米跑（男）/800米跑（女）	20

表9.2 男生体重指数（BMI）单项评分表（单位：千克/米²）

等级	单项得分	BMI
正常	100	17.9—23.9
低体重	80	≤ 17.8
超重	80	24.0—27.9
肥胖	60	≥ 28.0

表9.3 女生体重指数（BMI）单项评分表（单位：千克/米²）

等级	单项得分	BMI
正常	100	17.2—23.9
低体重	80	≤ 17.1
超重	80	24.0—27.9
肥胖	60	≥ 28.0

表9.4 大学生女生体质健康评分标准(2014年修订版)

等级	单项得分	肺活量 (ml) 大一大二	肺活量 (ml) 大三大四	50米 大一大二	50米 大三大四	体前屈 大一大二	体前屈 大三大四	立定跳远 大一大二	立定跳远 大三大四	仰卧起坐 大一大二	仰卧起坐 大三大四	800米 大一大二	800米 大三大四
优秀	100	3 400	3 450	7.5	7.4	25.8	26.3	207	208	56	57	3'18"	3'16"
优秀	95	3 350	3 400	7.6	7.5	24	24.4	201	202	54	55	3'24"	3'22"
优秀	90	3 300	3 350	7.7	7.6	22.2	22.4	195	196	52	53	3'30"	3'28"
良好	85	3 150	3 200	8	7.9	20.6	21	188	189	49	50	3'37"	3'35"
良好	80	3 000	3 050	8.3	8.2	19	19.5	181	182	46	47	3'44"	3'42"
及格	78	2 900	2 950	8.5	8.4	17.7	18.2	178	179	44	45	3'49"	3'47"
及格	76	2 800	2 850	8.7	8.6	16.4	16.9	175	176	42	43	3'54"	3'52"
及格	74	2 700	2 750	8.9	8.8	15.1	15.6	172	173	40	41	3'59	3'57"
及格	72	2 600	2 650	9.1	9	13.8	14.3	169	170	38	39	4'04"	4'02"
及格	70	2 500	2 550	9.3	9.2	12.5	13	166	167	36	37	4'09"	4'07"
及格	68	2 400	2 450	9.5	9.4	11.2	11.7	163	164	34	35	4'14"	4'12"
及格	66	2 300	2 350	9.7	9.6	9.9	10.4	160	161	32	33	4'19"	4'17"
及格	64	2 200	2 250	9.9	9.8	8.6	9.1	157	158	30	31	4'24"	4'22"
及格	62	2 100	2 150	10.1	10	7.3	7.8	154	155	28	29	4'29"	4'27"
及格	60	2 000	2 050	10.3	10.2	6	6.5	151	152	26	27	4'34"	4'32"
不及格	50	1 960	2 010	10.5	10.4	5.2	5.7	146	147	24	25	4'44"	4'42"
不及格	40	1 920	1 970	10.7	10.6	4.4	4.9	141	142	22	23	4'54"	4'52"
不及格	30	1 880	1 930	10.9	10.8	3.6	4.1	136	137	20	21	5'04"	5'02"
不及格	20	1 840	1 890	11.1	11	2.8	3.3	131	132	18	19	5'14"	5'12"
不及格	10	1 800	1 850	11.3	11.2	2	2.5	126	127	16	17	5'24"	5'22"

表9.5　大学生男生体质健康评分标准(2014年修订版)

等级	单项得分	肺活量 (ml) 大一大二	肺活量 (ml) 大三大四	体前屈 大一大二	体前屈 大三大四	立定跳远 大一大二	立定跳远 大三大四	引体向上 大一大二	引体向上 大三大四	1 000 米 大一大二	1 000 米 大三大四	50 米 大一大二	50 米 大三大四
优秀	100	5 040	5 140	24.9	25.1	273	275	19	20	3′17″	3′15″	6.7	6.6
优秀	95	4 920	5 020	23.1	23.3	268	270	18	19	3′22″	3′20″	6.8	6.7
优秀	90	4 800	4 900	21.3	21.5	263	265	17	18	3′27″	3′25″	6.9	6.8
良好	85	4 550	4 650	19.5	19.9	256	258	16	17	3′34″	3′32″	7	6.9
良好	80	4 300	4 400	17.7	18.2	248	250	15	16	3′42″	3′40″	7.1	7.0
及格	78	4 180	4 280	16.3	16.8	244	246			3′47″	3′45″	7.3	7.2
及格	76	4 060	4 160	14.9	15.4	240	242	14	15	3′52″	3′50″	7.5	7.4
及格	74	3 940	4 040	13.5	14	236	238			3′57″	3′55″	7.7	7.6
及格	72	3 820	3 920	12.1	12.6	232	234	13	14	4′02″	4′00″	7.9	7.8
及格	70	3 700	3 800	10.7	11.2	228	230			4′07″	4′05″	8.1	8
及格	68	3 580	3 680	9.3	9.8	224	226	12	13	4′12″	4′10″	8.3	8.2
及格	66	3 460	3 560	7.9	8.4	220	222			4′17″	4′15″	8.5	8.4
及格	64	3 340	3 440	6.5	7	216	218	11	12	4′22″	4′20″	8.7	8.6
及格	62	3 220	3 320	5.1	5.6	212	214			4′27″	4′25″	8.9	8.8
及格	60	3 100	3 200	3.7	4.2	208	210	10	11	4′32	4′30	9.1	9
不及格	50	2 940	3 030	2.7	3.2	203	205	9	10	4′52″	4′50″	9.3	9.2
不及格	40	2 780	2 860	1.7	2.2	198	200	8	9	5′12″	5′10″	9.5	9.4
不及格	30	2 620	2 690	0.7	1.2	193	195	7	8	5′32″	5′30	-9.7	9.6
不及格	20	2 460	2 520	-0.3	0.2	188	190	6	7	5′52	5′50	9.9	9.8
不及格	10	2 300	2 350	-1.3	0.8	183	185	5	6	6′12″	6′10″	10.1	10

（三）提高体测各项成绩的训练方法

1. 身高体重

　　身高体重是测学生的BMI（Body Mass Index，BMI）指数。BMI指数是用体重公斤数除以身高米数平方得出的数字，是国际上常用的衡量人体胖瘦程度以及是否健康的一个标准。标准参考范围是在18.5—23.9。所以学生必须在身高一定的前提下，把体重控制在一个合理的范围，既不能太胖也不能太瘦，可以根据自己的身高和BMI指数计算公式来推算出自己大概的标准体重范围。

2. 肺活量

肺活量是一个人做吸气后再做最大呼气呼出气流的量。成年男子的肺活量在 3 500—4 000 毫升，成年女子的肺活量约 2 500—3 000 毫升。肺活量主要取决于胸腔壁的扩张与收缩的宽舒程度。为了充分发挥肺功能的潜在力，可采取以下简便易行的方法增加肺活量。

深呼吸法。先慢慢地由鼻孔吸气，使肺的下部充满空气。吸气过程中，由于胸廓向上抬，横膈膜向下，腹部会慢慢鼓起。然后再继续吸气，使肺的上部也充满空气，这时肋骨部分就会上抬，胸腔扩大，这个过程一般需要 5 秒钟。最后屏住呼吸 5 秒钟。经过一段时间的练习，可以将屏气时间增加为 10 秒，甚至更多。肺部吸足气后，再慢慢吐气，肋骨和胸骨渐渐回到原位。停顿一二秒钟后，再从头开始，反复 10 分钟。练习时间长了，能成为一种正常的呼吸方法。

测肺活量时的态度、仪器设备和肺活量测试本身存在的技巧与方法的不足都会导致测试结果不理想，不能反映真实的肺活量水平，影响《国家学生体质健康测试》的总成绩。因此做好测试前的动员工作尤其重要。教师最好先集中讲解，让学生认识测试的重要意义，端正态度，鼓舞学生取得理想成绩。教师动员后出示肺活量仪器、吹嘴，让学生了解测试的工作原理和吹嘴的正确使用方法，减少测试时出现"人机不配合"的现象。教师示范几种典型的错误吹法，让学生学会判断动作的正误。最后完整示范，用测试结果来说明只要态度认真、方法正确就能取得好成绩。正确的吸气方法是成功的基础。

先吐气再吸气。测试时单手握手柄，检查吹嘴的位置，然后微弯腰，徐徐吐气，紧接着立刻张大嘴巴用力吸气。肺是有弹性的，这样的吸气方法可以吸得更深，让肺获取更多的空气。

抬头，挺胸，提踵。吸气时做到抬头挺胸，上身仰起，最后要吸到踮脚尖，双手配合着举过肩膀，要明显听到吸气声，尽可能地多吸气。

二次吸气。一种是在张大嘴吸气后立刻抿嘴并迅速用鼻子吸气，吸的气体虽不是很多，但可以充分利用吸气器官辅助吸气。另外一种方法是"咬气"，大口吸气后快速用嘴巴再"咬"一些气体，存放在口腔里。这两种方法需要学生多次练习才能体会掌握。

吸满 3 秒钟。在测试过程中，学生吸气强度不足、时间短是通病。根据上述，吸气时要让学生默数到 3 秒后才能吐气，确保吸气充分。吐气方法因人而异。肺活量测试分吸气和吹气两部分，吸气充足后要靠吐气来完成测试，而电子肺活量测试仪对气体的微弱变化十分灵敏，如何吹气最有效需要反复实验。笔者认为，吐气是否吐尽是获得好成绩的关键，在练习时，让学生在正常的呼气后屏住呼吸，然后尽力吸气，以获得吐尽余气的体验，学生掌握方法后可以选择适合自身的吹气方法。猛吹到底。对于体重较重、比较瘦小的学生，笔者建议靠爆发力，在吸气的基础上猛烈地吹到底。这种方法需要把吹嘴控制好，堵严实，不能因为用力太猛而跑气。

10 秒钟原理。鉴于电子肺活量仪的工作原理，笔者找不同的学生反复实验后提出"10 秒钟原理"：在吸足气的基础上控制好气息，不紧不慢地吹足 10 秒钟，并且到最后结合吐尽气的方法，把气吐尽。往常许多学生吐气时间在 5 秒之内，经过练习大多数学生的成绩有 300—500 毫升的提升空间。这种方法需要控制气流，气息不能太小，要平稳。

3. 坐位体前屈

坐位体前屈是测试学生在静止状态下的躯干、腰、髋等关节可能达到的活动幅度，主要反映这些部位关节、韧带和肌肉的伸展性和弹性及学生身体柔韧素质的发展水平。人的四肢的长度是有比例的，立位或坐位体前屈成绩较差，不是腿长胳膊短的原因，主要是由于躯干、腰、髋关节的韧带、肌肉的伸展性差引起的。由此，坐位体前屈的成绩是可以锻炼出来的。

（1）测试步骤：

• 将仪器放置在平坦地面上。测试前，用尺进行校正，即将直尺放在平台上，使游标的上平面与平台呈水平，将游标的刻度调到 0 位。

• 测试前，受试者应在平地上做好准备活动，以防拉伤。

• 受试者坐在连接于箱体的软垫上，两腿伸直，不可弯曲，脚跟并拢，脚尖分开 10—15 厘米，踩在测量计垂直平板上，两手并拢。

• 两臂和手伸直，渐渐使上体前屈，用两手中指尖轻轻推动标尺上的游标前滑（不得有突然前伸动作），直到不能继续前伸时为止。

• 测试计的脚蹬纵板内沿平面为 0 点，向内为负值，向前为正值。记录以厘米为单位，取小数点后一位。如为正值则在数值前加"+"符号，负值则加"-"符号。

充分的热身是保证柔韧练习取得最好效果的前提，体温过低将影响到肌肉的状态。在进行柔韧性练习之前，首先应该做好充分的准备活动，最好先慢跑 1 000—2 000 米，或者先打半个小时的篮球，当全身已经活动开了，练习立位或坐位体前屈就会比较简单，同时也不易受伤。

（2）平时练习坐位体前屈的方法：

坐压腿：双腿分开坐在地面上，一条腿屈膝，脚跟接触伸展腿的内侧。呼气，上体前倾贴近伸展腿大腿的上部。伸展腿膝部保持伸直，动作幅度尽量大。保持这个姿势 15 秒，拉伸 3—5 次。

压腿：在高台前站立，一条腿伸直放在台上，另一条腿支撑地面。呼气，双腿膝关节伸直，髋关节正对台子。上体前倾，贴近台上大腿上部，双手扶踝关节前部。伸展腿膝部和背部保持伸直，压 8 个八拍，最后一个八拍结束后可静止拉伸 5 秒左右，然后两腿交换。要求伸展腿膝部和背部，动作幅度尽量大。

直膝分腿坐压腿：双腿尽量左右分开，坐在垫子上，双手体前扶地。双手从腿内侧去抓住双腿的脚踝，重复 3—5 次。然后呼气，转体，上体前倾贴在一条腿上，双手扶在身体前倾一侧腿的踝关节前部。要求充分伸展双腿和腰部。

跨栏坐：双腿尽量左右分开，坐在地面上，成跨栏坐姿势，呼气，转体，上体前倾贴在一条腿上，双手扶在身体前倾一侧腿的踝关节前部，保持 15—20 秒，重复 3—5 次，然后交换腿进行。要求两条腿尽量左右分开。

双脚开立体前屈练习法（立位练习法）：双脚开立同肩宽，膝关节伸直，腰部、背部放松，双手自然下垂，加振动做体前屈练习。

4. 引体向上

引体向上是测量男生背部肌肉力量的测试方法。引体向上是最为经典也是最有效的背部训练方法之一，对背部的锻炼效果非常显著，尤其是在使用正握宽距的情况下，可以更好地对背部进行刺激，坚持进行引体向上训练可以明显地增粗臂部的肌肉体积，增强背部的肌肉力量以及手臂的肌肉。

引体向上的主要发力部位是背部和手臂，因此除了背部肌肉的增强外，手臂训练的增强也是十分明显的，如果想要手臂训练更强，可以使用反握窄距握法，让手臂的参与力度更大。

（1）提高引体向上成绩的练习方法：

悬垂：可以支臂悬垂或是屈臂悬垂，双脚离地。做 3 组，每组做到力竭。

斜身引体：找一条高度约在腰部的单杠，脚跟着地，挺胸收腹，收紧肩胛骨拉起上身，胸部靠近单杠。做 3—5 组，每组 15—20 次。

掌心向外握紧横杆：当以这种姿势引体向上的时候，肱二头肌和背阔肌会得到很好的锻炼。掌心向外引体向上被认为是最难的自重引体向上方式。开始的时候保持手臂伸直，下巴要超过横杆。将身体上拉至下巴微微超过横杆，用背部肌肉和肱二头肌的力量将自己拉起，可能需要用尽全力。使身体下降至胳膊几乎完全伸直，下降过程中控制身体，这样可以更好地锻炼肌肉，也可以为下次上拉做准备。当手臂快要伸直的时候，再一次引体向上，突破极限。做尽可能多的次数。如果可以的话，做 3 组，每组 10 次。

反手引体向上：这个动作和经典引体向上很像，只不过掌心应当朝向自己抓住横杆的方向，而不是掌心向外。这个动作相对容易一些并且可以锻炼肱二头肌以及上背肌肉。这个动作是很好的肱二头肌复合训练，有助于提升练习者做引体向上的表现。

（2）引体向上进阶版：

试试"引体向下"。它和常规的引体向上很相似，但有支撑物帮助练习者将下巴拉过横杆。当缓慢下降至初始姿态的时候，力量会得到锻炼。在一段时间的引体向下之后，会发现自己在常规引体向上上大有进步。

跳跃引体向上。当跳起来做引体向上时，跳跃中获得的动力会帮助练习者将身体推高，这样就可以更容易地让下巴超过横杆。这是做经典引体向上的绝佳练习。

5. 仰卧起坐

仰卧起坐是一种常见的腹肌训练方法，它可以帮助练习者锻炼腹肌，强化核心力量，提高体能水平。除了传统的仰卧起坐，还有一些辅助训练方法可以帮助练习者更好地完成仰卧起坐，下面就为大家介绍几种常见的仰卧起坐辅助训练方法。

（1）使用哑铃进行仰卧起坐。将哑铃放在胸口，双手握住哑铃，做仰卧起坐的动作。这种方法可以增加重量，增加训练强度，加快腹肌的生长速度。

（2）使用健身球进行仰卧起坐。将双脚放在健身球上，双手放在胸前或头后做仰卧起坐的动作。这种方法可以增加难度，增加平衡训练，加强核心肌群的训练效果。

（3）使用拉力绳进行仰卧起坐。将拉力绳固定在高处，将绳子卡在头后或胸前做仰卧起坐的动作。这种方法可以增加拉力，增加训练强度，加强腹肌的训练效果。

（4）呼吸方法与动作协调配合。在进行仰卧起坐练习时，要求学生向后倒时吸气，往前屈体时呼气。如很难完成动作，在吸气到底后，进行不超过2秒的闭气也可以有效地完成动作。

6. 短跑50米

50米跑主要是测量学生的速度素质，决定短跑成绩的因素主要是步频和步长。另外腿部要有好的爆发力，同时要有强壮的上肢来摆臂协调。

爆发力由两个有机组成部分确定，即速度与力量。因此，可采用以下练习方法：跳深、纵跳、负重纵跳、负重蹲跳起、负重深蹲、负重弓箭步交换跳。

发展步频：30米冲刺—60米冲刺—80米冲刺，8—10组，关键在于提高步频，下坡路跑提高成绩效果显著。在2—3度的斜跑道上，快速完成上坡或下坡加速跑练习，距离40—50米。高速大幅度摆动腿，要求在快速摆动中完成合理的折叠技术，摆动腿时大小腿折叠得越紧，半径越小，摆速越快。加快脚掌着地速度练习，要求尽可能地缩短腾空时间。进行快速摆臂、摆腿练习，要求腿臂动作协调进行。

发展步幅：步长的大小主要决定于跑时的后蹬力量、后蹬角度、摆动力量、摆动速度，以及髋关节的灵活性等。发展步幅要着重发展大腿的伸肌、屈肌的力量和髋关节的灵活性，侧重于提高肌肉的快速收缩速度，加强对神经系统的兴奋与抑制过程的灵活训练，提高肌肉快速收缩力量与肌肉的放松能力。练习方式包括：体前屈练习，把杆拉腿、纵、横臂叉、踢腿（正、侧面以及外摆内合四个方面）、快速的蹲立练习；负重换腿跳、负重大步走、负重跑、负重跳台阶、跑台阶、大幅度的跨步跳（要求摆动腿积极下压和小腿由前向后积极着地）、蛙跳、单足跳等练习，以提高跑时的后蹬能力。与此同时，还可以采取高抬腿跑、拉橡皮条高抬腿"车轮跑"、收腹跳等训练手段，以提高摆动速度，并且采取其他一些训练方法和训练手段，加强髋关节的灵活性和肌肉的伸展性。

提高短跑速度：速度很显然是影响短跑成绩的一个重要因素。以90%—95%的强度进行20—60米跑，每组跑4—5次，每次休息3—6分钟，进行2—3组，这将有助于提高速度。同时，改变短跑的起跑姿势，采取站立式、转身式和行进间起跑，也有助于提高速度。

认真做好运动前的准备活动：田径运动很容易造成肌肉、关节和韧带损伤，尤其下肢受伤的机会更多，防止损伤的唯一办法是赛前的准备活动，准备活动做得越充分越不容易受伤。可在慢跑的基础上对肩关节、肘关节、背腰肌肉、腿膝踝关节等部位进行活动，强化肌肉韧带的力量，提高机体的灵敏性和协调性，从而防止受伤，提高运动成绩。运动或比赛后应做好放松活动，以尽快恢复体力和肌肉的力量。方法是对身体各部分进行放松性的抖动、拍打。

7. 立定跳远

立定跳远主要是测量学生的下肢爆发力。

（1）立定跳远的动作要领有：

预摆：两脚左右开立，与肩同宽，两臂前后摆动。前摆时，两腿伸直；后摆时，屈膝降低重心，上体稍前倾，手尽量往后摆。要点：上下肢动作协调配合，摆动时一伸二屈降重心，上体稍前倾。

起跳腾空：两脚快速用力蹬地，同时两臂稍曲由后往前上方摆动，向前上方跳起腾空，并充分展体。要点：蹬地快速有力，腿蹬和手摆要协调，空中展体要充分，强调离地前的前脚掌瞬间蹬地动作。

落地缓冲：收腹举腿，小腿往前伸，同时双臂用力往后摆动，并屈膝落地缓冲。要点：小腿前伸的时机要把握好，屈腿前伸臂后摆，落地后往前不往后。

（2）立定跳远的辅助练习：

挺身跳：原地屈膝开始跳，空中做直腿挺身动作，髋关节完全打开，做出背弓动作，落地时屈膝缓冲。

单足跳前进练习：一般采用左（右）去右（左）来的方法进行练习，距离控制在25—30米左右，完成3—4组。

收腹跳练习：从原地直立开始起跳，空中做屈腿抱膝动作或双手在腿前击掌，落地时一定要屈膝缓冲。越过一定高度兼远度或一定远度兼高度。个别辅导，纠正存在的错误动作。①预摆不协调。解决办法：反复做前摆直腿后摆屈膝的动作，由慢到快。②上体前倾过多，膝关节不屈，重心降不下去，形成鞠躬动作。解决办法：做屈膝动作，眼睛往下看，垂直视线不超过脚尖，熟练后就可不用眼睛看了。③腾空过高或过低。解决办法：利用一定高度或一定远度的标志线来纠正这类错误。

蹲起跳：这是主要发展腿部肌肉力量和踝关节力量的练习。双脚左右开立，脚尖平行，屈膝向下深蹲或半蹲，两臂自然后摆，然后两腿迅速蹬伸，使髋、膝、踝三个关节充分伸直，同时两臂迅速有力向前上摆，最后用脚尖蹬离地面向上跳起，落地时用前脚掌着地屈膝缓冲，接着再跳起。每次练习15—20次，重复3—4组。

单脚交换跳：这是发展小腿、脚掌和踝关节力量的练习。上体正直，膝部伸直，两脚交替向上跳起。跳时主要是用踝关节的力量，用前脚掌快速蹬地跳起，离地时脚面绷直，脚尖向下。原地跳时，可规定跳的时间（30秒—1分钟）或跳的次数（30—60次）。行进间跳时，可规定跳的距离（20—30米）。以上练习重复2—3组。

跑跳步：跑跳步主要是用来发展腿部后群肌肉和踝关节的力量，训练身体的协调性。用右（左）腿直膝向前上方跳起，同时左（右）腿屈膝向上举，右腿落地，然后换腿，用同样方法跳，两臂配合腿前后大幅度摆动。跳时踝关节和前脚掌要用力，整个动作连贯轻快。与舞蹈的"跑跳步"动作类似。

纵跳摸高：这是发展腿部肌肉和踝关节力量经常采用的一种练习方法。两脚自然开立成半蹲预备姿势，一臂或两臂向上伸直，接着两腿用力蹬伸向上跳起，单手或双手摸高。每次练习10次左右，重复3—4组。

蛙跳：这是发展大腿肌肉和髋关节力量的练习。两脚分开成半蹲，上体稍前倾，两臂在体后成预备姿势。两腿用力蹬伸，充分伸直髋、膝、踝三个关节，同时两臂迅速前摆，身体向前上方跳起，然后用全脚掌落地屈膝缓冲，两臂摆成预备姿势。连续进行5—7次，重复3—4组。

8. 中长跑1 000米/800米

1 000米（男生）和800米（女生）测试，主要是测试学生的心肺耐力。1 000米和800米都属于中长跑练习，中长跑主要需要提高耐力素质。此项测试占总分的比值最大，而且也是大学生们比较弱势的项目，因此要提高中长跑测试成绩，在于平时坚持不懈的练习，并且掌握正确的跑步技巧。

（1）跑步技巧：

呼吸方法：中长跑过程中，人体消耗能量大，对氧气的需要量也大，因此，掌握正确的呼吸方法很重要。中长跑途中，为了加大肺通气量，呼吸时采用口鼻同时进行呼吸的方法。呼吸节奏应和跑步节奏相配合，一般采用两步一呼、两步一吸，或三步一呼、三步一吸。呼吸时要注意加大呼吸深度。

"极点"和"第二次呼吸"：中长跑时，由于氧气的供应落后于身体的需要，跑到一定距离时，会出现胸部发闷、呼吸节奏被破坏、呼吸困难、四肢无力和难以再跑下去的感受。这种现象被称为极点。这是中长跑中的正常现象。当极点出现后，要以顽强的意志继续跑下去，同时加强呼吸，调整步速。经过一段距离后，呼吸变得均匀，动作重新感到轻松，一切不适感消失，这就是所谓的第二次呼吸状态。

在中长跑运动中，多因准备活动不充分，容易发生腹痛情况，主要是由胃肠痉挛引起，此时切不可紧张，可用手按住痛的部位，减慢跑速，多做几次深呼吸，坚持一段时间，疼痛就会消失。

或者采用跟随跑战术：出发后，始终跟随在领先者或小集团后面，力争在最后冲刺阶段超过对手，率先通过终点。

还有跑步的动作：跑步时一定要放松、协调。这就要求建立在正确动作的基础上，脚的着地应用全脚掌着地，屈膝缓冲过渡到前脚掌蹬地。上体正直放松，两臂自然有力的摆动。

（2）练习方法：

速度和专项能力练习准备活动：平时慢跑1 000米，适应后再慢跑1 500米，不断延长跑步距离，让耐力增强。另外，还可以进行各种拉长训练、协调训练、冲跑、弹性跑训练等。

速度练习：30米、60米、80米、100米、150米速度练习，这在中后期冲刺阶段需要用到，主要提升专项能力。

小力量、一般耐力练习准备活动：慢跑1 500—2 000米，增强自身耐力，如果情况允许，可以练习冲跑和弹性跑，增加自身腿部力量和摆臂速度。

持续练习：拿着杠铃跳台阶，提升身体素质，增加腿部力量和抗阻力的能力。

多项身体素质练习小步跑：是经典的训练方法，很多人都会这样训练，效果明显，对加强脚蹬地的感觉有帮助。

摆臂练习：眼看前方，身体不要晃动，手臂自然摆动，并不断提高摆臂的速度，直到手臂累为止。

起跑练习：起跑非常关键，因为起跑速度快，可以帮助自身抢占有利位置，所以，在平时要多加练习，可以请同学帮忙发令，快速摆动手臂和迈腿跑起来。

韧带练习：在跑步过程中，韧带是最容易拉伤的，尤其是在疲劳的状态下，所以，为了避免伤害，需要压好韧带。

四、运动与营养

（一）营养的概念

营养是指人体从外界环境摄取食物，经过消化、吸收和代谢，利用其有益物质，供给能量，构成和更新身体组织，以及调节生理功能的全过程。"营"指谋求，"养"指养生，营养就是滋养或被滋养的行为，其含义为谋求养身。人们的日常生活与营养息息相关，不同食物营养价值的优劣，每日三餐食物的选择与搭配，不同人群的膳食需求等生活中常见的问题均离不开营养。

（二）营养素的概念

人体在运动时需要大量消耗能量，而能量的供应来源于食物。食物中经过摄取、消化、吸收和代谢，能够维持生命活动的必需成分称为营养素，主要包括糖类、脂类、蛋白质、矿物质、维生素和水，它们是维持人体生命活动、保证身体运动能力的基础。其中，糖类、脂肪、蛋白质和水在平衡膳食中需要量较大，称为宏量营养素或常量营养素，而维生素和矿物质在平衡膳食中仅需少量，称为微量营养素。

1. 糖的营养功能及食物来源

糖是人体获取能量的最经济和最主要的膳食来源。在维持人体健康所需要的能量中，55%—65%由糖提供。糖能够储存和提供能量，是构成人体组织的重要物质，并参与细胞的组成和多种活动。

淀粉是糖的主要来源，如粮谷物和薯类食物。粮谷物一般含糖60%—80%，薯类为15%—29%，豆类为40%—60%。单糖和双糖的来源主要是蔗糖、糖果、甜食、糕点、水果、含糖饮料和蜂蜜等。常见含糖量高的食物有粳米、小米、挂面、小麦、粉条、赤小豆和绿豆。

2. 脂肪的营养功能及食物来源

脂肪是人体储存和供给能量的主要来源。在安静状态下，人体60%的能量来源于体内脂肪。当人体摄入的能量过多时，就会转变为脂肪储存；当人体需要能量时，脂肪细胞中的酯酶可催化甘油三酯分解，通过氧化释放能量满足机体需要。1克脂肪产生的能量约为39.7千焦（9千卡）。

脂肪摄入过多，可导致肥胖、心血管疾病、高血压和某些癌症发病率的升高。限制和降低脂肪的摄入，是预防此类疾病的重要措施。我国营养学会推荐成人一般脂肪摄入量应控制在总能量摄入的20%—30%，运动员也不应该超出此范围。脂肪含量多的食物有猪肉（肥肉、瘦肉）、羊肉（肥瘦）、鸭肉、鸡腿、鸡翅、鸡蛋。

3. 蛋白质的营养功能及食物来源

蛋白质是细胞的主要组成成分，约占细胞干重的80%。蛋白质可以促进体内各种生理、生化反应的进行，保持机体的渗透压和血液的酸碱平衡，同时具有保护和防御功能，如抗体可以抵制外来微生物及其他有害物质的入侵。运动时摄入充足蛋白质可以促进肌肉体积和力量的提高，还可以有效延缓运动性疲劳的发生，具有促进运动能力提高的作用。

蛋白质广泛存在于动植物性食物中。动物蛋白质量好、利用率高，但同时富含饱和脂肪酸和胆固醇；而植物蛋白利用率较低。因此注意蛋白质互补，适当进行搭配非常重要。常见的含有较多动物蛋白的有猪肉、牛羊肉、鸡肉、鸡蛋和草鱼，常见的含有较多植物蛋白的有生花生仁、黄豆、大豆、赤小豆、紫菜干、蘑菇干等。

4. 矿物质和维生素

矿物质也叫无机盐，属于无机物，在生命中绝不可少。根据人体对其需求量的多少，分为常量元素和微量元素。需求量在100毫克以上的称为常量元素，如钙、磷、钾、镁、钠等；需求量低于100毫克的叫做微量元素，如铁、碘、铜、锌、硒等。多喝奶制品，吃鱼、肉、豆制品及新鲜瓜果蔬菜能有效补充矿物质。

维生素是一种特殊营养素，它既不参与人体组织构造，也不能提供能量，其主要作用是调节人体各种物质代谢，故被称为"生命的催化剂"。人体对它的需要量极少，一般以毫克或微克计算，但又绝对不能缺乏。维生素有一个庞大的家族，通常根据其溶解性不同分为脂溶性维生素和水溶性维生素两类。其中脂溶性维生素主要有维生素A、维生素D、维生素E、维生素K。它们不易溶于水，只溶于脂肪。水溶性维生素包括B族维生素（如维生素B_1、维生素B_6、维生素B_{12}等）和维生素C。其中任何一种维生素缺乏，都可产生相应的缺乏症。各种维生素主要存在于蔬菜、水果、动物内脏等食品中。

五、运动营养补充剂和运动饮料

（一）运动营养补充剂

1. 运动营养补充剂的概念

目前，国内外对运动营养补充剂还没有一个统一的概念。美国将运动营养补充剂归于膳食补充剂的范畴，美国《膳食补充剂、健康与教育法案（1994）》将膳食补充剂定义为一种可添加到膳食中的产品，可以是维生素、氨基酸、矿物质、草药、植物性物质或其他可补充到膳食中的膳食物质或浓缩物、代谢物、组成物、提取物的一种或几种物质的混合物。总之，具有强力作用的膳食补充剂被认定为运动营养补充剂。

我国对运动营养补充剂的称谓有很多，如运动营养品、强力营养素、强力营养物质、高效运动营养因子、运动营养保健品、运动营养补充剂等。目前普遍认为，运动营养补充剂是适用于专业或业余运动人群食用的，能满足运动人体的特殊营养需要或具有特定运动营养保健功能的食品或口服制品，其主要作用在于提高运动能力、促进恢复和防治运动引起的机体机能紊乱与疾病。在运动营养补充剂中，大多数成分是从自然食物中提取的具有特定功效的活性物质，也有一些特定的成分虽不具有营养素的特征，但可以调节身体的物质代谢。根据运动员身体特点及运动项目不同，在正常膳食营养的基础上合理地使用运动营养补充剂，可以有效地提高运动员的运动能力。

2. 运动营养补充剂的分类

运动营养补充剂按照功效可分为增加肌肉蛋白质合成代谢的运动营养补充剂，提供能量或促进代谢的运动营养补充剂，以及预防损伤、延缓疲劳和促进体能恢复的运动营养补充剂等。

（1）增加肌肉蛋白质合成代谢的运动营养补充剂。这类营养补充剂可以促进肌肉蛋白质的生物合成，增长肌肉的体积和力量，提高运动员的运动能力。

（2）提供能量或促进代谢的运动营养补充剂。这类营养补充剂是为了满足运动员的特殊膳食需要，作为一类快餐食品帮助运动员快速补充能量，或者促进机体的物质代谢，促进运动时能量的生成，从而有效地提高运动员的运动能力。

（3）预防损伤、延缓疲劳和促进体能恢复的运动营养补充剂。这类营养补充剂能够有效地预防运动损伤，延缓运动疲劳的产生，促进运动员体能的

恢复。尽管其中有些未发现具有有效提高运动员运动能力的效用，但是能有助于维持或促进高强度训练期间运动员的身体健康。

无论是哪种补充剂都应该在科学指导下使用，并且以膳食营养为基础，不能取代运动训练。

（二）运动饮料

1. 运动饮料的概念

国家标准《运动饮料》（GB 15266—2009）中关于运动饮料的定义是：营养素组成及其含量能适应运动员或参加体育锻炼、体力活动人群的生理特点，能为机体补充水分、电解质和能量，可被迅速吸收的饮料。

2. 运动饮料的补充方法

人在感觉口渴时才想到补水，这是不正确的。因为当人感到口渴时，身体已丢失了体重3%左右的液体，此时人体的生理功能和运配下降。因此，科学的做法是运动前、中、后都注意及时补水。运动前2小时补充500毫升的运动饮料，可增加体内肌糖原、肝糖原储备。运动中宜采用少量多次的饮用方式，以防胃部不适，每15—20分钟补充125—250毫升运动饮料，可延长运动时间，延缓疲劳的发生。运动后及时补充丢失的液体，可加速恢复体内失去的水分、糖分、矿物质等，促进肌糖原和肝糖原的迅速恢复，达到消除疲劳的作用，方法是每丢失1 000克体重，补充1 000毫升液体。

课后作业

1. 简单说说男生如何提高引体向上能力。
2. 如何快速地减轻疲劳和恢复体能。

第十章　踏板操美学赏析
——以体育育身，以美育心

教学目标

　　了解踏板操美育的概念，能欣赏踏板操的美，并懂得鉴赏美和传递美。

本章导读

　　美学研究审美的特征和规律等根本性问题，是人类在长期社会实践的基础上审美经验的积累并加以系统化的一门学问。踏板操是一项体育运动，鉴赏踏板操的美学就要从体育美学的角度去探究。通过踏板操的体育表演艺术美、运动形式美、运动精神美、人体的身体美以及踏板操运动的物化美等方面，提高学生对美的鉴赏、审美的素养和创造力。

第一节　踏板操美育概述

一、踏板操美育的概念

　　2018 年，习近平总书记在全国教育工作大会上提出了"培养德智体美劳全面发展的社会主义建设者和接班人"的重要论断，将"体育"和"美育"置于重要的地位。体育关乎人民的健康，是一切革命事业的基础，"强国必先强种"；美育关乎社会主义精神文明建设，关乎社会意识、社会风气；关乎广大青年学生"本质力量"的发挥和素质禀赋的养成。

　　所谓美育，就是审美教育。体育与美育的结合，是近代学校体育中产生的，是传统健身、娱情（游戏）、竞技功能的延展。美育教育是贯彻体育课程的重要理念，主要侧重点在于提高学生对体育之美的认知，通过慕课和作业形式，定期组织学生观看体育精神的宣传片、代表性体育赛事、职业运动员训练纪录片及"体育美"赏析视频等，扭转普通高校对体育应试教育的错误定位，提升学生对体育美的感觉、鉴赏与创造能力。

二、踏板操美育的意义

学校体育具备深厚的美育功能，它被逐渐作为落实个体发展美育目的的重要载体，且当前高校开展的日益繁多的各类美育类体育运动项目，如踏板操、健身操、瑜伽、有氧舞蹈等课程，为美育教育提供了肥沃的土壤。根据运动训练学的体育项群理论原理，踏板操属于难美项群的体育项目，即要体现运动的"美"。踏板操可以很好地将"体育"和"美育"融合在一起，结合课程思政的育人功效，使学生达到身体和精神同育的效果。踏板操中所传达的运动美、体态美和由健康导向的人文精神美，是其他门类教学所不能替代的。通过踏板操课程思政的学习，使学生能更好地达到身体强健、姿态挺拔、意志坚定；树立正确的人生观、价值观；懂得什么是真正的仪表美、体态美、心灵美、自信美、力量美；让学生在精神上浸润积极阳光、拼搏向上、团结奋进的正能量以及对"美"的热爱与向往，从而提高育人质量，更好符合高校对于人才质量培养要求和国家培养德智体美劳全面发展的优秀社会主义接班人的期望！

三、踏板操美育特点

踏板操和健美操、有氧健身操等体育课程同属于健身舞蹈类体育课程，这类课程在美育育人方面具有独特的特点，如内在激情与喜悦通过面部表情的表达，身体的爆发力和控制力通过肢体语言的表达，以及心灵的涵养和修养通过仪表、体态、体姿来传递等。美的境界在于"以有限表现无限"。学生对运动技能的审美不应仅看到有形美，更应透过物象中介，进入其背后意义的感动与回味之中，以此从主客对立的"复制者"扭转为主客相融、物我一体的"审美者"，与运动融为一体，滋养身心、提升精神境界。

由于在课堂教学环节和训练环节缺少了美育教育，学生在美的感知与表达方面明显欠缺，无法分辨什么是健康的美、什么是正向的美，以及在竞技比赛中如何去表达力量美、柔软美和体态美，导致比赛成绩不够理想和在平时学习生活中去追求不健康的美，例如过度追求骨感美而节食，最后导致厌食症；或是羞于表达自己的体态美、形体美而刻意地含胸驼背等。因此亟须提高学生感知美和表达美的能力。

运动鉴赏、审美理想、运动感悟和教学情感是学校体育审美的主要内容，这些离不开体育教师对运动技能的美学诠释。而学生是运动技能的美学体验和遐想者。一项运动，只有了解其运动符号和运动元素，才能读懂并领会其中的美；只有学习掌握动作技能，才能引起情感体验。运动鉴赏与运动感悟等方面的美学体验与亲身实践有关，与具有引导学生进入美感体验的教学活动息息相关。因此，同学们要想在学习踏板操的过程中真正领略踏板操的美，就要认真掌握技术动作要领，积极投身于每一次课堂的分组练习、分组展示等，积极去领悟教师对于表现力和体态、体姿等运动美的阐释。

四、踏板操美育预期目标

（一）学生的"体育美"的鉴赏力、表达力和传递美的能力显著提高

通过踏板操教学中踏板操的比赛视频、表演视频的学习，学生更好地领悟了体育中的美，提高了鉴赏美的能力，从而能分辨什么是健康的美、什么是庸俗的美，陶冶心灵之后敢于表达自信美、形体美、仪表美、力量美和体态美。表达美和传递正向美的能力显著提升。

（二）学生的运动参与度提高，意志品质增强，身心更健康

通过踏板操体育课程思政教学改革的立德导向，不断提升学生的体育认知和身体改造能力，提高学生的综合体育素养。有效激发学生参与体育运动的自主性，使学生树立勤于体育学习和运动锻炼的责任感和使命感，提高学生的运动热情和积极参与校园各项体育活动赛事的主观能动性，建立自强、自立、自主的顽强意志力，建立终身体育意识，持续提升体质健康和心理健康水平。

（三）踏板操运动学生代表队的比赛成绩明显进步

通过"体—美—德"融教育，踏板操校代表队学生在竞技表现的能力上有了进一步的提高。学生受到更多的美的培养、美的熏陶以及美的感染，在比赛赛场上就能更好地发挥自己的内在表现力、肢体美的传达、力量美和形体美的展现，从而获得更好的比赛成绩。

（四）学生的爱国情怀、集体主义精神和创新精神普遍提升

通过播放中国健美操队踏板操比赛获得金牌的视频，培养学生的爱国情怀和拼搏精神；通过课堂上的分组练习、分组竞赛等教学形式，让学生充分体验互帮互助和团结友爱的精神；同时对于踏板操操化动作创编的教学要求，进一步提高学生的创新能力和领导动力。

☑ 本节小结

体育与美育的结合，是在近代学校体育中产生的，是传统健身、娱情（游戏）、竞技功能的延展。美育教育是贯彻体育课程的重要理念，主要侧重于提高学生对体育美的认知。

第二节　踏板操美学与审美

一、体育美学概述

体育美学是探讨人在体育领域内如何进行审美活动的一门科学。它是体育学的一个分支，也是美学的一个分支。

体育是以增强体质、提高运动技术水平、丰富文化生活为目的的一种社会实践活动，是为人的体力与智力和谐发展、志趣和审美能力充分发展服务的一种教育过程。体育能从形态和机能上完善人的身体，使其日益健美。运动时能产生机体舒适感，带来良好情绪，并给人以美感。体育中有许多寓教于乐的项目，其教育作用是在审美的过程中完成的。体育以身体运动为特殊手段，通过动作展示具体的形象，给人以审美享受。体育中充分展示的现实美，又常被作为各类艺术的对象。体育涉及的美学问题很多，比如人的身体形态，各运动项目与体形的关系，运动场地、器材及服装的设计，光线与颜色的调配，教学与训练中的美育，竞赛对观众审美情趣的影响，对于表现体育运动的艺术作品的创作与鉴赏，等等。

体育美学不仅帮助人们认识体育中的美，还积极地指导与体育有关的审美活动。随着社会的发展，体育显得越来越重要。我们开展体育美的研究，也是为了在体育运动中对人进行审美教育，使人的身心日臻优美完善，造就全面发展的一代新人。同时，开展体育美的研究还可促进动作技术趋向优美化和规范化，提高竞技运动的水平，追求人类美好的理想。

体育美学的建立，是现代体育发展的需要，是人类文明发展到一个新阶段的象征。体育美学使丰富的体育实践在理论上得到充实，将促进人类体育水平的提高，为各项运动不断寻求最完美的形式而做出贡献。与哲学相比，美学对体育的研究是具体的、形象的、直接的，着眼于体育过程中情感方面的、观赏方面的、含有较多艺术因素的审美活动。因此也可以说，体育美学是研究体育活动中的审美规律的一门学问。

二、踏板操美学的内在要素

踏板操作为一项体育运动，它的美学包含人体（身体）美、运动美、精神美和物化美。

（一）人体（身体）美

体育中的人体美不等于绘画美学中的人体美，体育中的人体美是动态的人体美，绘画中的人体美是静态的人体美。体育中的人体美包含强壮美、体态美、体型美、素质美、健康美和风度美。

强壮美表现为魁梧、强力，具有旺盛的生命力和巨大的运动能量，如踏板操运动员优美的肌肉线条、挺拔的身躯，通过踏板操的各种动作来体现自身的身体素质、体型、体态等。长期坚持踏板操运动的人与平时缺乏体育运动的人相比，在体格、体能、体型、体态、肌肉、肤色以及气质风度和精神面貌等方面区别是相当明显的。前者往往表现为体魄健壮、体型匀称、体态端庄、肌肉发达且富有弹性、肤色光泽红润、朝气蓬勃。

体态美是指人的形体和姿势的美。通过踏板操运动，使骨骼、肌肉等人体组织得到正常发育和发展。可以对人的身体形态加以改进和控制，并使之逐步完善。现在评价一个人的身体是否健康，体魄是否健美，通常都把体态作为一个重要的指标。在人的身体形态美方面，体现的形式要素有比例、匀称、和谐与线条。

体型美是指的人的身体结构类型美。体型美包含三个方面，即骨骼比例关系、脂肪含量多少和肌肉的发育程度。由此可以推断出，一个人的体型主要受遗传基因、生活环境和饮食水平的影响。但是人的体型也是可以改变的，通过踏板操锻炼，可以调整和改进原有的体型，并进一步塑造出理想的优美体型。踏板操属于有氧运动，能有效减去人体多余脂肪，提高肌肉含量，体现人体的体型美。

素质美是指人在身体素质方面所呈现的美。在踏板操运动中所体现的力

量、速度、协调、灵敏和柔韧，肌肉工作时的供能情况以及内脏器官和神经系统的调节水平等，都体现了人体的素质美。素质是以特殊形式存在于身体美之中，它不像身体美的其他要素那样直观，是通过体育运动和生活技能外显出来的。

健康美作为身体美的第一要素，是指身体机能正常，无缺陷和疾病，同时由于身体机能的完善，显示出一种良好的精神状态。健康美的外部表现特征为：身体各组成部分协调一致，肌肉、骨骼等形体结构呈优化组合，使之趋向于人的理想尺度。内在表现即是人的身体素质，它包括人的形态、机能、素质、运动能力、适应能力等多方面内容。健康美还包含人的精神面貌和心理发展水平。一般来讲，乐观向上、积极进取、热爱生活、对事业充满信心等，都是健康美的具体体现。

风度美是指人的风采、气质的美。所谓"言谈不凡、举止风流"就是指一个人的风度。风度是文化素养的结晶和升华，标志着一个人的精神生活发展到更高层次，它是通过人体的活动表现出来的。踏板操运动不仅能塑造健美的体格，而且可以使运动员和教练员形成某些高雅的气质，进而表现出一种风度，并且具有较高的审美价值，如举止大方、语言文明、尊重对手、服从裁判、关心队友、珍惜荣誉、自立自强等。

（二）运动美

运动美是指人在体育运动中的一种动态性的操作过程美，这种运动不是简单地等同于随随便便地跑跳和身体运动，而是具有体育技术的行为手段，有严格的运动技术规范。就踏板操运动而言，形成规范的运动技术造型，特别是那些高、精、尖、美的运动造型，凝聚了运动员们的艰苦实践和卓越的超越之美。运动美的基本要素包含技术美、战术美和风格美。

踏板操的技术美体现在运动员在上下踏板、转板、换板之间体现出来的准确性、协调性、连贯性、优美的节奏感和韵律感之中。技术美在踏板操运动中还体现在运动员之间的协调配合和技术风格，其实质是技术的个性之美。

踏板操属于技能主导类难美性项目，因此在战术方面没有太多的外在展示，从评分的角度来说具体体现在运动员的表现力、服装和器材的搭配等方面展示出来的美感。

风格美是在踏板操运动中体现运动员及运动队的技战术特点和特长之美，其实质是技术的个性之美。正是由于运动主体根据自身特点和条件创造了与众不同的技战术，才能构成自己独特的风格之美。这种独特的技战术特点能够制约和超越对手。

（三）精神美

踏板操运动中的精神美是人在体育运动中通过行为和作风所反映的内在品质、思想道德和情操上的美。主要是通过具体的、活生生的、健康文明的人体运动和与其直接表现出来的文明精神来使人们从运动员的外在行为上获得美的启发，感情上产生符合美的变化，进而得到精神上美的丰富和心灵的陶冶。

体育的一个重要功能是教育和培养人健全的精神和人格。踏板操活动和竞赛可以激发人对美好生活事物的追求，锻炼人的坚毅、忍耐、机敏、果断、勇敢、顽强等意志，培养人热爱生命、热爱集体、热爱祖国的情感，促进人们之间的相互了解、团结友谊和公平竞争。这种教育的前提是使运动员正确理解外在美与内在美的关系。人固然喜爱外表美，却应更重视内在美，即精神之美。

踏板操运动中的精神美的另一种表现形式是意志品质美。踏板操运动员在技术表演和展示健美形体的同时，挑战极限、超越自我，为国争光的顽强拼搏精神和胜不骄、败不馁、机智勇敢、沉着果断的优良品质，是时代的精神美，是社会的理想美。运动员参与到生动活泼的集体练习中，配合协调、默契、团结协作的集体主义精神及在各类比赛中服从裁判、尊重观众、听从指挥的行为品德，是在竞技体育运动中表现出来的伦理道德，是人与人之间的关系美和社会风尚美，是人的性格情操美的集中表现。

体育中的审美教育不同于一般的思想政治教育，是通过对体育美的感受，通过鲜明、具体的形象，以美感人，以情动人。对运动员自身是一个培养训练的过程，对广大观众是一种美的感染和熏陶。由此产生一种"移情"，引起观众的内心模仿，它使人们认识了人的价值力量，感受到了人类蓬勃向上的斗争精神。这就是美的巨大魅力给人的感染和熏陶。

（四）物化美

踏板操运动的物化美包含踏板操在比赛或表演过程中的服饰美、音乐美、踏板颜色款式与运动员服装式样和妆容的饰物美，从欣赏的角度还包括比赛或表演的环境美。

踏板操比赛服或表演服的设计风格与原则体现了体育服装的风格美，以实用为首要价值取向，又折射了表演者的文化内涵和内在的精神体现。同时与踏板的颜色、款式以及场地的背景颜色融为一体，和谐而美观，从色彩的角度、形象的角度体现美学元素。踏板作为一种器材，其材质、颜色、款式、构造等也体现了体育运动的饰物美，踏板是肢体运动的延伸，成为踏板操审美不可分割的一个有机组成部分。

踏板操的音乐更是直接地影响踏板作为一项表演评分项目的重要元素。音乐在比赛中占有一部分分值。踏板操音乐旋律是否动听，剪接衔接过渡是否自然，加入的特效音乐是否恰当，包括曲风是否积极向上、充满正能量，音乐是否能与踏板操动作和谐统一、完美融合，体现出编排之美，这些都直接影响着观众和裁判对于成套踏板操动作的美的感受。音乐美是艺术美的直接表现。

三、踏板操审美特征

踏板操的审美特征及表现形态如下。

（一）情感与运动共鸣——表现之美

踏板操是在规定时间内以一定的技能水平、表现力、美的展示来评分的运动项目。在踏板操运动中，运动员的形体、身高、体重以及身体各部分的比例要尽量符合人类审美的知觉方式，以此来展示出体魄美，运动员要以人类共同的审美标准来展示蕴涵的活力。运动员的内在精神气度和外在动作表现是表演美感水平的体现。运动员通过自己的肢体语言、面部表情以及激情来感染观众，体现美和表现美，给人们一种美好安定的感受。生活的美好，显示人类的本质力量，使人体美和精神美达到和谐统一。它的表现力体现为各种动作能轻松地完成，自信能力强，动作舒展优美，有力度感，节奏感好，动作与音乐紧密结合，并赋予良好的表现力，充分体现运动员的动作内涵、音乐韵味和个人的性格特征，充分地展示美，能够感染观众和裁判，给人深刻的印象，使人得到美的享受。

（二）整齐而活泼——均衡对称之美

运动员完成一套动作时，难度动作之间过渡连接的多样性动作和基本步伐的变换运用，充分显示了追求均衡的形式美。另外，在动作组合和难度动作的选择上，它不是集中于一个平面上，而是均匀地分布在三大平面和空中、地上以及板上。同时身体两侧力量和柔韧的平衡和对称，使踏板操整套动作整齐活泼。

（三）刚柔并济，粗犷婉转——对比和谐之美

在踏板操中，对比主要用于色彩、形体、音乐及服饰。利用黑白、红黑、黄与绿等对比，往往能获得出奇制胜的效果。形体方面，男运动员强壮的身体、发达的肌肉与女运动员匀称的身材、秀美的曲线形成了刚与柔的对比。在编排和完成动作中，男运动员的坚实挺拔、粗犷刚健与女运动员轻柔灵巧、温雅流畅的动作相互辉映起到了强调和突出对方的作用。踏板操的音乐有张有弛，徐疾强弱，在这样的音乐伴奏下，运动员时而激情奔放，时而舒缓抒情，极具吸引力的面部表情和充沛的体能深深感染着观众。

和谐是形象中各成分、各因素之间的协调关系，使观众与之共鸣，产生美的享受。运动员着装颜色的调和，服装与踏板及四周颜色的调和，音乐节奏和旋律的调和，音乐和动作的调和，运动员个人动作的协调以及与队员的默契配合等均是和谐的体现。

（四）节奏与律动同步——节奏旋律之美

踏板操运动员在音乐伴奏下，把旋律的空间和节奏的时间与运动技能技巧及运动方位等结合起来，使自己投入美的旋律中，同时也让我们感受到美妙的旋律所表达的内容。

（五）踏板操生命活力所在——创造之美

创新是踏板操的生命，没有创新就没有踏板操的发展。一套创编出色的踏板操会使人难以忘怀，感到其与众不同。成套动作的创造性表现在：完全新颖的音乐和独特的动作设计，独到的表现力和吸引力，新的托举支撑或其他身体动作或过渡，两个八拍的新的踏板操动作组合。踏板操的创编可易可难，新颖独特，显示了人类征服自然、超越自身生理极限、开发和表现人的自身潜能的能力。创新是社会进步永恒的话题，创新孕育新生命。踏板操之所以具有美的特性，就在于它是富有创造性的项目。

（六）难美复杂，彰显个性——多样统一之美

踏板操运动员发达的肌肉、匀称的体型、优美的线条、身着同一颜色和款式的服装、同样的发型发式，给人以雄健、庄重的感觉。动作的一致性、队形变化的一致性、器械抛接高度的一致性、高难动作完成的一致性，都让人感到整齐又协调，既优美又统一的形式之美。

多样体现了各个事物个性的千差万别，统一则体现了各个事物的共性和

整体联系。踏板操运动中有动作组合的多样性，以及空中到地面及其相互转换的过渡动作、动作节奏、队形变化和艺术风格的多样性。但踏板操运动又在这些多样性中求统一，在参差中求整齐，体现了多样统一性。多样统一使人感到既丰富又单纯，既活泼又有秩序的美感。

综上所述，无论是健身性踏板操还是有氧性踏板操，不仅显示了人的体能的完美，而且充分显示了其均衡、对称、和谐、对比、节奏、创造及多样统一等形式美的特征，给人以美的享受。

课后作业

1. 谈谈通过对本章的学习，你对于运动美是如何理解的。
2. 如何传播踏板操运动中的美，如何鉴别踏板操运动中的美。

第十一章 踏板操运动损伤预防
——强化安全意识，防范于未然

教学目标
1. 了解踏板操运动损伤的形成原因。
2. 预防并避免踏板操运动损伤的发生。

本章导读

分析踏板操运动损伤的原因及其特点，对运动损伤进行分类。通过本章学习，学生可以有效地掌握预防运动损伤的方法，减少运动损伤的发生，能更好地促进踏板操运动的普及和推广。

运动损伤是指在体育运动过程中发生的各种损伤。随着踏板操运动在我国的迅速发展以及在新版规则的导向下，竞技踏板操运动形式日趋多样化，动作的幅度与难度越来越大，动作的技术水平越来越全面，强度也越来越高，尤其是踏板操运动员发生运动损伤的概率也相应加大，给踏板操运动员正常的学习、训练和比赛造成了严重的困扰。因此，了解踏板操运动损伤的特点和原因，掌握简单的预防措施是有效减少运动损伤的重要途径。

第一节 踏板操运动损伤的概念与分类

一、踏板操运动损伤的概念

体育运动中，造成人体组织或器官在解剖上的破坏或生理上的紊乱，称

为运动损伤。踏板操运动损伤是指练习者在进行踏板操训练中发生的各种损伤。运动损伤不仅在从事专项运动训练时间短、身体素质差、技术技能不够完善的运动员中容易发生，即使是训练有素的运动员，由于竞技性踏板操的动作大部分是快速地跑跳步、高腾空的跳跃以及各类支撑与水平等难度动作组成，他们在完成这些难度动作时身体各环节要承受很大的力量，容易引起损伤。运动损伤的发生，会给运动员的学习、训练和生活带来诸多不便，严重的会造成终生遗憾。

二、踏板操运动损伤的分类

对运动损伤的发生情况进行分析与研究，有利于防止运动员运动损伤，使运动损伤减少到最低，而且有助于教练员按时、按量完成训练计划、训练任务，提高运动员的技战术水平，促进项目的健康发展。

运动医学对运动损伤的分类方法有很多，通常可以按损伤的器官组织分类，如骨折、关节脱位、软组织损伤、脑震荡等。但是在一般健身锻炼中常见的是软组织损伤。踏板操运动损伤一般可分为以下几大类。

（一）肌肉拉伤

踏板操运动对练习者的柔韧性要求较高，如垂直劈腿、依柳辛及各种劈腿跳跃动作都要求运动员具有较好的柔韧性。如果运动员训练水平不高、肌肉弹性和力或准备活动不充分等，都容易造成大腿肌群、小腿三头肌、腰背肌群或韧带的拉伤。

（二）关节韧带损伤

踏板操运动中，腕、踝、膝、肩、肘等关节损伤的比例较大，最常见的是腕关节和踝关节的损伤。例如，难度动作跳落成俯撑、各类跑跳动作以及单臂俯撑等，如果控制不当、技术不对或落地缓冲不够等，都容易造成关节局部负担过重而导致挫伤。

（三）疲劳性骨膜炎

踏板操运动中，高强度的跑跳类动作较多，使腿部各肌群长期处于过度疲劳状态，如训练方法不当、落地无缓冲等，将会导致胫骨、腓骨和耻骨发生疲劳性骨膜炎。据资料统计，踏板操运动损伤最高的前四位是关节扭伤、胫骨膜炎、韧带拉伤、肌肉拉伤。从损伤性质看，急性损伤占70.54%，慢性损伤占24.1%，急性损伤转慢性损伤占14.29%。从发生的单个部位看，以踝关节、腕关节、大腿、足、小腿、肘关节损伤发生率较高。从损伤率来看，以关节扭伤和韧带拉伤的发生率最高，其次为肌肉拉伤、软骨损伤、擦伤等。

☑ 本节小结

由于踏板操属于有氧运动，并且运动强度较大，因此会存在一定运动损伤的风险。常见的运动损伤类型有肌肉拉伤、关节韧带损伤和疲劳性骨膜炎。

第二节　踏板操运动损伤的原因及特点

一、踏板操运动损伤的原因

踏板操动作的难度大、技术复杂，需要运动员以柔韧性、协调性为基础，以力度、力量为核心，以耐力为保证来完成高难连贯的技术动作。导致运动损伤的原因主要有：负荷过大、过度负重、技术掌握不好、动作要领不清楚、专项素质差、做动作时犹豫或用力过猛、情绪不佳、局部负荷过重、过度疲劳、准备活动不充分、训练场地欠佳、保护不当等。其中，准备活动不合理、身体状况不佳、专项身体素质较差（如肌肉力量及弹性较差等）、技术动作错误且不符合力学原理、不良的运动环境等是造成损伤的常见原因。

（一）准备活动不合理

准备活动的意义在于通过身体的练习提高中枢神经系统的兴奋性，使一般中枢与运动有关的中枢均处于兴奋状态，提高大脑的分析、判断能力，有助于中枢神经系统对外周器官的调节，使技术动作更准确、协调、灵敏。准备活动不充分，运动员的神经中枢系统和内脏器官的功能无法被充分调动起来，肌肉的温度低、弹性差、韧带伸展性不够、身体的协调性差等，容易导致运动损伤。

（二）运动疲劳

运动疲劳是指运动持续一段时间后，机体不能将机能保持在一定的水平或者不能维持预定的运动强度。竞技性踏板操运动属于无氧运动，长时间高强度、快频率、大幅度地完成每一个动作，会导致运动员肌肉中的乳酸增多，使运动员产生肌肉酸痛、僵硬、疲惫不堪、信心不足等症状，同时还会伴随运动能力的下降，动作的准确性下降，此时往往容易发生技术上的错误，引起意外的损伤事故。

（三）专项身体素质较差

完成难度动作需要克服人体自身的重量，足够的相对力量是学习踏板操难度动作的前提。如果学生身体素质没有达到技术动作的基本要求，急于完成超越自身条件的教学与训练，这样不但难以掌握技术动作，而且还会因为身体素质水平不够而影响关节的灵活性和稳固性，导致运动损伤。

（四）动作技术不正确

动作技术不正确是指运动员由于技术上的缺陷和失误违反人体的生理结构和各器官活动的规律以及运动力学原理。规范的技术包括身体的控制、动作的连接、落地后的缓冲等。在竞技性踏板操运动中涉及过度弯曲和过度伸展的动作均属于超范围的动作，如过度前屈容易造成腰部压力过大而挤压椎间盘，过度侧屈会对脊椎造成压力，膝关节深度弯曲会使关节压力过大致半月板损伤，跳跃落地后无缓冲会引起踝关节的损伤。

（五）不良的运动环境以及着装（运动鞋）不符合要求

场地选择不当、地面凹凸不平或地上有易于引起身体不平衡的杂物；使用器械有质量问题；气温过高、过低；或环境能见度低，都易引起运动损伤的发生。

二、踏板操运动损伤的特点

健身性踏板操运动损伤的发生率相对于有氧性踏板操来讲要低。损伤性质以急性损伤为主。损伤主要发生在运动强度最大的步伐、跑练习和踏板练习中，损伤以小创伤为主，这也反映了健身性踏板操是比较适合大众参加的运动项目。但是由于健身者的保护意识不强，发生损伤后没有引起足够重视（只有少部分的人进行了及时治疗），所以易由急性损伤转成慢性损伤。损伤发生还与教练的教学水平、理论水平不足有关，体现在教练动作素材的选择、套路的安排、健身理论和健身方法的传授、对学员素质和技术水平的了解和对环境因素的把握上。很多健身场馆都没有根据学员的条件进行分组，学员年龄、锻炼程度差别很大，使得新学员和年龄较大的学员过度疲劳或是技术动作错误造成运动损伤。

在有氧性踏板操中，运动损伤率远远高于大众健身操。首先，这是由有氧性踏板操难度高、负荷重与运动员身体素质差、专项训练时间短等因素导致的，再加上以比赛为目的的训练，使练习者心身都具有双重压力。专业训练时间短，而运动员身体素质达不到动作难度的要求，是致使损伤率偏高的主要原因。据调查，普通高校大多没有长期的竞技踏板操队，组队多是为了参加某个比赛或表演。组队以后一般都是进行短期的强化训练。短期的强化训练由于时间短，极易造成教学训练进度过快、运动员身体负荷过重、动作技术掌握不够成熟的状况，这种状况下极易发生运动损伤。其次，有氧性踏板操大部分动作是各种快速地跑跳步、高腾空、大幅度的跳跃落地及各类支撑。做动作时，由于下肢和上肢承受的负荷过重，以致损伤部位主要在下肢和上肢，运动员在做各种跑跳以及高腾空用脚落地或成俯撑时，下肢和上肢的踝腕、肘关节所承受的力是相当大的。资料显示，这种力量是身体重量的2—4倍甚至更大。从生理结构上看，踝、腕、肘关节是人体较薄弱的环节，当这些薄弱环节局部负荷过重，做动作时着力点稍有偏差就容易导致关节冲击性扭伤、挫伤、擦伤的发生。另外，大幅度的劈叉、姿态跳落地成劈叉的动作在竞技比赛和训练中，也容易发生肌肉与韧带的拉伤。所以，下肢的各个关节、肌肉、韧带也是踏板操运动损伤的多发部位。

✓ 本节小结

踏板操准备活动不合理、身体状况不佳、专项身体素质较差（如肌肉力量及弹性较差等）、技术动作错误且不符合力学原理、不良的运动环境等是造成损伤的常见原因。

第三节　踏板操运动损伤的一般处理及预防措施

一、常见踏板操运动损伤的一般处理

（一）腕关节损伤及处理

踏板操运动员完成跳落成俯撑的动作时手腕所承受的负荷较大，腕关节由桡骨的腕关节面和尺骨头下方软骨盘组成的关节窝以及8块不规则腕骨构成。如果控制不当或技术不对，容易发生手腕过度背伸的挫伤。所以，腕关节是踏板操运动损伤的多发部位。

1. 症状

损伤后，腕背部有疼痛感，腕部软弱无力、握力下降，并出现局部肿胀、局部皮肤淤青、压痛、功能障碍等症状，使腕关节活动幅度受限。部分受伤者尺骨头隆起，严重者可能出现腕关节脱位等情况。

2. 处理

运动员轻度受伤后，应立即停止训练，并对局部进行冷敷。治疗期间，可配合中药和推拿等方法进行辅助治疗，以促进恢复。若情况较为严重，如脱位、骨折等，则应请骨科医生或送往医院进行处理。若不是脱位、骨折，在受伤 24 小时后，可进行局部按摩治疗。

（二）肘关节损伤及处理

肘关节是由肱尺、肱桡和桡尺三个关节构成的复合关节。在踏板操运动中，肘关节的损伤主要出现在完成难度动作过程中关节和韧带扭动而致伤，主要是动作技术不正确等因素造成。

1. 症状

急性损伤后，肘部疼痛剧烈，肘关节的活动受限，功能立即丧失，明显出现局部肿。若为软组织撕裂，则会出现皮下淤青、肿胀等症状，重复动作时疼痛则会重现。若为慢性损伤，受伤者在做完准备活动后，疼痛感会减轻或消失。

2. 处理

急性损伤时，应即刻停止运动，限制活动，并将肘关节固定于弯曲 90°，固定两至三周后可开始肘关节的功能恢复训练。慢性损伤可以采用局部按摩、针灸等保守治疗方法。

（三）踝关节损伤及处理

在踏板操运动中，踝关节损伤所占比例也比较大，是踏板操运动损伤的多发部位。踝关节由胫骨的下关节面、内踝关节面和腓骨的外踝关节面共同形成的叉状关节窝，以及距骨滑车的关节头构成。大部分踝关节扭伤的情况是由于其处于内翻位置时有重量加于脚部。通常这种情况发生于不平坦的路面上并且加上跑和跳的动作，以踝关节外侧韧带损伤居多。

1. 症状

损伤后，踝关节疼痛剧烈，动作静止后会出现暂时性僵硬，情况严重者会引起周围组织神经的严重损害，出现局部出血、渗液明显、肿胀麻木等现象。伤后 2—3 天，损伤部位会出现明显的淤血青紫，致使走路疼痛、足部不敢着地。如果长期如此，踝关节不再敏感，意味着更容易再次扭伤。

2. 处理

损伤发生后，应即刻抬高患体，停止运动，立即用冷水冲洗，加压包扎固定，使毛细血管收缩，防止肿胀。损伤后的 12 小时之内冷敷，防止毛细血管扩张继续出血。若有出血，则先用拇指按压止血，再检查韧带是否断裂。24 小时后，可采用伤药外敷、针灸、按摩、理疗等方法进行治疗。伤后 2—3 周，则可进行踝关节功能恢复训练。如果韧带断裂，则应急救固定并送医院做进一步治疗。

（四）膝关节损伤及处理

膝关节的屈伸、身体重心不稳、扭转用力过大、落地技术不正确等情况都容易导致膝关节的损伤。膝关节是由胫、腓、股、髌骨构成的，在膝关节的前下方有髌韧带，外侧有外侧副韧带，内侧有内侧副韧带，起于股骨内上髁，止于胫骨内侧髁的内侧，关节囊内有前后交叉韧带和内外侧半月板，结构复杂，所以容易发生运动损伤。

1. 症状

急性损伤后，关节发生剧烈疼痛，严重者则会出现局部肿胀、淤血等症状，且膝关节活动范围受限。若为慢性损伤，则伴随有膝关节的轻微疼痛，在完成动作的过程中，膝关节活动也会受到一定限制。

2. 处理

损伤后，可对疼痛部位进行冷敷，抬高患部肢体，若有出血，应立即加压包扎以减少出血和局部肿胀。24 小时后，可以采用中药敷、按摩、理疗等方法进行辅助治疗。一般在损伤 2—3 周后可进行恢复训练。

（五）肌肉拉伤及处理

当肌肉猛烈地主动收缩，超过了它的负荷能力，或突然被动拉长，超过了它的伸性时，都可引起肌肉拉伤。如果运动者肌肉的弹性低、柔韧性较差或者准备活动不充分，则容易造成大腿肌群或韧带的拉伤。

1. 症状

伤部疼痛、肿胀、压痛，肌肉紧张或痉挛，肌肉损伤时常伴有撕裂声，触之发硬，引起运动功能障碍。

2. 处理

肌肉拉伤后，应立刻停止运动，抬高患肢部位，并立即冷敷，加压包扎、固定休息，使毛细血管收缩，防止肿胀。24小时后可改用热毛巾进行局部热敷，在伤部周围做揉、捏、搓等按摩，同时点压伤部周围的穴位，也可局部注射肾上腺皮质激素类物，加速组织的再生修复。出现肌肉、肌腱完全断裂的情况，可局部加压包扎，固定肢体后，立即送医院手术缝合。

（六）腰部损伤及处理

腰部损伤占比很高，半数以上的运动员和经常从事体育锻炼的人腰部都有不同程度的损伤。日常生活中，腰疼病人也非常多，而腰部损伤的诊断和治疗也颇为棘手，仅次于膝部损伤。

1. 腰部损伤分类

（1）急性腰部损伤：当运动中体位发生改变时，腰部的肌肉、韧带、筋膜等受到牵扯、扭转或肌肉骤然收缩，使少数纤维被拉伤，从而导致腰部急性损伤。

（2）慢性腰部损伤：又称腰部纤维炎，是一种慢性损伤导致的腰疼，会直接影响到运动员的运动成绩和身体健康，这是运动中常见的腰疼病。

2. 症状与处理

腰部损伤素有"病人腰疼，医生头疼"的说法。出现急性腰部损伤产生的疼痛应立即停止运动，严重者应去医院检查；若是慢性腰部损伤，要加强易伤部位的锻炼，如俯前运动对预防腰部肌肉拉伤很有效。另外，进行腹肌的锻炼有助于提高胸、腹内压，保护脊柱，预防腰肌劳损。

二、踏板操运动损伤的预防措施

预防损伤的发生应将重点放在训练计划、短时间的训练时间及短时间的训练间歇的安排上。对年轻运动员来说，重要的是要坚持对那些在多种比赛中发挥重要作用的肌肉群进行力量训练。特别是股四头肌、腘绳肌、小腿肌群和躯干肌群。对于一些有伤的运动员，教练员应及时调节训练量，调整训练计划，让运动员及早治疗，消除潜在的引起长期功能低下或伤残的危险。

另外，预防踏板操运动损伤的发生，还要充分重视运动处方的使用，合理运用运动处方训练与教学模式，加强医务监督与自我监督，加强对运动损伤知识的了解，使练习者和运动员懂得怎样预防运动损伤、治疗方法及预防措施，学会自我保护。

（一）踏板操运动损伤的预防措施

积极开展预防运动损伤的宣传教育。建立练习者的健康卡片，进行身体检查，以了解其各方面的情况。特别对新学员要了解他们是否有不适合有氧运动的家族病（比如心脏疾病、哮喘等），选择其适合的课程，不要急于求成。有条件的场馆应该根据练习者的情况进行分组教学，对不同程度的学员采用不同的运动强度、频度和持续时间。

注意提高学生的身体基本素质，尤其是协调性、柔韧性和易伤部位及相对薄弱部位力量的练习；可加入一些上肢力量练习，防止受伤并达到上下肢发展的平衡；不要空腹运动，运动过程中要饮足够的水以防脱水、头晕、肌肉疲劳酸痛、抽筋等；准备合适的运动服装和运动鞋、护腕、护膝等；准备活动和放松拉伸要充分；感觉疼痛时应减缓或停止运动，以免使损伤由急性发展为慢性伤病。

应尽量在教练的指导下完成练习，教练要提高理论和技术水平。

（二）有氧踏板操运动损伤的预防措施

增加运动员专项训练时间，坚持平时训练，是预防运动损伤的重要措施，如果操之过急则容易造成运动损伤。根据本队的具体情况合理制订训练计划和训练目标，在动作的选择、套路的编排上，不要过于求难、求高，音乐的速度不要过于求快，一定要从队员的实际水平出发，不能好高骛远。

在安排运动负荷时，要防止局部负担过重，特别注意在疲劳状态下不要多做高强度、大负荷的动作，因为此时运动能力下降、防护应变能力减弱、注意力分散，超量的大负荷易导致运动损伤的发生。

身体素质训练要全面，注意加强易受伤部位的能力训练，重视身体素质的全面训练。实践证明，只有高度发展的身体运动素质和机体的工作能力，才能保证运动员更好地掌握复杂的先进技术、承受超负荷的训练并防止运动损伤。根据竞技性踏板操的特点，应重点发展下肢爆发力、耐久力、柔韧性、上肢支撑力量及腰、腹肌力量。此外，还应加强易受伤部位和薄弱环节的能力训练，有目的地增强关节周围的肌肉力量和韧带弹性，从而加强关节的稳定性和坚固性，以提高机体抗损伤的能力。

深入研究动作的技术特点与规律，掌握科学的教学、训练方法与手段，不仅能提高动作质量，而且可以降低损伤的发生。竞技性踏板操训练运动量大、负荷重、能量消耗高，因此要特别注意疲劳的消除和能量的补充。每次训练以后不可忽视放松运动，要注意休息，注意改善膳食，加强营养，这不仅可以预防损伤，而且可以为后面的训练提供保障。

（三）不安全动作

- 头绕环 360°
- 过度背伸
- 体前屈手触地
- 深蹲（膝关节角度小于 90°）
- 膝关节不正常位置（内扣、扭转等）
- 直腿仰卧起坐、举腿、两头起
- 2 拍内完成的快速转体

总之，在踏板操运动中损伤是经常发生的，但只要思想上加以重视，在训练中遵循训练原则，制定出科学的训练计划，重视踏板操技术的分析和研究，并在保护措施帮助下完成新的难度动作，加强身体全面素质训练的同时，有针对性地增加专项身体素质训练并注重易伤部位的专门练习，就可以有效地预防损伤。加强训练课中的医务监督和自我保护意识，对预防运动损伤也能起到积极的促进作用。

课后作业

1. 踏板操运动损伤的特点是什么？
2. 如何预防踏板操运动损伤？

第十二章　高校学生运动健身常见问题解答

教学目标

了解在运动中可能发生的各种状况及不适，掌握应对和解决的方法。

本章导读

我们平时在运动中可能会出现各种各样的不适，如头晕、恶心、岔气、膝盖疼等问题。有的是本身器质病变所引起，那么就需要去正规医院进行治疗；而有的可能是因为准备活动没有做充分，或是运动方式不正确，那么就需要用准确的运动方法去调整。在自我习练的过程中，根据自身情况，有针对性地进行改善，是每一位运动爱好者必备的技能。

一、运动中和运动后该如何补充水分？

（一）运动中补充水分的技巧

要有计划地摄取水分，不只在比赛期间，在训练期间亦然，要保持永远不感到口渴的习惯。必须在摄取足够水分后才开始进行运动。避免运动前一天摄取大量酒精。建议于运动前 20—40 分钟摄取 250—500 毫升水分。

高温天气下长时间运动时，每隔 15—20 分钟补充 200—300 毫升水分。纯水被人体吸收的速度最快。但是，市面上销售的运动饮料不但可以补充水分，因其含有碳水化合物，还可以补充体内的能量。

除了需要注意水分摄取的时间及分量等外，请每天随身携带自己的水壶，以确保能定时定量地摄取水分。运动中适时做泼水动作（把水分泼至皮肤表面），有助于身体蒸发过程中水分散失的补充。

（二）运动后补充水分的技巧

不要等口渴或有机会时才摄取水分，要有计划地补充水分。

摄取更大量的水分，来补偿汗液及尿液等液体流失，一般需要摄取 1.5—2 倍于汗液流失量的水分，才能完全平衡体内水分。

（三）确定适合口味饮料的充足供应

含有碳水化合物的饮料，可以促进身体恢复，如有助于肌肉中肝糖原的再储存。

适当添加钠盐来维持体液平衡。例如，摄入运动饮料、含盐食物，或在餐点中加入盐分。当体液严重不足时（流失超过体重2%—3%），含高钠饮料（50—90 毫摩尔/升）可有效且快速地促进水分再补充。

运动后摄取含钾丰富的食物可恢复和保持钾的浓度，例如香蕉。另外，摄入橙汁能补足汗液中流失的钙和镁。

二、什么是基础代谢率？如何计算自己的基础代谢率？

基础代谢率是指人体在清醒而极端安静的情况下，不受精神紧张、肌肉活动、食物和环境温度等因素影响时的能量代谢率。测定基础代谢率，要在清晨进食早餐以前，静卧休息半小时（但要保持清醒），室温维持在20℃上下，按间接测热法利用仪器进行测定。基础代谢率的单位为 kJ/（m²·h）（千焦/平方米/小时），即每小时每平方米体表所散发的热量千焦数。基础代谢率会随着年龄增加或体重减轻而降低，而随着肌肉增加而增加。

1 公斤体重相当于 3 500 千卡的热量。简单地说，如果每周减少 1 公斤体重的话，我们的饮食中每周就要降低 3 500 千卡的热量。人体每天至少有 1 500 千卡的能量用于基础代谢，当代谢率降低，大卡的消耗量也减少，多余的大卡会以脂肪的形式储存起来，这就是为什么在减肥过程中运动一定要与饮食相结合。人体基础代谢所需要的最低大卡数是由我们的身体成分决定的。

在没有仪器的情况下我们可以这样来计算基础代谢率：

$$基础代谢率（BMR）= 24 \times 体重（公斤）$$

或者，再根据个人的活动水平乘以相应的系数：静坐 BMR×1.45，轻度活动 BMR×1.60，中度活动 BMR×1.70，重度活动 BMR×1.88。

三、如何推算自己的理想体重？如何通过计算能耗来科学地控制体重？

世界卫生组织推荐的计算方法：

男性：（身高 CM-80）×70%= 标准体重

女性：（身高 CM-70）×60%= 标准体重

标准体重 ±10% 为正常体重。

标准体重 ±10%—20% 为体重过重或过轻。

标准体重 ±20% 以上为肥胖或体重不足。

BMI 指数（英文为 Body Mass Index，简称 BMI），是用体重公斤数除以身高米数平方得出的数字，是国际上常用的衡量人体胖瘦程度以及是否健康的一个标准。当我们需要比较及分析一个人的体重对于不同高度的人所带来的健康影响时，BMI 值是一个中立而可靠的指标。

影响体重的中心问题是能量平衡。如果能量的摄入和能量消耗相等，则能量达到平衡，体重不会改变。如果能量的摄入大于能量消耗，则能量达到正平衡，体重增加；如果能量的摄入小于能量消耗，则能量达到负平衡，体重降低。在任一情况下，每减少 1 磅（0.45 千克）的脂肪，消耗掉储存的能量为 3 500 千卡。如果一个人每日有 500 千卡能量负平衡，那么每周可以减掉 1 磅的脂肪。建议每周降低体重的最大数量为 1—2 磅，那么每天的能量负平衡不应超过 1 000 千卡。

四、每天摄入多少营养物质才能满足基本热量需求？

合理营养需要蛋白质、糖和脂肪有一个合适的比例。蛋白质和糖每克产生 4 千卡的能量，脂肪每克产生 9 千卡的能量。下面的例子是每天 2 000 千卡需求时，每种物质所需要的克数：

蛋白质：4 千卡 / 克 ×30% 总热量 =600 千卡（蛋白质）=150 克

糖：4 千卡 / 克 ×60% 总热量 =1 200 千卡（蛋白质）=300 克

脂肪：9 千卡 / 克 ×10% 总热量 =200 千卡（蛋白质）=22 克

五、运动时低血糖的表现有哪些？如何预防？

人在正常情况下，血糖的水平应保持在 80—120 毫克 / 升之间，当血糖升高时，机体会通过分泌胰岛素来降低血糖，而当血糖水平超过 160 毫克 / 升时，人体就要通过泌尿系统来调节血糖水平，导致尿液中含糖，这就是所谓的糖尿病。但是当血糖过低时（低于 55 毫克/升），人的大脑会出现能量供应不足的现象，人体出现头晕、出虚汗、极度的饥饿感，严重时可能出现暂时性的精神错乱（如赛跑时运动员会突然拐向田径场中央）。检查时会有脉搏加快、呼吸急促、瞳孔扩大等现象。所以不要空腹参加体育锻炼，以免引起运动性低血糖。

运动过程中出现低血糖的状态时，应该停止运动。让患者保持平卧，喂食一些巧克力、奶糖或浓糖水，一般短时间内症状就可以消失。如果出现昏迷要及时请医生处理。

预防运动性低血糖的主要方法包括：一是不要让训练水平低或患病的人参加长时间的剧烈运动；二是训练前或比赛前要服用足够的含糖食品，比赛中及时补充含糖饮料。

六、运动时出现头昏、头痛是什么原因？如何处理？

运动时出现头昏、头晕或头痛现象，有的时候是单独出现，但更多的是伴随脸色苍白、肢体无力、出汗过多、恶心，甚至呕吐等症状。当这些症状明显时常常会导致锻炼者被迫停止锻炼。引起运动时头昏、头晕或头痛的原因有以下几类。

（一）锻炼者长期缺乏从事激烈运动的刺激

长期缺乏从事激烈运动刺激的锻炼者在运动中容易出现头昏或头痛，同时还有脸色苍白、气喘、恶心、呕吐、肌肉抽筋等症状，这是机体呼吸系统的功能水平不能适应激烈运动时出现的反应。呼吸节律不好，使体内出现供氧不足，也会发生头晕。有时病后过早参加激烈运动、疲劳后参加运动与睡眠不足情况下参加运动或比赛，都可能引起头昏、头晕、头痛等一系列症状。应该提出的是，原先在锻炼时不出现头昏、无力等症状的人，突然出现这些症状，并伴有食欲减退、睡眠不佳、气短、多汗、血压增高和运动成绩下降等现象时，可能是疾病因素，应该引起警惕。

（二）体内热量不足

当头昏、头晕等症状发生在锻炼一段时间后或锻炼接近结束时，尤其在外界温度过高或过低的条件下出现这些症状时，其原因可能与体内热量不足，血糖含量降低有关。

（三）和身体本身的一些慢性疾病有关

如果身体出现鼻炎、内耳疾病、贫血、高血压等症状要积极治疗。

七、运动中出现胸痛和呼吸有什么关系？

初练长跑的人，有时会感到胸部两侧或左右肋下有些发痛，这对于一般健康的人而言，大都是由于呼吸不得法引起的。

一种错误的呼吸方法是呼吸过快。长跑时，身体的新陈代谢加强，需氧量增加，为了吸进更多的氧气，在呼吸上不但需要加快，而且需要加深。有些人长跑时不注意加深呼吸，而只是加快呼吸频率，这就使呼吸肌的收缩过于频繁，过度紧张，以致引起呼吸肌的痉挛，刺激到了呼吸肌里的感受器，从而产生疼痛。人体最主要的呼吸肌是肋间肌和膈肌，当肋间肌痉挛时，胸部两侧会发痛；当膈肌痉挛时，疼痛就发生在两肋下。

另一种错误的呼吸方法是冷天长跑时张大口呼吸，吸进的空气太冷。冷空气吸到肺里，刺激肺部血管使其收缩，血液循环因此受到阻碍，也会引起胸痛、胸闷。如果在运动中出现胸痛，要及时调整呼吸，用力向外呼气。这样既可以吸进大量的空气，满足运动的需要，又可以使呼吸肌得到放松，从而消除疼痛。

为了防止运动中出现胸痛，应该首先掌握运动中呼吸的三个原则。

（一）注意口鼻同时呼吸

人体在安静状态和轻微活动状态下，对氧气的需要较少，所以只用鼻呼吸就可以满足需要，而且也符合卫生要求。但在剧烈运动时，人体对氧的需求较安静状态增长了几倍甚至几十倍，此时如果仍用鼻呼吸，从外界摄取的氧量远远跟不上机体运动的需要，因而应改为口鼻同时呼吸。这样机体容易从外界摄取更多的氧气，又能减少呼吸肌的负担，保证运动技术的完成。因此，在剧烈运动中特别是较长时间的激烈运动时，要强调口鼻同时参与呼吸。

天冷长跑时，不要张大口呼吸，而要口微开，轻咬牙。这样，空气从鼻子和齿缝里进入体内，可以使冷空气加温变暖，呼吸器官和呼吸肌就不会因为受到冷空气刺激而出现异常活动了。

（二）注意呼吸深度

少年儿童呼吸机能较弱，在运动中一般表现为呼吸频率快而呼吸深度浅。他们往往不善于掌握正确的呼吸，不注意呼吸的深度，所以在较长时间的紧

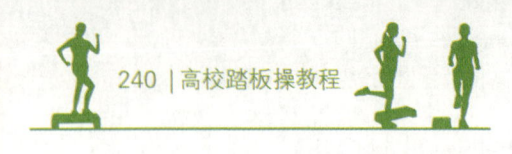

张运动中，经常会出现呼吸表浅而急促的情况，影响了肺的换气量，胸部涨满难受，透气困难，影响运动成绩。而加大呼吸深度，特别是深呼气可促进深吸气，有利于最大限度地满足机体对氧的需要，提高锻炼效果。

（三）注意呼吸与动作的配合

运动过程中要注意呼吸节奏，把呼吸节奏和动作节奏配合起来，这样也容易做到呼吸深而慢。耐久跑的呼吸节奏一般是三步一呼，三步一吸，并保持呼吸的深度和均匀，这样容易跑得较为轻松；铅球投掷中通过适当憋气而最后用力，并在器材出手时采用爆发式呼气，其效果较本人不憋气要好；徒手操锻炼中，凡扩胸、伸展、两臂上举的动作，一般胸廓扩大，肺内压降低，此时应配合以吸气；而与其相反的动作，则配合以呼气。这样做有利于机体运动和呼吸机能合理地协调发展。

八、运动中腹痛的原因有哪些，该如何处理及预防？

腹痛在临床上最常见，尤其在中长跑、竞走、自行车等项目发生的频率较多。运动时腹痛原因极为复杂，不单是由于运动引起了机能失调和肝脾瘀血，而且可能融合了各种腹部内科疾病，如胃肠痉挛、肝病等，因此要认真对待，及时鉴别，妥善处理，防止意外。

如果运动中已经发生腹痛，该如何处理呢？

当在快速运动时出现了腹痛后，一般只要稍减速度，调整好呼吸节律，再用手按压疼痛处，疼痛就能减轻或消失。如经上述处理后，疼痛不减轻，则应停止运动，进行检查，找出原因，酌情处理。大多数人在停止活动后，疼痛立即消失，个别需经几小时后才消失。

腹痛在没有明确诊断前，不能服用止痛药，因为这样会掩盖病情，造成误诊。

如属胃肠痉挛，可针刺、手刺或手指点揉内关、足三里、大肠俞、阳陵泉、承山等穴位，亦可用0.5毫克阿托品即刻注射，或口服"十滴水"。如属腹直肌痉挛，可做局部按摩和背伸动作拉长腹部肌肉。

在运动中发生腹部疼痛时，可能不单是运动性疾病引起的，还有可能是内脏器质性病变及其他内科疾病引起的，尤其是首先要考虑急腹症发生的可能性，此时需要迅速准确地做出鉴别，停止训练送医院急救。

九、为什么锻炼后第二天才出现肌肉酸痛？

许多人锻炼后发现，肌肉酸痛往往不是在锻炼后即刻出现，而是在锻炼后 24 小时后出现，锻炼后 24—72 小时酸痛达到顶点，4—7 天后疼痛基本消失。这种现象在运动医学上称为延迟性肌肉酸痛症。除酸痛外，还有肌肉僵硬，轻者仅有压疼，重者肌肉肿胀，妨碍活动。

一般情况下，骨骼肌在激烈运动后均可发生延迟性肌肉酸痛，尤其长距离跑后更易出现。长跑者会出现髋部、大腿部和小腿部前侧伸肌和后侧屈肌疼痛，肌肉远端和肌腱连接处症状更为明显。

一般认为，肌肉酸痛的产生，是由于肌肉运动时氧气供应不足，靠肌糖原无氧酵解释放能量供肌肉收缩，糖无氧分解时产生一种叫做乳酸的代谢产物，如果不能及时排除，乳酸就会在肌肉和血液中堆积起来。由于组织缺血、缺氧和酸性物质的刺激，以及运动引起的肌肉本身的损伤或肌肉痉挛等因素，都会导致肌肉酸痛。肌肉酸痛是发生在运动过程中的一种生理现象，一般经过适当的休息和调整，几天后就会自动消失，不要把它误认为是一种病态，更不要因为出现肌肉酸痛就中断锻炼。只要经常坚持锻炼，并保持适当的运动量就不会再出现肌肉酸痛的现象了。因为经常锻炼的人可以提高机体对酸性物质的耐受能力。因此，肌肉酸痛现象往往在初次或较长时间没有参加体育锻炼的情况下，突然运动后表现比较明显，经常锻炼的人运动量比平时增大时也可能出现这种现象，但酸痛的反应比较轻微，而且消失得也比较快。

如何缓解运动后肌肉疼痛呢？

一是做好锻炼前的准备活动和锻炼后的整理活动。准备活动做得充分、整理运动做得合理都有助于防止或减轻肌肉酸痛。另外，每次在刚开始锻炼时，运动量应由小到大、由慢到快，循序渐进地增大。出现肌肉酸痛时，可适当地减小运动量，也可采用变换肢体练习的方式，缓解局部肌肉的酸痛和消除疲劳。

二是牵伸运动可减轻酸疼。牵伸运动可使原动肌得到充分的舒张和放松，同时，也使运动中已经拉长的拮抗肌恢复原长度。另外，肌肉牵伸练习对预防运动中的肌肉拉伤也有明显的作用。

三是锻炼后用温热水泡洗可减轻肌肉酸痛。局部涂擦油剂、糊剂或按摩擦剂也可减轻疼痛。

十、高血压患者锻炼时应注意哪些问题？

体育锻炼对改善高血压的症状是有效的。通过体育锻炼可以使心脏功能增强，血管通路增加，缓解动脉硬化。在神经—体液因素的影响下，血管调节功能得以恢复正常，血压也会下降到健康人的水平。

适合于高血压患者的锻炼项目很多，一般可以做散步、骑自行车、游泳等运动，这些项目均为动态的等张性运动，可通过全身肌肉的反复收缩，引起血管的舒张和收缩，改善血管的功能，促使血压下降。运动量最大负荷的50%左右为宜，即运动时脉搏保持在110次/分左右。

十一、心脏病患者锻炼时应注意哪些问题？

健康人要提高心脏功能，宜采用较大的运动量，运动时脉搏至少达到135次/分以上并持续15分钟才有效。但如果已患心脏病则应谨慎，应根据心功能受损程度来选择运动形式及运动量，应该本着宁少勿多的原则进行锻炼。一般来说，一二级心功能不全的轻症心脏病人可从事散步、慢跑、打太极拳、医疗体操等运动，运动时脉搏限定在104—120次/分左右；三四级心功能不全或心绞痛发作频繁的病人不宜采用体育活动，应以休息为主，也可适当做一些气功等保护性轻微活动，原则是以不增加心跳次数为度。

心脏病患者锻炼的注意事项：心脏病患者在锻炼时要保持呼吸自然、均匀、不憋气，不过分用力，使全身都能得到锻炼，多采用间歇休息的锻炼方法，运动后做好整理活动。在锻炼前、锻炼中或锻炼后两分钟都应分别测量脉搏和血压，作为了解适宜运动量和身体反应的指标和自我监督的内容，掌握好运动强度。在运动中如出现气急、眩晕时，应增加间歇时间或者终止锻炼。如出现极度疲劳，胸腔、心前区、左上臂、左下颌部有紧迫感或疼痛时，应立即停止活动。

十二、哮喘患者锻炼时应注意哪些问题？

大量报道表明，身体锻炼对哮喘患者有效。训练后肺功能的变化可能并不明显，但哮喘患者在体力上、情绪上都有一定改善。

哮喘患者在运动时，应避免在干燥、寒冷的环境中进行。在不适宜的环境中散步、打球、骑自行车等皆可诱发哮喘，医学上称之为运动性哮喘；而室内游泳、羽毛球、网球等运动则可改善哮喘症状，尤其是游泳更为适合，奥妙在于游泳不会因体温升高而使呼吸道水分减少。游泳池环境清爽、空气新鲜、负离子多，所以有利于哮喘病情向好的方向转化。瑞典一位专家用游泳疗法治疗了 48 名哮喘病人，结果 50% 的人病情好转，72% 的人发作减少，程度减轻。

十三、糖尿病患者锻炼时应注意哪些问题？

糖尿病属于内分泌疾病。目前的研究和实践都表明，运动对糖尿病的预防和控制有非常好的作用。临床报告显示，不少轻型糖尿病人只需坚持体育锻炼并注意饮食控制即能康复。糖尿病人运动应循序渐进，从轻微活动开始，逐渐提高运动强度，如散步、划船、跑步皆可。

糖尿病人在运动时应注意：在注射胰岛素或口服降糖药之后，要避免在药效作用强的那一段时间活动。例如，短效胰岛素注射后 1 小时左右不宜参加运动，因为运动会增加血糖消耗，增强降糖效果，易发生低血糖或加重并发症。需注射胰岛素者尽量不选大腿等部位活动剧烈的运动。因为运动时注射部位血液循环加快，胰岛素吸收加快，易诱发低血糖。

十四、慢性腰腿疼患者锻炼时应注意哪些问题？

慢性腰腿疼病的主要表现是"劳损"，由局部小损伤长期积累所致。随着年龄的增加，老年人的骨、关节、肌肉会出现退行性变化，加之活动量减少，肌肉萎缩、骨质增生、椎间盘变薄，很容易造成局部刺激，压迫神经，这是老年人患慢性腰腿疼的主要原因。锻炼时，应以锻炼腰、背、腿部肌肉为主，可以打太极拳、八段锦，也可以练专门的医疗体操。运动时负荷不宜过大，尤其不宜做超量的负重练习，以免引起新的损伤。

十五、神经衰弱患者锻炼时应注意哪些问题？

由过度疲劳引起的神经衰弱，要注意充分休息和保证足够的睡眠时间，在保证充分休息的前提下，可进行适度的科学锻炼，对于治疗神经衰弱是有好处的。

运动量适当是神经衰弱患者运动成功的保障。运动量过大使患者过度疲劳而加重病情，体力较强者的锻炼时间为 1.5—2 小时，体力中等者为 0.5—1 小时，体力弱者应缩短锻炼的时间。运动后如果大量出汗，兴奋激动，心跳加快，长时间难以恢复正常，则应调整运动量。

十六、骨质疏松患者锻炼时应注意哪些问题？

随着年龄的增加，人体骨密度的减少是难以阻止的，运动疗法可使这种损失降低至最低限度。事实上，运动提高骨密度，应从儿童时期就培养运动习惯，至 35 岁左右能达到最大骨密度的程度，这是很重要的。

目前普遍认为，为增加骨密度，最佳的运动强度为最大耗氧量（VO_2max）的 60% 左右，每天 20—30 分钟，每周 3—5 次。具体的运动项目有散步、慢跑等，及其他如网球、自行车、游泳、排球等项目。对高龄者来说，门球及广播体操也是较好的轻体力运动。一般运动计划中应加入耗氧运动、肌力训练及伸展训练，做合理组合，进行综合训练为佳。

骨质疏松最常见的症状是驼背、腰背痛，其原因多为椎体骨质疏松后继发的微小骨折和骨折后局部肌肉保护性痉挛、水肿。腰背肌的功能锻炼有利于脊柱形态的恢复，利用肌肉对骨的牵拉，可矫正畸形，缓解疼痛。在做腰背肌力量练习时，需注意防止损伤，要选择适合自己能力的运动项目，循序渐进，劳逸结合，避免剧烈运动。

☑ 本章小结

不同的个体对于体育锻炼的要求和注意事项均有不同，练习时应根据区别对待原则有针对性地进行训练，特别是有高血压、心脏病或是关节疾病的患者更应注意练习时的自我保护与诊断。

课后作业

1. 运动前后如何科学补充水分？
2. 患有骨质疏松的患者如何通过体育锻炼改善身体状态？

附录　踏板操教学文件

"踏板操 1"课程 OBE 教学大纲

课程编号	TYBN069_10T	课程名称	踏板操 1
课程性质	公共必修课	英文名称	Step Aerobics 1
学分	1	学时	32
适用专业	大一年级	开设学期	第一学期
先修课程	无	建议后续课程	"踏板操 2"踏板操选修
课程负责人	孙琴	课程团队成员	张秋艳、马媛媛
开课单位	体育部	审核人	孙琴

一、课程简介

本课程主要讲授踏板操的理论知识、上下板技术、上肢技术和踏板操基础套路。通过本课程的学习，学生将对踏板操的理论知识有一定的了解，并基本熟练掌握踏板操的基础套路技术动作，并达到自我创编套路的目标；同时达到提高身体力量和协调性，提高自信心，培养集体主义精神等目的。

二、课程目标

本课程是为非体育类学生开设的体育课程之一，共计 32 学时，学完本学期课程并通过考试可获得 1 学分。教师通过该课程的教学，使学生初步了解踏板操基本知识和基本技术，掌握踏板操四大类步法、上肢动作技术和踏板操初级套路动作，提高学生身体的协调性，并达到锻炼学生身体和增强学生体质的目的。育人目标：培养学生互帮互助、拼搏、团结友爱等集体主义精神。

课程目标 1：知识目标

掌握体育的基础知识和科学的健身方法，传承和传授体育文化，提高对体育的意识和对身心健康的认识，打下终身体育与健康方法的理论基础。学习锻炼计划的编制设计，掌握常见的运动损伤处置方法。通过专项课程的学习，学生能够了解所学运动项目的基本知识、文化历史、规则及裁判法等，并具备一定的体育欣赏能力。促进提高校园体育文化氛围和各项体育活动的参与度，顺利完成各课程中的相关体育理论考核。

课程目标 2：能力目标

学生获得初步的体育技能和技术方面的教育，能够掌握和应用基本的运动技能，以此培养运动兴趣和爱好，形成坚持锻炼的习惯。具体结合自身的实际情况，在本科阶段学习和掌握 1—2 项运动技能，通过运动技能，培养健身运动的基本方法、习惯，发扬体育精神，形成积极进取、乐观开朗的生活态度。

课程目标 3：素质目标

学生通过专项课程的学习，培养对体育运动的兴趣和爱好，掌握健身锻炼的基本方法，自主编制可行的锻炼计划。通过勤练常测的课程设计，提高学生对于自身体能水平的关注，重视对身体健康的管理，能够长期坚持体育锻炼，形成健康的生活方式，不断提高学生各项体能指标，顺利通过学生体质健康标准测试。

课程目标 4：课程思政目标

充分发挥体育育人的优势，牢记并贯彻"立德树人"的根本任务，以培养学生爱国主义精神为首要目标，为党育人、为国育才。通过体育课程提高学生对体育的意识和对身心健康的认识，打下终身体育与健康方法的基础，并结合不同专项的特点，迁移到具体的情景中，通过对道德情操、意志品质、文化传承、健全人格和团队精神方面的培养，形成良好的行为习惯，培养积极乐观的生活态度，提高学生的适应能力、承受能力，改善学生的心理状态，建立良好的人际关系，强化规则与规矩意识。在课程学习中顺利通过体育课程德育评价。

三、课程目标与毕业要求对应关系

毕业要求	毕业要求指标点	课程目标	支撑强度
1. 使学生获得初步的体育技能和技术方面的教育，能够掌握和应用基本的运动技能，以此培养运动兴趣和爱好，形成坚持锻炼的习惯。 2. 本科阶段学习和掌握1—2项运动技能，通过运动技能，培养健身运动的基本方法、习惯，发扬体育精神，形成积极进取、乐观开朗的生活态度	完成所选体育专项课程的相关任务，在本科阶段掌握1—2项运动技能	课程目标1	H
1. 通过专项课程的学习，培养学生对体育运动的兴趣和爱好，掌握健身锻炼的基本方法，可自主编制可行的锻炼计划。 2. 通过勤练常测的课程设计，提高学生对于自身体能水平的关注，重视对身体健康的管理，能够长期坚持体育锻炼，形成健康的生活方式。 3. 不断提高学生各项体能指标，顺利通过学生体质健康标准测试	不断提高学生各项体能指标，在本科阶段顺利通过学生体质健康测试	课程目标2	M
1. 掌握体育的基础知识和科学的健身方法，传承、传授体育文化，提高学生对体育的意识和对身心健康的认识，打下终身体育与健康方法的理论基础。 2. 学习锻炼计划的编制设计，掌握常见的运动损伤处置方法。 3. 通过专项课程的学习，学生能够了解所学运动项目的基本知识、文化历史、规则及裁判法等，具备一定的体育欣赏能力。 4. 促进和提高校园体育文化氛围和各项体育活动的参与度	通过专项课程的学习，学生能够了解所学运动项目的基本知识、文化历史、规则及裁判法等，并具备一定的体育欣赏能力，完成体育理论考试	课程目标3	L
1. 充分发挥体育育人的优势，牢记并贯彻"立德树人"的根本任务，以培养学生爱国主义精神为首要目标，为党育人、为国育才。 2. 通过体育课程提高对体育的意识和对身心健康的认识，打下终身体育与健康方法的理论基础。 3. 结合不同专项的特点，迁移到具体的情景中，通过对道德情操、意志品质、文化传承、健全人格和团队精神方面的培养，形成良好的行为习惯，培养积极乐观的生活态度，提高学生的适应能力、承受能力，改善学生的心理状态，建立良好的人际关系，强化规则与规矩意识，在课程学习中顺利通过体育课程德育评价	结合不同专项的特点，迁移到具体的情景中，通过对道德情操、意志品质、文化传承、健全人格和团队精神方面的培养，形成良好的行为习惯，培养积极乐观的生活态度，提高学生的适应能力、承受能力，改善学生的心理状态，建立良好的人际关系，强化规则与规矩意识，在课程学习中顺利通过体育课程德育评价	课程目标4	H

四、教学内容及基本要求

教学单元1	体能恢复	学时	4	课程目标	1、2、4
主要内容	知识点：针对学生体能指标进行恢复性训练，包括力量、耐力、柔韧、灵敏等 重点：恢复身体素质 难点：安全有效地恢复、提高学生的力量、耐力、柔韧、灵敏等素质					
知识要求	掌握基本体育锻炼知识，学会编排基本锻炼计划，了解常规运动损伤				
能力要求	磨炼个人意志品质，培养艰苦奋斗精神，掌握独自科学锻炼的能力				
教学方法	课前预习，课后布置作业，讲解示范，带领练习				
教学单元2	专项教学	学时	18	课程目标	1、2、3、4
主要内容	知识点：各专项体育教学活动 重点：专项运动技能的学习与练习 难点：熟练掌握专项运动技能				
知识要求	了解所学专项的技术理论、应用场景、练习方法及练习目的				
能力要求	能够使用所学专项技能进行日常健身锻炼				
教学方法	课前预习，课后布置作业，讲解示范，带领练习，分组练习				
教学单元3	体质健康测试	学时	4	课程目标	1、2、4
主要内容	知识点：针对学生体能指标进行测试，包括身高、体重、肺活量、坐位体前屈、仰卧起坐（女）/引体向上（男）、立定跳远、50米跑、800米跑（女）/1 000米跑（男） 重点：完成测试 难点：在测试中培养挑战自我等意志品质				
知识要求	了解测试的目的与意义，熟知每项测试的要求与方法				
能力要求	培养学生对自己的健康管理能力，磨炼意志品质，挑战自我				
教学方法	讲解示范，分组测试				
教学单元4	理论教学	学时	2	课程目标	3、4
主要内容	知识点：体育运动的基本理论、锻炼方法，专项运动的战术、规则、历史及我国开展情况与成绩等 重点：专项运动相关知识和身体健康管理方法 难点：熟知专项运动的相关知识和身体健康管理方法				
知识要求	了解体育运动的基本理论和锻炼方法，掌握所学专项运动的战术、规则、历史，熟知我国在该专项运动中取得的成绩与发展情况				
能力要求	培养学生的爱国情怀，掌握并会运用科学的锻炼方法，具备一定的体育欣赏能力，提高运动兴趣				
教学方法	线上线下结合教学，随堂讲授，分组讨论，布置课后作业，实践操作				

续表

教学单元 5	期末技评	学时	4	课程目标	1、2、3、4
主要内容	知识点：专项运动技能考核 重点：专项运动技能的掌握 难点：熟练掌握专项运动技能，在考核中提高学生的抗压能力				
知识要求	了解专项运动技能的基础理论，了解考试规则				
能力要求	培养和提高学生的心理承受能力和积极调整身心状态的能力，检验本学期的学习效果				
教学方法	讲解示范，分组考核				

五、教学安排及方式

总学时 32 学时，其中：讲授 32 学时，实践 0 学时。

序号	课程内容	讲授学时	实践学时	教学方式	支撑课程目标
1.1	1. 明确本学期相关事项 2. 介绍踏板操运动的基本知识 3. 恢复体力	2	0	1. 讲解 2. 示范 3. 线上预习 4. 课后作业	2、3、4
1.2	1. 熟悉踏板，克服心里畏难情绪 2. 学习踏板操点板类步法：脚尖点板、脚跟点板 3. 体能练习，核心力量体能训练	2	0	1. 讲解 2. 示范 3. 分组练习 4. 线上预习 5. 课后作业	1、2、3、4
2.1	1. 复习点板类步法 2. 学习踏步类步法（一）：基本步、V字步 3. 身体素质练习	2	0	1. 讲解 2. 示范 3. 分组练习 4. 线上预习 5. 课后作业	1、2、4
2.2	1. 复习踏步类步法（一） 2. 学习踏步类步法（二）：上板抬膝+三种手臂动作 3. 身体素质练习	2	0	1. 讲解 2. 示范 3. 分组练习 4. 线上预习 5. 课后作业	1、2、3、4

续表

序号	课程内容	讲授学时	实践学时	教学方式	支撑课程目标
2.3	1. 复习踏步类步法（二）：上板抬膝＋三种手臂动作 2. 学习侧摆腿、后屈腿 3. 身体素质练习	2	0	1. 讲解 2. 示范 3. 分组练习 4. 线上预习 5. 课后作业	1、2、3、4
2.4	1. 复习组基础步法 2. 学习初级套路组合一 A：点板、基本步、旋转步、侧摆腿、曼波步、曼波转体 360°	2	0	1. 讲解 2. 示范 3. 分组练习 4. 线上预习 5. 课后作业	1、2、4
2.5	1. 复习组合一 A 2. 学习初级套路组合一 A'：点板、基本步、旋转步、侧摆腿、曼波步、曼波转体 360°，动作同 A 组动作，方向相反 3. 身体素质练习	2	0	1. 讲解 2. 示范 3. 分组练习 4. 线上预习 5. 课后作业	1、2、4
2.6	1. 复习组合一 A+A' 2. 学习组合二 B 组动作：半蹲步、半蹲步转体、侧并步跳、迈步吸腿 3. 身体素质练习	2	0	1. 讲解 2. 示范 3. 分组练习 4. 线上预习 5. 课后作业	2、3、4
2.7	1. 复习组合二 B 组动作 2. 学习组合二 B' 组动作：半蹲步、半蹲步转体、侧并步跳、迈步吸腿，动作同 B 组动作，方向相反 3. 身体素质练习	2	0	1. 讲解 2. 示范 3. 分组练习 4. 线上预习 5. 课后作业	1、2、3、4
2.8	1. 复习组合二动作 2. 学习组合三 C 组动作：交叉步、十字步、十字跳步、开并步 3. 身体素质练习	2	0	1. 讲解 2. 示范 3. 分组练习 4. 线上预习 5. 课后作业	1、2、4
2.9	1. 复习组合三 C 组动作 2. 学习组合三 C' 组动作：交叉步、十字步、十字跳步、开并步，动作同 C 组动作，方向相反 3. 身体素质练习	2	0	1. 讲解 2. 示范 3. 分组练习 4. 线上预习 5. 课后作业	1、2、4

续表

序号	课程内容	讲授学时	实践学时	教学方式	支撑课程目标
3.1	身体素质测试	2	0	1. 讲解 2. 分组测试	2、3、4
3.2	身体素质测试	2	0	1. 讲解 2. 分组测试	2、3、4
4.1	理论课： 1. 踏板操比赛规则 2. 踏板操赏析	2	0	1. 随堂讲授 2. 线上预习 3. 课后作业 4. 分组讨论	3、4
5.1	1. 完整踏板操技术练习 2. 身体素质练习：有氧跑	2	0	1. 讲解 2. 分组练习 3. 课后作业	1、2、4
5.2	专项技术考试：踏板操初级套路	2	0	分组考核	1、2、3、4

六、考核及成绩评定方式

（一）成绩构成方式

考核方式有二种形式。最终成绩由平时成绩、期末考试成绩组合而成，各部分所占比例如下：

平时成绩：20%。主要包含课后作业和德育表现，主要形式是课后锻炼打卡。主要考核学生的自律、专注以及对各个专项课程的理解、掌握情况。

期末考试成绩：80%。主要考核学生的各项体能指标，包含800米跑（女）/1 000米跑（男）、50米跑和立定跳远，同时对专项技术进行考核。

考核评价方式与课程目标的支撑关系

考核方式	支撑课程目标	评价方式			学习结果载体
		作业	德育表现	考试	
平时成绩	1、2、3、4	√	√		课外锻炼打卡记录、德育评价表
期末考试	1、2、3、4			√	专项成绩记录、体质健康测试报告、线上理论考试卷

学习结果载体包括：作业文档、纸制/电子考试卷、论文、实验/实习/调研报告、音频视频文件等。

课程目标达成考核与评价方式及成绩评定对照表

课程目标	支撑毕业要求	考核与评价方式及成绩比例（%）		成绩比例（%）
		平时成绩	期末考试	
课程目标1	支撑毕业要求1—2		40	40
课程目标2	支撑毕业要求2—2		40	40
课程目标3	支撑毕业要求3—3	10		10
课程目标4	支撑毕业要求4—3	10		10
	合计	20	80	100

注：该表格中比例为课程整体成绩比例。

（二）考核与评价标准

1. 平时成绩考核与评价标准（满分20分）

课程目标	评价标准			
	优秀 18—20	良好 15—17	中等 12—14	较差 0—11
课程目标3 课程目标4	按时按要求提交课后作业，课堂练习专注认真，能够积极主动参与到专项学习、练习及测试中，团结同学，帮助他人，诚信自律	基本能够按要求提交作业，完成课堂任务，按要求参与到专项学习、练习及测试中	在规定时间内完成提交作业，能够完成课堂任务，在教师的提醒下参与到专项学习、练习及测试中	未在规定时间内完成提交作业，课堂任务无法全部完成，不积极参与到专项学习、练习及测试中

2. 期末课程考试考核与评价标准（满分80分）

课程目标	踏板操技术评价标准40%			
	优秀 34—40	良好 28—33	中等 21—27	较差 0—20
课程目标1 课程目标3 课程目标4	成套动作准确、熟练，姿势优美，动作幅度大，力度好，节奏感强，动作与音乐配合准确	成套动作准确，姿势较优美，动作幅度较大，力度较好，节奏感较强，与音乐配合较准确	成套动作较准确，动作幅度一般，力度、节奏感一般，与音乐配合一般	姿势不够正确，不能独立完成套路或经教师二次以上提示

课程目标	体育课身体素质测试分值 40%			
	男生 1 000 米跑		女生 800 米跑	
	时间	体育课成绩	时间	体育课成绩
课程目标 2 课程目标 3 课程目标 4	3'17"	30	3'18"	30
	3'22"	29	3'24"	29
	3'27"	27	3'30"	27
	3'34"	26	3'37"	26
	3'42"	24	3'44"	24
	3'47"	23	3'49"	23
	3'52"	23	3'54"	23
	3'57"	22	3'59"	22
	4'02"	22	4'04"	22
	4'07"	21	4'09"	21
	4'12"	20	4'14"	20
	4'17"	20	4'19"	20
	4'22"	19	4'24"	19
	4'27"	19	4'29"	19
	4'32"	18	4'34"	18
	4'52"	15	4'44"	15
	5'12"	12	4'54"	12
	5'32"	9	5'04"	9
	5'52"	6	5'14"	6
	6'12"	3	5'24"	3
	6'30"	1	5'50"	1

续表

课程目标	体育课身体素质测试分值 40%			
	男生 50 米跑		女生 50 米跑	
	时间	体育课成绩	时间	体育课成绩
课程目标 2 课程目标 3 课程目标 4	7s	5	8s	5
	7.9s	4	8.9s	4
	8.7s	3	9.7s	3
	9.5s	2	10.5s	2
	10.1s	1	11.3s	1
	男生立定跳远		女生立定跳远	
	距离	体育课成绩	距离	体育课成绩
	256cm	5	188cm	5
	236cm	4	172cm	4
	220cm	3	160cm	3
	203cm	2	146cm	2
	183cm	1	126cm	1

七、教材及参考书目

教材：

［1］刘海元.学校体育教程［M］.北京：北京体育大学出版社，2017.

参考书目：

［1］布建军.踏板操运动教程［M］.银川：宁夏人民教育出版社，2018.

［2］唐红斌，布建军.快乐踏板操［M］.北京：北京体育大学出版社，2019.

"踏板操 2" 课程 OBE 教学大纲

课程编号	TYBN070_10T	课程名称	踏板操 2
课程性质	公共必修课	英文名称	Step Aerobics 2
学分	1	学时	32
适用年级	大一年级	开设学期	第二学期
先修课程	踏板操 1	建议后续课程	"踏板操 3"、专项提高班、踏板操选修
课程负责人	孙琴	课程团队成员	张秋艳、马媛媛
开课单位	体育部	审核人	孙琴

一、课程简介

本课程主要讲授踏板操中级套路。通过本课程的学习，学生将对踏板操的理论知识有一定的了解，并基本熟练掌握踏板中级套路技术动作，达到自我创编套路的目标；同时达到提高身体协调性和灵活性，塑造优雅体态，培养集体主义精神等目的。

该课程属于提高课程，课程的重点是中级套路的规定动作，难点是学生考试四人配合，激发不同技术水平学生学习的积极性，培养学生集体主义精神。

二、课程目标

学生通过本课程学习，能够了解掌握踏板操的理论知识，掌握踏板操基本技术，强化对踏板操竞赛的欣赏和审美能力。通过该课程，塑造学生优美、优雅的体态，培养学生的乐感，提高学生对音乐的感受能力、理解能力。育人思政目标：通过该课程，培养学生的组织纪律性和相互协作精神。通过踏板操锻炼，学生将掌握踏板操科学锻炼的方法，为终身参加体育锻炼打下良好基础。

课程目标 1：知识目标

掌握体育的基础知识和科学的健身方法，传承传授体育文化，提高对体育的意识和对身心健康的认识，打下终身体育与健康方法的理论基础。学习锻炼计划的编制设计，掌握常见的运动损伤处置方法。通过专项课程的学习，学生能够了解所学运动项目的基本知识、文化历史、规则及裁判法等，并具备一定的体育欣赏能力。促进提高校园体育文化氛围和各项体育活动的参与度，顺利完成各课程中的相关体育理论考核。

课程目标 2：能力目标

学生获得初步的体育技能和技术方面的教育，能够掌握和应用基本的运动技能，以此培养运动兴趣和爱好，形成坚持锻炼的习惯。具体结合自身的实际情况，在本科阶段学习和掌握 1—2 项运动技能，通过运动技能，培养健身运动的基本方法、习惯，发扬体育精神，形成积极进取、乐观开朗的生活态度。

课程目标 3：素质目标

学生通过专项课程的学习，培养对体育运动的兴趣和爱好，掌握健身锻炼的基本方法、自主编制可行的锻炼计划。通过勤练常测的课程设计，提高学生对于自身体能水平的关注，重视对身体健康的管理，能够长期坚持体育锻炼，形成健康的生活方式，不断提高学生各项体能指标，顺利通过学生体质健康标准测试。

课程目标 4：课程思政目标

充分发挥体育育人的优势，牢记并贯彻"立德树人"的根本任务，以培养学生爱国主义精神为首要目标，为党育人、为国育才。通过体育课程提高体育的意识和对身心健康的认识，打下终身体育与健康方法的理论基础，并结合不同专项的特点，迁移到具体的情景中，对道德情操、意志品质、文化传承、健全人格和团队精神方面的培养，形成良好的行为习惯，培养积极乐观的生活态度，提高学生的适应能力、承受能力，改善学生的心理状态，建立良好的人际关系，强化规则与规矩意识。在课程学习中顺利通过体育课程德育评价。

三、课程目标与毕业要求对应关系

毕业要求	毕业要求指标点	课程目标	支撑强度
1. 使学生获得初步的体育技能和技术方面的教育，能够掌握和应用基本的运动技能，以此培养运动兴趣和爱好，形成坚持锻炼的习惯。 2. 本科阶段学习和掌握1—2项运动技能，通过运动技能，培养健身运动的基本方法、习惯，发扬体育精神，形成积极进取、乐观开朗的生活态度	完成所选体育专项课程的相关任务，在本科阶段掌握1—2项运动技能	课程目标1	H
1. 通过专项课程的学习，培养学生对体育运动的兴趣和爱好，掌握健身锻炼的基本方法、自主编制可行的锻炼计划。 2. 通过勤练常测的课程设计，提高学生对于自身体能水平的关注，重视对身体健康的管理，能够长期坚持体育锻炼，形成健康的生活方式。 3. 不断提高学生各项体能指标，顺利通过学生体质健康标准测试	2—3 不断提高学生各项体能指标，在本科阶段顺利通过体质健康测试	课程目标2	M
1. 掌握体育的基础知识和科学的健身方法，传承传授体育文化，提高对体育的意识和对身心健康的认识，为终身体育与健康方法打下理论基础。 2. 学习锻炼计划的编制设计，掌握常见的运动损伤处置方法。 3. 学生通过专项课程的学习，了解所学运动项目的基本知识、文化历史、规则及裁判法等，具备一定的体育欣赏能力。 4. 促进和提高校园体育文化的氛围和各项体育活动的参与度	通过专项课程的学习，了解所学运动项目的基本知识、文化历史、规则及裁判法等，具备一定的体育欣赏能力，完成体育理论考试	课程目标3	L
1. 充分发挥体育育人的优势，牢记并贯彻"立德树人"的根本任务，以培养学生爱国主义精神为首要目标，为党育人、为国育才。 2. 通过体育课程提高体育意识和对身心健康的认识，打下终身体育与健康方法的理论基础。 3. 结合不同专项的特点，迁移到具体的情景中，通过对道德情操、意志品质、文化传承、健全人格和团队精神方面的培养，形成良好的行为习惯，培养积极乐观的生活态度，提高学生的适应能力、承受能力，改善学生的心理状态，建立良好的人际关系，强化规则与规矩意识，在课程学习中顺利通过体育课程德育评价	结合不同专项的特点，迁移到具体的情景中，通过对道德情操、意志品质、文化传承、健全人格和团队精神方面的培养，形成良好的行为习惯，培养积极乐观的生活态度，提高学生的适应能力、承受能力，改善学生的心理状态，建立良好的人际关系，强化规则与规矩意识，在课程学习中顺利通过体育课程德育评价	课程目标4	H

四、教学内容及基本要求

教学单元1		体能恢复	学时	4	课程目标	1、2、4
主要内容		知识点：针对学生体能指标进行恢复性训练，包括：力量、耐力、柔韧、灵敏等 重点：恢复身体素质 难点：安全有效地恢复、提高学生的力量、耐力、柔韧、灵敏等素质				
知识要求		掌握基本体育锻炼知识，学会编排基本锻炼计划，了解常规运动损伤				
能力要求		磨炼个人意志品质，培养艰苦奋斗精神，掌握独自科学锻炼的能力				
教学方法		课前预习，课后布置作业，讲解示范，带领练习				
教学单元2		专项教学	学时	18	课程目标	1、2、3、4
主要内容		知识点：各专项体育教学活动 重点：专项运动技能的学习与练习 难点：熟练掌握专项运动技能				
知识要求		了解所学专项的技术理论、应用场景、练习方法及练习目的				
能力要求		能够使用所学专项技能进行日常健身锻炼				
教学方法		课前预习，布置课后作业，讲解示范，带领练习，分组练习				
教学单元3		体质健康测试	学时	4	课程目标	1、2、4
主要内容		知识点：针对学生体能指标进行测试，包括身高、体重、肺活量、坐位体前屈、仰卧起坐（女）/引体向上（男）、立定跳远、50米跑、800米跑（女）/1 000米跑（男） 重点：完成测试 难点：在测试中培养挑战自我等意志品质				
知识要求		了解测试的目的与意义，熟知每项测试的要求与方法				
能力要求		培养学生对自己的健康管理能力，磨炼意志品质，挑战自我				
教学方法		讲解示范，分组测试				
教学单元4		理论教学	学时	2	课程目标	3、4
主要内容		知识点：体育运动的基本理论、锻炼方法，专项运动的战术、规则、历史及我国开展情况与成绩等 重点：专项运动相关知识和身体健康管理方法 难点：熟知专项运动的相关知识和身体健康管理方法				
知识要求		了解体育运动的基本理论和锻炼方法，掌握所学专项运动的战术、规则、历史，熟知我国在该专项运动中取得的成绩与发展情况				
能力要求		培养学生的爱国情怀，掌握并会运用科学的锻炼方法，具备一定的体育欣赏能力，提高运动兴趣				
教学方法		线上线下结合教学，随堂讲授，分组讨论，布置课后作业，实践操作				

续表

教学单元 5	期末技评	学时	4	课程目标	1、2、3、4
主要内容	知识点：专项运动技能考核 重点：专项运动技能的掌握 难点：熟练掌握专项运动技能，在考核中提高学生抗压能力				
知识要求	了解专项运动技能的基础理论，了解考试规则				
能力要求	培养提高学生的心理承受能力和积极调整身心状态的能力，检验本学期的学习效果				
教学方法	讲解示范，分组考核				

五、教学安排及方式

总学时 32 学时，其中：讲授 32 学时，实践 0 学时。

序号	课程内容	讲授学时	实践学时	教学方式	支撑课程目标
1.1	1. 踏板操发展史、分类和功能、特点，国内外发展水平和差距 2. 恢复体能练习	2	0	1. 讲解 2. 示范 3. 线上预习 4. 课后作业	2、3、4
1.2	1. 熟悉踏板，克服心里畏难情绪 2. 学习踏板操点板类步法：脚尖点板、脚跟点板 3. 体能训练	2	0	1. 讲解 2. 示范 3. 分组练习 4. 线上预习 5. 课后作业	1、2、3、4
2.1	1. 复习点板类步法 2. 学习踏步类步法（一）：两次侧抬膝＋手臂动作 3. 身体素质练习	2	0	1. 讲解 2. 示范 3. 分组练习 4. 线上预习 5. 课后作业	1、2、4
2.2	1. 复习踏步类步法（一） 2. 学习踏步类步法（二）：三次侧抬膝＋三种手臂动作 3. 身体素质练习	2	0	1. 讲解 2. 示范 3. 分组练习 4. 线上预习 5. 课后作业	1、2、3、4

续表

序号	课程内容	讲授学时	实践学时	教学方式	支撑课程目标
2.3	1. 复习踏步类步法（二）：Three Knee+ 三种手臂动作 2. 学习开合跳、小马跳 3. 身体素质练习	2	0	1. 讲解 2. 示范 3. 分组练习 4. 线上预习 5. 课后作业	1、2、3、4
2.4	1. 复习基础步法 2. 学习中级套路组合一 A：迈步吸腿变体、迈步吸腿转体、L 曼波步、恰恰步 3. 身体素质练习	2	0	1. 讲解 2. 示范 3. 分组练习 4. 线上预习 5. 课后作业	1、2、4
2.5	1. 复习组合一 A 2. 学习中级套路组合一 A′：迈步吸腿变体、迈步吸腿转体、L 曼波步、恰恰步，动作同 A 组动作，方向相反 3. 身体素质练习	2	0	1. 讲解 2. 示范 3. 分组练习 4. 线上预习 5. 课后作业	1、2、4
2.6	1. 复习组合一 A+A′ 2. 学习组合二 B 组动作：迈步吸腿点板、并步跳过板，交换腿跳、小马跳 3. 身体素质练习	2	0	1. 讲解 2. 示范 3. 分组练习 4. 线上预习 5. 课后作业	2、3、4
2.7	1. 复习组合二 B 组动作 2. 学习组合二 B′ 组动作：迈步吸腿点板、并步跳过板，交换腿跳、小马跳，动作同 B 组动作，方向相反 3. 身体素质练习	2	0	1. 讲解 2. 示范 3. 分组练习 4. 线上预习 5. 课后作业	1、2、3、4
2.8	1. 复习组合二动作 2. 学习组合三 1C 组动作：搬板组成 "X" 型、4 人配合过板，迈步吸腿转体过板，小恰恰步 3. 身体素质练习	2	0	1. 讲解 2. 示范 3. 分组练习 4. 线上预习 5. 课后作业	1、2、4
2.9	1. 复习组合三 C1 组动作 2. 学习组合三 C2 组动作：迈步吸腿两次、侧弓步、前并步跳 3. 身体素质练习	2	0	1. 讲解 2. 示范 3. 分组练习 4. 线上预习 5. 课后作业	1、2、4

续表

序号	课程内容	讲授学时	实践学时	教学方式	支撑课程目标
3.1	身体素质测试	2	0	1. 讲解 2. 分组测试	2、3、4
3.2	身体素质测试	2	0	1. 讲解 2. 分组测试	2、3、4
4.1	理论课 1. 踏板操裁判法 2. 踏板操各项运动裁判实践	2	0	1. 随堂讲授 2. 线上预习 3. 课后作业 4. 分组讨论	3、4
5.1	1. 复习踏板操中级套路组合一到组合三 2. 身体素质练习：下肢力量	2	0	1. 讲解 2. 分组练习 3. 课后作业	1、2、4
5.2	专项技术考试：踏板操中级套路	2	0	分组考核	1、2、3、4

六、考核及成绩评定方式

（一）成绩构成方式

考核方式有二种形式。最终成绩由平时成绩、期末考试成绩组合而成，各部分所占比例如下：

平时成绩：20%。主要包含课后作业和德育表现，主要形式是课后锻炼打卡。主要考核学生的自律、专注以及对各个专项课程的理解、掌握情况。

期末考试成绩：80%。考核学生的各项体能指标，包含800米跑（女）/1 000米跑（男）、50米跑和立定跳远，其次对专项技术进行考核，同时针对体育理论进行考核。

考核评价方式与课程目标的支撑关系

考核方式	支撑课程目标	评价方式			学习结果载体
		作业	德育表现	考试	
平时成绩	1、2、3、4	√	√		课外锻炼打卡记录、德育评价表
期末考试	1、2、3、4			√	专项成绩记录、体质健康测试报告、线上理论考试卷

学习结果载体包括：作业文档、纸制/电子考试卷、论文、实验/实习/调研报告、音频视频文件等。

课程目标达成考核与评价方式及成绩评定对照表

课程目标	支撑毕业要求	考核与评价方式及成绩比例（%）		成绩比例（%）
		平时成绩	期末考试	
课程目标1	支撑毕业要求1—2		30	30
课程目标2	支撑毕业要求2—2		40	40
课程目标3	支撑毕业要求3—3	10	10	20
课程目标4	支撑毕业要求4—3	10		10
合计		20	80	100

注：该表格中比例为课程整体成绩比例。

（二）考核与评价标准

1. 平时成绩考核与评价标准（满分20分）

课程目标	评价标准			
	优秀 18—20	良好 15—17	中等 12—14	较差 0—11
课程目标3 课程目标4	按时按要求提交课后作业，课堂练习专注认真，能够积极主动参与到专项学习、练习及测试中，团结同学，帮助他人，诚信自律	基本能够按要求提交作业，完成课堂任务，按要求参与到专项学习、练习及测试中	在规定时间内完成提交作业，能够完成课堂任务，在教师的提醒下参与到专项学习、练习及测试中	未在规定时间内完成提交作业，课堂任务无法全部完成，不积极参与到专项学习、练习及测试中

2. 期末课程考试考核与评价标准（满分80分）

课程目标	踏板操技术评价标准 30%			
	优秀 26—30	良好 16—25	中等 6—15	较差 0—5
课程目标1 课程目标3 课程目标4	成套动作准确、熟练，姿势优美，动作幅度大，力度好，节奏感强，动作与音乐配合准确	成套动作准确，姿势优美，动作幅度较大，力度较好，节奏感强，与音乐配合较准确	成套动作较准确，动作幅度一般，力度、节奏感一般，与音乐配合一般	姿势不够正确，不能独立完成套路或经教师二次以上提示

课程目标	理论考试 10%										
课程目标 3	答题得分	10	9	8	7	6	5	4	3	2	1
	答对题数	20	18	16	14	12	10	8	6	4	2

课程目标	体育课身体素质测试分值 40%				
	男生 1 000 米跑		女生 800 米跑	
	时间	体育课成绩	时间	体育课成绩
课程目标 2 课程目标 3 课程目标 4	3'17"	30	3'18"	30
	3'22"	29	3'24"	29
	3'27"	27	3'30"	27
	3'34"	26	3'37"	26
	3'42"	24	3'44"	24
	3'47"	23	3'49"	23
	3'52"	23	3'54"	23
	3'57"	22	3'59"	22
	4'02"	22	4'04"	22
	4'07"	21	4'09"	21
	4'12"	20	4'14"	20
	4'17"	20	4'19"	20
	4'22"	19	4'24"	19
	4'27"	19	4'29"	19
	4'32"	18	4'34"	18
	4'52"	15	4'44"	15
	5'12"	12	4'54"	12
	5'32"	9	5'04"	9
	5'52"	6	5'14"	6
	6'12"	3	5'24"	3
	6'30"	1	5'50"	1

续表

课程目标	体育课身体素质测试分值 40%			
	男生 50 米跑		女生 50 米跑	
	时间	体育课成绩	时间	体育课成绩
课程目标2 课程目标3 课程目标4	7s	5	8s	5
	7.9s	4	8.9s	4
	8.7s	3	9.7s	3
	9.5s	2	10.5s	2
	10.1s	1	11.3s	1
	男生立定跳远		女生立定跳远	
	距离	体育课成绩	距离	体育课成绩
	256cm	5	188cm	5
	236cm	4	172cm	4
	220cm	3	160cm	3
	203cm	2	146cm	2
	183cm	1	126cm	1

七、教材及参考书目

教材：

［1］刘海元.学校体育教程［M］.北京：北京体育大学出版社，2017.

主要参考书目：

［1］布建军.踏板操运动教程［M］.银川：宁夏人民教育出版社，2018.

［2］唐红斌，布建军.快乐踏板操［M］. 北京：北京体育大学出版社，2019.

踏板操必修课教案

学期：2021—2022学年第二学期　　　　　　　　　　　课次：2

教学内容	学习踏板操热身套路第一个组合 身体素质练习——侧卧举腿、背飞练习	教学任务	1. 学习踏板操热身组合一，为学习踏板操规定动作打好基础。 2. 增强学生大腿股四头肌和竖脊肌的力量。 3. 培养学生的组织性、纪律性以及互帮互助的精神
教学重点	吸腿跳的技术要领	场地器材	踏板操房（教室三） CD机、踏板操练习曲、体操垫30个
教学难点	交叉步接V字步的过渡与连接	安全提示	1. 把杆压腿时注意不要突然发力。 2. 不要往窗外探望，身子不要伸出窗外

部分	教学内容	教学方法与组织形式	练习时间
准备部分	1. 体育委员整队，向老师报告人数。 2. 师生互相问好。 3. 教师宣布本次课的教学内容及要点。 （1）学习热身操组合一。 （2）身体素质练习——侧卧举腿、背飞练习。 4. 检查人数，安排见习生	组织队形： ×××××××××× ×××××××××× ▲ ▲——代表老师 ×——代表学生（以下同此） 要求： （1）集合迅速并保持安静。 （2）穿着运动服及运动鞋	5′
开始部分	一、跑步热身 在田径场慢跑3圈，跑步热身。 要求： 前两圈匀速慢跑，注意调整呼吸，加强摆臂，大腿抬高，匀速跑动。 最后一圈时逐渐加速，把速度慢慢提起来，直至最后加速冲过终点。 做深呼吸，学会两步一呼，两步一吸，用鼻子呼吸，而不要用嘴呼吸。 跑动时把大腿抬高，然后向前伸小腿，配合匀速摆臂，前脚掌落地，向后拨地。 准备活动做到身体出毛毛汗的效果为最佳	一、跑步热身（1 200米慢跑） 1. 队形： ××××××××××× ××××××××××× ▲ 2. 组织： 两路纵队，在体委的带领下跑步热身。 3. 要求： 匀速慢跑，调整呼吸，摆臂与步伐相协调	15′ 10′

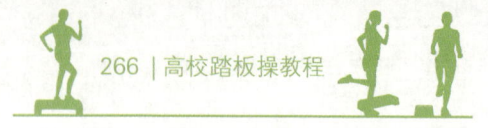

续表

部分	教学内容	教学方法与组织形式	练习时间
开始部分	二、把杆练习 1.练习内容： 正压腿4×8个八拍 侧压腿4×8个八拍 压肩4×8个八拍 立踵和蹲的练习，各4×8个八拍 身体关节伸展练习 前屈　扩胸 左侧展　右侧展 左弓步　右弓步 左绕环　右绕环 2.练习目的： （1）热身，拉开腿部腘绳肌和肩关节的韧带，加强柔韧性。 （2）强化核心部位力量，加强身体中段的控制	二、把杆练习 1.组织队形： 　　　×　× 　　　×　× 　　　×　▲　× 　　　×　× 　　　×　× 2.要求： （1）根据自己身高调整好把杆的高度或是选择适合自己身高的把杆。 （2）压腿时膝盖脚尖伸直，上体保持直立。 （3）做蹲的练习时大腿膝盖向外打开，大腿平行于地面。 3.教法： （1）在体委的口令下统一练习。 （2）教师提技术要求，流动性地指导纠正。 （3）示范法：教师喊口令同时给予示范。 （4）正误对比法：指出学生的错误动作并予以纠正，明确正确动作的要领和要求	15′ 10′

续表

部分	教学内容	教学方法与组织形式	练习时间
基本部分	一、学习踏板操热身组合一 1. 练习内容： 踏板操热身组合一 1×8拍：踏板迈步吸腿 2×8拍：两次脚尖点地＋两次脚跟点地 3×8拍：两次后屈腿 4×8拍：过板交叉步 走步动作要领： 前脚掌落地，前后摆臂，大腿抬高，上体保持直立。 侧并步动作要领： 迈步，另一只脚跟进，脚掌点地，稍屈膝，双膝靠拢，上体保持直立。 交叉步动作要领： 左脚往侧迈一步，右脚迈过左脚呈后交叉，左脚再往侧迈步，右脚跟进，侧点，前脚掌落地，双膝并拢。 V字步动作要领： 迈右脚，脚后跟先落地过渡到前脚掌，迈左脚，双脚分开两个肩宽，第三拍回收右脚，第四拍回收左脚，双脚并拢，稍屈膝。 2. 练习目的： 熟练掌握踏板操热身组合一，提高身体协调性，掌握侧并步、交叉步等基本步伐。 3. 练习要求： 动作舒展有力度，保持热烈的课堂气氛，边跳边记忆动作	一、学习踏板操热身组合一 1. 组织队形： × ▲ 2. 要求： （1）集中注意力，认真跟随教师的教学示范和口令提示，做到眼、耳、身同心到。 （2）操练动作的同时记忆动作，争取能独立完成动作。 （3）做操化动作时注意保持挺拔的身体姿态，收腹立腰，抬头挺胸。 （4）注意保持核心的收紧以及膝盖、脚踝和髋关节的弹性及缓冲。 3. 教法： （1）示范法，教师分解动作，采用口令和手势提示，示范教学。 （2）连接法，将单个八拍动作依次串联，完成整组动作。 （3）车轮法，首排同学完成练习退至最后一排，然后第二排同学上前至第一排练习，以此类推，直至所有同学都来首排练习。 （4）分组练习法，各组组长负责组织本组成员练习，教师流动性地给予指导	40′ 15′ 5′

续表

部分	教学内容	教学方法与组织形式	练习时间
基本部分	二、身体素质练习 1. 练习内容： 侧卧举腿，20次/组，共两组 侧卧，手肘支撑，将一侧腿前举至水平，一臂上举，双臂在一条直线上。 背飞练习，每人20次。 俯卧在垫子上，双臂和双腿同时抬起来，同时抬头眼看双手，吸气；缓缓落下呼气，重复。 2. 练习目的： 发展学生的核心控制力和腹背肌的力量，培养学生吃苦耐劳的毅力和团结合作精神。 3. 练习要求： 两人一组，互帮互助，自觉完成教师布置的任务，保持课堂纪律性。 三、放松伸展练习 1. 练习内容： 依次伸展大腿内侧，股直肌，腘绳肌，髂腰肌，颈部肌肉、三角肌。 2. 练习目的： 肌肉松弛调理，放松紧张的肌肉和韧带，让身心恢复平静状态。 3. 练习要求： 保持课堂安静，聆听优美音乐，放松身心	二、身体素质练习 1. 组织队形： ×× ×× ×× ×× ×× ×× ×× ×× ▲ ×× ×× ×× ×× ×× ×× ×× ×× 2. 要求： （1）两人一组，互帮互助进行练习。 （2）在教师的口令下统一练习。 （3）主动积极地完成教师布置的任务，练习动作标准、正确。 3. 教法： （1）教师和体委做示范，学生跟练。 （2）在教师的口令和统一时间控制下练习。 （3）保持课堂井然有序。 三、放松伸展练习 1. 组织队形： × × × × × × × × × × × × × × × × ▲ 2. 要求： （1）跟随教师示范动作，尽力完成。 （2）不交头接耳，不嬉笑打闹。 （3）身心投入，放松肌肉、关节和韧带。 3. 教法： （1）教师示范，语言引导。 （2）学生模仿跟做，尽力完成，做到自己最大幅度。 （3）教师口令提示动作要领及要求	40′ 15′ 5′

续表

部分	教学内容	教学方法与组织形式	练习时间
结束部分	1. 收放器材。 2. 本课点评 （1）鼓励学生。 （2）总结本次课堂情况。 （3）布置课外作业和下节课的内容。 （4）宣布下课	1. 要求： 将形体垫摆放整齐、有序。 2. 组织队形： ×××××××××× ×××××××××× ▲ 3. 认真听讲评，保持课堂纪律	5′
课后小结			

参考文献

[1] 布建军.踏板操运动教程［M］.银川：宁夏人民教育出版社，2018.

[2] 唐红斌，布建军.快乐踏板操［M］.北京：北京体育大学出版社，2018.

[3] 国家体育总局职业技能鉴定指导中心组.健美操（团体课程）［M］.北京：高等教育出版社，2020.

[4] 于可红，邱亚君.健美操教学与训练教程［M］.北京：高等教育出版社，2021.

[5] 习近平.中国共产党第二十次全国代表大会报告［R］.2022.

[6] 吴岩.全面推进高校课程思政高质量建设［R］.2021.

[7] 习近平.中国教育大会报告［R］.2018.

[8] 同济大学高等教育研究所.课程思政与立德树人［M］.上海：同济大学出版社，2020.

[9] 健美操运动编写组.健美操运动教程［M］.北京：北京体育大学出版社，2016.

[10] 王英龙，曹茂永.课程思政我们这样设计［M］.北京：清华大学出版社，2020.

[11] 王洪.啦啦操教程［M］.北京：人民体育出版社，2013.

[12] 李亚楠.健美操［M］.杭州：浙江大学出版社，2014.

[13] 教育部人事司.高等教育学［M］.北京：高等教育出版社，2007.

[14] 李秉德.教学论［M］.北京：人民教育出版社，2010.

[15] 李遵.排舞运动［M］.北京：人民体育出版社，2013.

[16] 马鸿韬.健美操运动教程［M］.北京：北京体育大学出版社，2012.

[17] 黄宽柔.中国团体操的传承与创新发展［M］.北京：人民体育出版社，2018.

[18] 张晓莹.健美操教学文件的制订与范例［M］.北京：北京体育大学出版社，2012.

［19］胡小明.体育美学［M］.北京：高等教育出版社，2012.

［20］雷国樑.体育审美方略［M］.北京：北京体育大学出版社，2012.

［21］［英］利.布兰登.运动损伤解剖学：康复训练［M］.北京：人民邮电出版社，2021.

［22］张秋艳.瑜伽体式精讲［M］.北京：首都经济贸易大学出版社，2023.

［23］沈剑威，阮伯仁.体适能基础理论［M］.北京：人民体育出版社，2008.

［24］［英］缇雅·斯坦摩.轻轻松松普拉提［M］.青岛：青岛出版社，2005.

［25］矫林江.图解普拉提斯——初中高级教程［M］.北京：中国纺织出版社，2010.

［26］刘令姝.健身房百问［M］.北京：北京体育大学出版社，2004.

［27］健美操编委会.健美操［M］.北京：高等教育出版社，2005.

［28］国家体育总局科教司组.运动营养学［M］.北京：高等教育出版社，2019.